中央高校基本科研业务费专项资金资助（WUT：2015Ⅲ066）
武汉理工大学研究生教材建设基金资助出版

公路甩挂运输
理论、实践与政策

付新平　编著

武汉理工大学出版社
·武　汉·

内 容 提 要

本书从理论、实践和政策三个方面论述公路甩挂运输系统,主要内容包括公路甩挂运输线路及其运力资源配置、甩挂运输运营组织模式、甩挂运输站场布局规划、甩挂运输信息系统、甩挂运输系统经济性分析与风险评价、甩挂运输企业联盟及公路甩挂运输与多式联运发展等。

本书既阐述了公路甩挂运输基础知识和基本理论,又系统分析了甩挂运输系统的线路设计、站场布局、运力配置、效益分析等理论与方法;既列举了我国公路甩挂运输的实际案例,又系统收集了我国公路甩挂运输试点推广的政策文件。

本书可供交通运输物流领域企业经营管理人员、政府部门管理人员和科研机构研究管理人员参考,并可作为高等院校相关专业教师、学生科研与教学参考用书。

图书在版编目(CIP)数据

公路甩挂运输理论、实践与政策/付新平编著. —武汉:武汉理工大学出版社,2016.12
ISBN 978-7-5629-4207-8

Ⅰ.①公… Ⅱ.①付… Ⅲ.①挂车-公路运输 Ⅳ.①U469.5

中国版本图书馆 CIP 数据核字(2016)第 260059 号

项目负责人:吴正刚			责任编辑:吴正刚	
责 任 校 对:余士龙			封面设计:许伶俐	

出 版 发 行:武汉理工大学出版社
社　　　　址:武汉市洪山区珞狮路 122 号
邮　　　　编:430070
网　　　　址:http://www.wutp.com.cn
经　　　　销:各地新华书店
印　　　　刷:湖北恒泰印务有限公司
开　　　　本:787×1092　1/16
印　　　　张:16.5
字　　　　数:422 千字
版　　　　次:2016 年 12 月第 1 版
印　　　　次:2016 年 12 月第 1 次印刷
定　　　　价:45.00 元

前　言

　　截至 2014 年底,我国公路物流企业已超过 750 万家,公路营运载货车辆近 1500 万辆,平均每家企业不足 2 辆,车辆空驶率超过 40%。公路运输"小、散、乱、差"问题突出,对环境、能耗、基础设施的负面影响明显。甩挂运输作为先进的公路运输组织方式,是改变公路运输业发展现状、促进行业结构调整与转型升级的重要抓手。

　　甩挂运输兴起于 20 世纪 40 年代的美国,现已在欧美等发达国家普遍发展。我国交通部公路局 1986 年就发布了《关于开展公路直达集装箱甩挂运输试运线的通知》;1996 年,国家经贸委、公安部、交通部联合发布了《关于开展集装箱牵引车甩挂运输的通知》;2006 年,交通部发布了《关于交通行业全国贯彻落实国务院关于加强节能工作的决定的指导意见》,都明确提出要在公路运输行业推广甩挂运输。2009 年,交通运输部、国家发改委、公安部、海关总署、保监会联合发布《关于促进甩挂运输发展的通知》。2010 年,交通运输部、国家发改委、财政部联合在全国范围启动甩挂运输试点工作。现在,全国甩挂运输试点项目已经超过 150 个,甩挂运输已经受到公路运输行业广泛关注,部分公路运输企业已经建立了比较完善的甩挂运输系统,有些甚至开展了联盟等多种形式的甩挂运输合作,发展势头良好。

　　本书从理论和实践等方面论述了公路甩挂运输的运输线路、运力配置、运营模式、站场规划、信息系统、经济性分析与风险评价、企业联盟、多式联运等,以期对我国公路甩挂运输发展起到促进作用。

　　本书由武汉理工大学付新平教授编著,武汉理工大学邹敏协助组织编写,武汉理工大学万鸿鹄、张逸轩、田丹、何瑜莎、张雪及大连海事大学樊东方等研究生参加了资料收集整理和编写工作。

　　本书参考了大量公路甩挂运输相关的文献资料,有些文献资料没有列入主要参考文献,在此对上述文献资料的作者一并表示感谢。限于资料收集和专业水平及研究视野,本书内容难免有不足之处,欢迎读者批评指正。

作　者

2016 年 4 月于武汉

目　录

第一章　公路甩挂运输概论

第一节　公路运输市场及其结构

一、公路运输市场概述

1. 公路运输市场涵义

公路运输需求和供给构成公路运输市场。狭义的公路运输市场是指公路运输劳务交换的场所。该场所为旅客、货主、运输业者、运输代理者提供交易空间。广义的公路运输市场是公路运输参与各方在交易中所产生的经济活动和经济关系的总和,即公路运输市场不仅是运输劳务交换的场所,而且还包括运输活动的参与者之间、运输部门与其他部门之间的经济关系。

2. 公路运输市场构成

公路运输市场是一个多层次、多要素的集合体,主要包括需求方、供给方、中介方和政府方。

(1)需求方:包括各种经济成分的客货运输需求单位和个人。

(2)供给方:包括提供公路客货运输服务的运输业者,有国有独资企业、股份制企业、外资企业、民营企业等。

(3)中介方:包括在运输需求和供给双方之间穿针引线,提供相关服务的各种客货代理企业、经纪人和信息服务企业等。

(4)政府方:代表国家即一般公众利益对运输市场进行调控的工商、财政、税务、物价、公安等机构和各级交通运输管理部门。

在公路运输市场系统中,需求方、供给方、中介方三个要素直接从事客货运输活动,属于市场行为主体。

二、公路运输市场结构

1. 公路运输市场结构概念

市场结构是规定构成市场的卖者(企业)之间、买者之间以及买者与卖者之间和卖者集团之间等诸关系的因素及其特征。本质上,市场结构反映市场竞争和垄断关系。运输市场结构则是运输市场经济活动中各组成部分之间的构成及其相互关系。作为运输市场的一个子系统,公路运输市场结构是指公路运输市场经济活动中各组成部分之间的构成及其相互关系,反映了公路运输市场的性质及其组织特征。

2. 公路运输市场结构的影响因素

与一般市场结构一样,公路运输市场结构的影响因素较多,主要包括公路运输市场集中度、公路运输产品差异化、公路运输市场进入和退出壁垒等。

（1）公路运输市场集中度

公路运输市场集中度是指在公路运输市场中,少数大型运输企业控制市场份额的程度。公路运输市场的集中度与市场中垄断力量的形成密切相关。从产业组织理论看,公路运输市场集中度是考察公路运输市场结构的首要因素。通常情况下,公路运输市场集中度越高,运输规模经济效应发挥越好,运输集约化程度越高。

（2）公路运输产品差异化

公路运输产品差异化是一种非常有效的非价格竞争手段,也对公路运输市场结构产生一定影响。公路运输企业在提供给货主的运输服务上,通过各种方法造成足以引发顾客偏好的特殊性,使顾客能够把它同其他公路运输企业提供的运输产品有效地区别开来,从而达到使企业在市场竞争中占据有利地位的目的。对于公路运输市场来说,运输产品的差别主要体现在运输服务的组织模式、信息化水平以及其经济性、安全性、舒适性和便利性等。

（3）公路运输市场进入和退出壁垒

公路运输市场进入和退出壁垒也是影响公路运输市场结构的重要因素。公路运输市场进入壁垒是指公路运输产业内既存企业相对于潜在进入企业所具有优势的大小。公路运输市场退出壁垒是指现有运输企业在市场前景不好、企业业绩不佳时意欲退出公路运输市场,但由于各种因素的阻挠,资源不能顺利转移出去。进入壁垒主要有:必要的资本量壁垒,运输产品差别壁垒,政府制定的行业政策、法规等形成的制度壁垒等。退出壁垒主要有:资产专业性和沉没成本、解雇成本、法律政策的限制等。

3. 公路运输市场结构状态类型

1）公路运输市场静态结构

（1）按服务对象和性质划分

公路运输市场按服务对象和性质可分为基本市场和相关市场。

公路运输基本市场是以运输旅客、货物为服务对象,并以直接向旅客、货主提供运输劳务为主要形态的市场,主要分为客运市场、货运市场两类。

公路运输相关市场是指与运输基本市场相互影响、相互作用、相互依存而不能单独存在的市场,可划分为直接相关市场和间接相关市场。直接相关市场包括运输车辆租赁市场、包车市场、运输信息服务市场、装卸搬运市场、货物储存与保管市场等。间接相关市场包括运输基础设施建设市场、运输设备交易市场、运输设备维修市场等。

（2）按运输对象（即运输市场客体）划分

公路运输市场按运输对象可分为公路客运市场和公路货运市场。公路客运市场按范围可划分为城际和城乡客运市场、城市客运市场、旅游客运市场、国际客运市场等;按经营组织方式可分为班车客运市场、包车客运市场、城乡公交客运市场等。公路货运市场按货类不同可划分为液体（油、气）货运输市场、干散货运输市场、件杂货运输市场和特种货运输市场等;按经营组织方式不同可划分为零担货运市场、集装箱货运市场、快件货运市场等。

（3）按运输范围和区域划分

按运输范围和区域划分,公路运输市场可分为地方性运输市场、国内运输市场和国际运输市场。对不同的运输方式而言,由于其经济运距的限制,其运行范围也受到影响。就汽车货物运输而言,也可划分为省市公路运输市场、国内公路运输市场以及国际公路运输市场等。

2）公路运输市场动态结构

（1）按运输市场竞争态势和程度划分

按照市场竞争态势和程度的不同,公路运输市场可划分为完全竞争运输市场、垄断竞争运输市场、寡头垄断运输市场和完全垄断运输市场四类。

完全竞争运输市场是指运输企业和货主对运输市场价格均不能产生任何影响的市场。在完全竞争运输市场上,运输企业和货主都只能是运输价格的接受者,决定运输企业进出市场的唯一条件是经济上是否有利可图,有利可图就决定进入,一旦无利可图就决定退出。在现实中,虽然并不存在纯粹的完全竞争运输市场,但公路运输市场中的普货运输市场基本可以看作是完全竞争的运输市场。

垄断竞争运输市场是一种比较接近现实经济状况的市场结构,它介于完全竞争和完全垄断之间,又偏向完全竞争。这种市场的特点是:同类运输产品在市场上有较多的生产者,市场竞争激烈;新加入运输市场比较容易;不同运输企业生产的运输产品在质量上(如快速性、货物完好程度)有较大差异,进而某些运输企业由于存在优势,产生了一定程度的垄断性。从总体上讲,公路运输市场与之相类似。

寡头垄断运输市场是一种介于完全竞争和完全垄断之间,以垄断因素为主同时又具有竞争因素的市场结构。这类市场的特点是少数运输企业垄断运输市场,向运输市场提供相同的或具有一定差别的运力,控制着运输市场绝大部分运量。市场运价也被这些企业垄断。当然,这些企业之间同样存在竞争。一般认为公路干线客运市场、快速货运市场、集装箱运输市场和超限货运市场等与这类市场类似。

完全垄断运输市场又称为独占市场。其特征是:市场上只存在一家运输企业或单位,该垄断企业能够决定市场运价或向市场提供运力,并获得超额利润。但是,这类市场在现实当中很难存在,除非国家对整个运输业采取垄断经营。

（2）按运输市场供求状况划分

按运输市场供求状况划分,公路运输市场可分为运输买方市场和运输卖方市场两类。

（3）按运输市场竞争方式划分

按运输市场竞争方式划分,公路运输市场可分为价格竞争运输市场与非价格竞争运输市场、有效竞争运输市场和无效竞争运输市场、低效竞争运输市场和高效竞争运输市场等。

第二节　公路运输组织模式

一、公路运输组织模式概述

公路运输组织模式可从动态和静态两方面来描述。

动态的公路运输组织模式是公路运输的生产组织过程,是一个多环节、多工种的联合作业系统,是运用车辆、装卸设备、承载器具、站场设施等,通过各种作业环节,将货物从始发地运输到目的地的全过程。动态组织模式的实现需要将公路、站场、运输工具、运输信息、劳动力和资金等生产要素在企业内部和企业之间进行动态组合。

静态的公路运输组织模式是把动态组织活动中有效合理的协作关系相对固定下来,形成一定的运输生产结构、运输生产模式和运输企业间的相互关系。公路、站场、运输工具、运输代理、运输信息等都是运输组织系统的节点和纽带。这些节点和纽带不一定是由一个企业统一控制,而是为完成运输任务,通过各种业务关系把不同企业的相关资源相互整合、连接在一起。

公路运输组织的目的是实现运输资源的合理配置和有效利用。

二、我国公路运输组织模式的发展

从严格意义上来说,我国公路运输开始于1949年,因为在那之前的相当长的一段时间内,公路运输对国民经济没有什么实际意义,表现为数量少、等级差、不完整,国内机动车保有量太少。随着国民经济的发展,产业结构的优化,加工工业产品、高附加值产品、日用消费品的运输需求进一步上升,公路运输在各种运输方式中所占比重也逐步提高。公路运输不再只是承担中、短途运输。随着高等级公路网络的完善,公路运输在中长途运输中的业务也越来越多,运输周转量增加,平均运距扩大,货物运输组织结构也随之发生变化。

1. 交通运输部门独家垄断运输阶段(1949—1977年)

计划经济时期,农业生产以手工劳动为主,农产品基本上是自给自足,产生的货运量很少。国家工业发展以重工业为主,煤炭、矿石等初级产品和钢铁、石油等能源物资是主要运输品。这些运输品路线较固定、运量大,更适合于运费较低的水运和铁路运输,所以此时运输以铁路和水运为主,公路运输发展落后。

计划经济时期由于物资紧缺,国家对物资进行统一调拨,对私营公路和私营运输企业进行社会主义改造,运输市场由国家统一组织,属交通部门汽车运输企业垄断市场阶段。国家用行政手段组织公路运输企业的一切经营活动,实行"统一计划、统一调度、统一运输组织"的经营管理体制和统一分配货源、统一调度运力、统一运输价格的管理模式,运什么货物、运输量多少、运输路线都是根据运输调度计划统一安排。全国公路运输企业形成一个纵向一体化的大企业,内部通过行政命令的方式调配资源,统一收入、统一支出。由于国有公路运输企业的规模和经营区域较大,加上企业为了维护垄断地位,网络性经营的零担运输得到发展,逐步形成了全国性的零担运输协作网络。

2. 承包运输和个体经营运输阶段(1978—1991年)

改革开放以后,农村推行家庭联产承包责任制,促进了农业从自给与半自给经济向大规模的商品经济发展,农产品货运量迅猛增长。运输产品中,传统大宗产品所占比重下降,加工工业产品和高附加值产品运输需求增长,这些产品对运输质量、速度、灵活性要求较高,公路运输的技术特点更能符合这些要求,成为主要的运输方式。计划经济时期高度集中的公路运输供给越来越满足不了运输的需求,特别是农民对交通运输提出了越来越紧迫的要求。为解决"货畅其流,人便于行"的问题,1983年3月,交通部提出"有河大家行船、有路大家行车"的口号,鼓励个体运输发展新型运输联合体,支持"各部门、各行业、各地区一起干,国营、集体、个人以及各种运输工具一起上"。政策的松动导致个体运输户出现并迅速发展,各地迅速掀起了个人和联户购买拖拉机、汽车从事公路货物运输的热潮。国家又对国有企业进行了"承包经营责任制"的改革,国有公路运输企业采取了一系列的调整措施,以承包、租赁、挂靠等组织方式进行运输生产。

此时,分散的个体公路货物运输大大提高了生产和资源的利用效率,原因是分散运输具有以下特征:一是进入门槛低。拥有一辆车就可以进入公路运输市场从事生产经营。二是沉没成本少。不需要更多的装备,生产设备简单,初始成本低,而且如果公路运输市场行情不好,退出成本低,几乎没有沉没成本,客观上对公路货物运输企业是一种激励。三是运输产品同质。在公路货物运输市场发展的初级阶段,运输的货物种类有限,不同运输经营者提供的运输服务和产品没有太多质量上的差别,只是基本货物运输,竞争的焦点主要在于价格。四是完全信息。早期的个体运输户都是在本地狭小的范围内开展公路运输生产活动,公路运输的供给和需求都发生在当地,搜寻信息的成本很低,而且在运输产品、运输价格、成本费用等方面具有完全信息。运输供给和需求在价格上基本是约定俗成的,无须讨价还价,而且在结算上也不一定当场兑现,可以事后结清,因此这种运输服务交易费用低廉,不存在信息不对称,不可能存在欺诈行为。五是组织成本和监督成本低。以家庭或亲属关系为基本单位的运输经营者分工协作,组织成本和监督成本低,能够有效地组织运输生产,约束机制和激励机制相容。因此,个体运输一出现,就对国营的公路运输企业构成了威胁。

3. 单车分散经营运输阶段(1992—2002年)

1992年以来,公路货物运输市场进入全面开放阶段。随着国有大型汽车货运企业解体,货运市场结构发生了重大变化,从计划经济下的垄断市场结构转变为市场经济下的完全竞争市场结构。公路货物运输生产组织方式从企业组织生产演变为个人承包经营的单车生产,再到"一车一户"独立经营的模式。公路货物运输市场表现出"散、零、小、弱"为主要特征的分散经营态势,原来具有规模经济的国有零担运输网络不复存在,普通整车货物运输发展迅速,成为公路货物运输的主要运输方式。

个体运输的发展在一定程度上解决了公路运输企业资金短缺问题,分散了企业经营风险,实现了低成本扩张。但其弊端也随之显现出来:第一,运输规模经济被限制在最小的范围,过度竞争的市场结构使得公路货物运输市场成为恶性竞争的微利市场,经营者之间的恶性竞争,破坏了原有的经营网络体系,车辆总体效率发挥不理想,在运输市场中整体实力的发挥被严重削弱。第二,运输经营者水平参差不齐、素质不一,个体经营者只注重个人利益,分散的运力使得运输主管部门监管困难,运输市场混乱。第三,运输信用难以保证,运输市场信用机制缺失,运输过程中货差、货损、运输时间难以保证。第四,分散的公路运输供给和需求结构下运输市场信息沟通不畅。

4. 组建挂靠公司运输阶段(2003年至今)

分散的道路货物运输经营存在着很多弊端,并且随着运输服务的地理范围扩大,由原来的服务本村扩大到一个区域,服务的对象也由原来熟悉的村民扩大到一些陌生人,运输的货物种类也由简单的农产品扩展为生产资料、建材、工业品等,运输的复杂程度和组织程度加深。个体运输已经不能满足运输需求,个体经营者组建个体联户,还有一些个体运输户挂靠到运输公司。

随着企业组织规模的扩大,管理成本相应增加,而运输组织者缺乏必要的企业管理知识,传统的小作坊式的管理办法不能适应企业化运作的需求,管理上的真空和由此导致的混乱在运输需求旺盛、运输收入和利润高、市场竞争不激烈的情况下还不是很明显,但当运输市场竞争激烈、利润逐步降低之后,这种矛盾就会显露出来。而且企业集团规模越大,就有越多的成员存在"搭便车"的心理,从而使集体的行动变得困难。因此,分散的道路货物运输企业在组成运输公司后出现了各种各样的问题,并且许多运输公司对挂靠企业事实上已经不再控制具体的运输过程,名义上分散的道路货物运输车辆通过运输公司组织起来,实际上运营过程还是单车分散经营。

三、公路货物运输组织发展趋势

随着信息技术在公路运输中的广泛应用,公路运输的组织模式也在逐渐发生变化。根据《交通运输"十二五"发展规划》中关于公路运输的发展规划,可以预见未来公路货物运输组织的发展趋势。

首先,公路运输组织模式将不断创新、发展和完善,公路运输的服务水平也将不断提升。企业间广泛开展协作与联营,运输市场向市场主体集约化和运输经营网络化方向发展。

其次,站场组织功能将不断完善,运输组织形式和主体将进一步拓展和规范。以国家公路运输枢纽为主要节点,鼓励货运枢纽经营企业拓展仓储、分拨配送、流通加工、保税等功能,促进货运枢纽站场加快向现代综合物流园区转型。引导和规范货运代理、无车承运人、邮政和快递企业、零担快运等运输组织主体的发展,构建城际快速公路货运网络,发展零担快运等网络化运输形式。

最后,公路运输将进一步向专业化方向发展,鼓励厢式运输、集装箱运输等专业化运输方式。组织和开展甩挂运输试点工程,探索甩挂运输运营组织模式,进一步完善促进甩挂运输全面发展的政策法规和标准规范体系,发挥甩挂运输效率高和节能减排的优势。

第三节　公路甩挂运输的主要优势

一、甩挂运输的概念

甩挂运输是继大型载重车辆、厢式车、集装箱卡车等运输技术广泛应用之后公路运输发展史上的又一次飞跃,但是,其变化更重要的是运输组织方式的创新。这种运输组织方式在北美、欧洲等地区发达国家的大量应用可追溯至 20 世纪 40 年代,起初是为了满足滚装运输多式联运和陆路驮背运输的需要,其后,因其经济效益潜力巨大而被逐渐推广到规模化的网络型公路运输企业。

1. 狭义上的甩挂运输

甩挂运输是一种公路运输技术创新的货运组织形式,是牵引车按照预定的运行计划,在货物装卸作业点甩下所拖的挂车,换上其他挂车继续运行的公路运输组织方式。挂车本身不具备行驶动力,由牵引车拖带行驶。在甩挂运输实践中,运输企业使牵引车或牵引汽车(带牵引装置的载货汽车)与挂车能够自由分离与接合,通过挂车与挂车的合理调度与搭配,缩短因装卸货物而造成的牵引车停靠或等待装卸时间,提高牵引车辆的里程利用率和挂车的载重量利用率。

提高汽车货运效率的重要途径是提高车辆的燃油经济性和装载能力,最现实的措施就是使用大吨位货车。甩挂运输是车辆大型化后的又一突破点。它的产生思路是在挂车满足货运要求的前提下,降低牵引车的购置数量和使用费用,在牵引车与挂车合理的匹配比例下提高牵引车的使用效率,从而进一步降低基础运营成本。

甩挂运输的基本工作模式是一部牵引车分时段拖挂不同的挂车,提高牵引车有效工作时间。对于某些货运企业,车辆行驶时间低于或者基本等于货物的装卸时间和待装卸时间,在这种情况下,甩挂运输由同一台牵引车根据需要在不同时段牵引两台或两台以上挂车,可有效减少牵引车保有量。

2. 广义上的甩挂运输

广义上的甩挂运输主要体现在多式联运领域,其本质是一种基于公路货运车辆调度的货运运力资源配置模式。在公路运输环节,牵引车在适当的站点可以甩掉一个(或多个)挂车、挂上另外一个(或多个)挂车继续空间移动,以实现门到门运输;在多式联运环节,由公路甩挂运输牵引车拖挂的挂车经过陆路行驶抵达公铁或者水陆多式联运站场后,挂车被接驳到铁路货运列车或者滚装船,经过铁路或水运的大容量干线运输后,由公路甩挂运输牵引车继续拖挂这些挂车配送到目的地,实现门到门运输。在实践中,除了公路运输企业能够获得甩挂运输效益外,通过将挂车作为集装化单元而进行多式联运,可有效发挥不同运输方式的技术经济优势和整个综合运输系统的资源整合优势,提高综合运输系统运能资源配置效率和资源利用率。不同运输方式之间的运力配备策略、多式联运站场的高效运转模式等是基于甩挂运输的多式联运发展的关键。

20世纪50年代以来,世界各国越来越重视铁路、公路、水路、航空和管道五种运输方式之间的相互影响和优势互补关系。许多国家开始制定综合运输发展政策,协调优化不同运输方式之间的关系,使铁路、公路、水路、航空之间能科学分工、合理衔接,构建海陆空立体化的综合运输体系。在综合运输体系中,公路运输发挥其方便灵活、门到门的优势,承担了大量多式联运端点的集疏运业务。如果这些端点的集疏运业务在多式联运环境下由公路运输"一站式"完成,全程运输活动中可以省略大量的中间作业环节。多式联运环境的建立,需要多方面齐头并进:一是需要构建互联互通的铁路、公路、水路和航空基础设施条件,形成干支衔接、节点通畅的基础设施网络体系;二是要构建通畅的多种运输方式一体化运作的多式联运流程、标准化的载运工具、统一的运载单元、高效协调的装卸设备、互联互通的信息平台、全程一单制的货运单据;三是制定统一的行政管理法规、公平合理的税收政策、便利化的贸易措施等;四是培养熟悉不同运输方式技术经济特征、具有现代物流服务理念的多式联运经营人;五是培养掌握多式联运市场需求、熟悉多式联运技术及其装备的多式联运人才。基于甩挂运输的多式联运货运组织方式,不仅使参与其中的企业或个人获得更好的经济效益,而且还可以为社会创造节能减排等显著的社会效益。

二、公路甩挂运输的主要优势

与传统货物运输方式相比,甩挂运输在货运量稳定的情况下具有明显优势,主要体现在两大方面:其一是依托兼容性、标注性和可扩展性良好的货物运输车辆,甩挂运输可获得运输装备优势;其二是依托先进、科学的车辆组织调度管理,甩挂运输可获得技术经济优势。

1. 车辆装备方面

(1)挂车具有良好的兼容性。挂车的类型多样,包括厢式挂车、罐式挂车、平板挂车、集装箱挂车、商品汽车运输专用型挂车等若干类。其中,厢式挂车还可以分为保温挂车、冷藏挂车等。其他大类也能区分出大量细分车型。挂车对其他公路运输车型的替代作用非常明显。

(2)车辆投入产出率高。挂车具有价格比较低廉、载重量大等优点。实行甩挂运输,可以降低牵引车燃油消耗率,使有效载荷和有效容积利用率最大化。挂车的运转机构如车轴、悬架、轮胎等经严格筛选,其总行驶里程可以达到牵引车总行驶里程的两倍以上,且故障率极低,正常运行条件下设计使用寿命超过 20 年。

（3）运载能力大，特别是容积的扩展空间大。根据我国相关标准，2008 年 1 月 1 日开始，在高等级公路上使用的整体封闭式厢式挂车最大长度可放宽到 14.6 米，与其组成的铰接列车车长最大限值放宽到 18.1 米。因此，在国家政策的推动和市场需求的拉动下，大型封闭式挂车运输将成为公路干线运输的主力，且普通挂车市场需求逐渐向厢式车转移。采用带挂车的汽车列车运输货物，是提高运输效率、降低运输成本的有效办法。

（4）有助于实现公路长途运输。汽车列车具有运输效率高、吨千米油耗低、经济效益好、能够实现门到门运输等优势，已成为公路货运的主要运输工具之一。实践表明，吨位大、效率高、一车多挂的挂车会随着公路运输业的发展而成为公路长途运输工具。

（5）可以实现运输网络节点上的暂时储存。一些发达国家的工商企业内部基本不设固定仓库，也不自备货运车辆，几乎所有的周转、库存物资均存放在运输企业的厢式挂车或集装箱内，而这些厢式挂车或集装箱始终处于流通周转之中。在货运站库房、货场比较紧张的情况下，采用甩挂运输使挂车车厢发挥仓储功能，做到货不进库，收货后直接装车，可减少仓储基础设施投资。

2. 技术经济方面

（1）甩挂运输能有效降低牵引车货物装卸等待时间，降低牵引车费用。缩短牵引车装卸等待时间是提高牵引车使用效率的重要途径。在实际运作过程中，有些货运车辆在一个工作日内站场装卸等待时间等于甚至高于车辆在途行驶时间。实行公路甩挂运输，每台牵引车同时为两台或两台以上挂车提供牵引服务，不仅可以提高牵引车使用效率和服务水平，还可以减少牵引车购置数量和购置费用。在北美和欧洲等地区甩挂运输发达的国家，一台可牵引 12.2 米（40 英尺）集装箱车或相应厢式车的牵引车售价大约为一台挂车售价的 1.5 倍。按一台牵引车拖挂两台挂车测算，运输企业可节约 50% 左右的牵引车购置费用。当然，挂车与牵引车的配比也不一定越高越好，要根据运输线路的具体情况确定。

（2）甩挂运输能减少驾驶员数量，降低人工费用。由于大型货车操作驾驶技术和安全标准要求高，运输企业对大型货车驾驶员的要求也非常高，驾驶员的工资水平也维持在较高层面。统计资料显示，大型货车驾驶员的工资福利在运输企业运营成本构成中的比例约为40%。甩挂运输不但减少了牵引车的购置数量，同时也减少了驾驶员的雇用数量，还降低了运输企业所支付的员工工资、社会福利、医疗保险、养老保险等支出。

（3）甩挂运输有助于运输站场降低单位运输成本，实现规模效益。甩挂运输需要在较高组织化程度的条件下运行，需要有比较充裕的货源、标准化的操作平台、高效率装卸设备、先进的信息化水平等。开展甩挂运输不仅可以促进交通运输站场等基础设施的建设与发展，促进公路运输实现网络化经营，推动公路运输企业向集约化、规模化方向发展，而且在甩挂运输站场内，车辆进站后甩下原挂车，挂上新挂车即走，压缩了等待装卸时间，加速了车辆周转，使站场的装卸、堆存、仓储、中转、信息等综合服务能力得以更高效率地利用和发挥，单位货物或车辆的平均成本降低，整体效益提高。

（4）甩挂运输可以提高载运工具容积利用率，促进多式联运发展，可以在速度、成本等方面获得更大收益。甩挂运输模式可以促进公路运输、铁路运输与水路运输等多种运输模式共同发展，基于甩挂运输的陆海多式联运、铁路驮背运输、水路滚装运输等，可以促进综合运输系统向规模化、集约化、信息化、快速化、低成本化方向发展。例如，由铁路或水路运输负责长距离干线运输,公路甩挂运输负责将货物由站场运至码头或者铁路站场,或者负责把到达铁路货场或港口码头的货物运输到最终目的地。当基于甩挂运输的多式联运网络和多式联运运量发展到一定规模以后,全程运输时间将明显缩短,综合运输效率将大幅度提升,不仅公路运输载重量利用率会明显增加,铁路列车和水运船舶的容积利用率也会明显提升,总体运输成本得到合理控制。

第四节 公路甩挂运输设备

一、甩挂运输设备概念

物流是运输、仓储、包装、装卸、配送、流通加工等环节组合在一起的经济活动。为了使物流达到高效率、低成本的目标,必须采用相适应和先进的劳动手段和工具,这种劳动手段和工具称为物流设备。物流设备是一种能够在使用过程中长期保持原样的实物类物质资料,普遍指在进行各类型物流活动时所需的机械、器具等。物流设备是组织批量生产合理化、保障机械化流水线作业的基础,是港口码头、铁路货运站、公路货运站、机场和物流园区作业的主要工具。物流企业组织高水平的物流活动的物质技术基础就是物流设备。企业物流运营能力的大小也通过物流设备来体现。甩挂运输是物流活动中一种先进的运输组织方式,甩挂运输设备也是物流活动中各类设备的一部分。

二、甩挂运输设备分类

物流设备种类繁多,规格多样,类型复杂。一般来说,甩挂运输设备主要有运输设备、装卸搬运设备、仓储装备、集装单元设备、流通加工设备和信息技术设备等。

1. 运输设备

运输是物流活动的重要环节,以至于其独特的地位对运输设备提出了相对于其他设备更高的要求。为了达到减少运输成本、提高运输效率、保证运输设备较高的利用效率的目的,一般要求甩挂运输设备具有高速化、标准化、智能化、大型化和安全可靠的特性。甩挂运输与多式联运相结合,运输设备的范畴也扩展至水路运输船舶、铁路机车和货运航班。

1) 汽车列车

一般来说,汽车列车是"一辆汽车(载货汽车或牵引车)与一辆或一辆以上挂车的组合"。牵引车是汽车列车组合的动力来源,而挂车是承载货物的、无动力且靠牵引车拖挂运行的车辆。汽车列车可以适应多种运输需要,例如常见专用汽车中的厢式汽车、罐式汽车、自卸汽车、起重举升式汽车、仓栅式汽车及其他特种结构汽车等均可以采用汽车列车的形式。根据其结构形式,汽车列车可分为以下五种:

(1)半挂汽车列车。由半挂牵引车与一辆半挂车组合。(图 1-1)

(2)全挂汽车列车。由汽车(一般为载货货车)与一辆或一辆以上全挂车组合。(图 1-2)

(3)双挂汽车列车。由半挂牵引车与一辆半挂车、一辆全挂车组合。(图 1-3)

(4)特种汽车列车。由牵引车与特种挂车组合。(图 1-4)

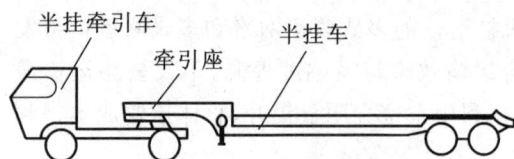

图 1-1　半挂汽车列车示意图

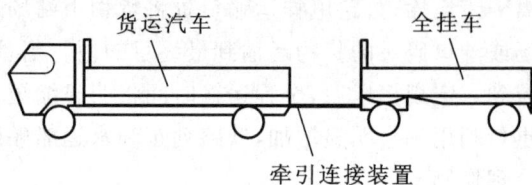

图 1-2　全挂汽车列车示意图

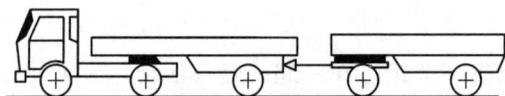

图 1-3　双挂汽车列车示意图

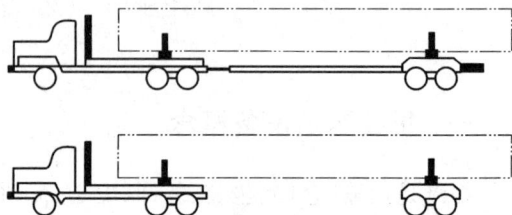

图 1-4　特种汽车列车示意图

　　根据汽车列车的最大装载质量,汽车列车又可以分为轻型、中型和重型汽车列车。重型汽车列车最大装载质量可达数百吨。

　　2)牵引车

　　牵引车是实施甩挂运输最主要的部分,是汽车列车的动力源,用以牵引挂车来实现汽车列车的运输作业。根据其结构和拖挂功能,牵引车主要可以分为以下三类:

　　(1)半挂牵引车。半挂牵引车用来牵引半挂车,与普通载货汽车相比,其车架上无货箱,只用作牵引,而在车架上装有鞍式牵引座,通过鞍式牵引座承受半挂车的前部载荷,并且锁住牵引销,拖带半挂车行驶。实践中可在载货汽车底盘的基础上,选取合适的后桥主传动比,缩短轴距,并在车架上配置鞍式牵引座进行改装。如图 1-5 所示。

图 1-5　半挂牵引车示意图

　　(2)全挂牵引车。用于全挂车和特种挂车的牵引,一般可由通用的载货汽车改装。全挂牵引车车架上装有货箱,车架后端的支撑架处安装有牵引钩,通过牵引钩和挂环使牵引车与全挂车连接。拖带特种挂车的牵引车车架上装有回转式枕座,采用可伸缩的牵引杆与特种挂车连接,在运送超长尺寸货物时,也可通过货物本身将牵引车与特种挂车连接起来。如图 1-6 所示。

(a) 厢式货车

(b) 油罐车

(c) 砂石运输车

(d) 木材运输车

(e) 低栏运输车

(f) 家畜运输车

(g) 冷藏车

(h) 半高栏运输车

(i) 框架式车辆运输车

(j) 粉尘颗粒运输车

图 1-6　各类全挂牵引车示意图

（3）站场用牵引车。用于机场、铁路车站、港口码头等特殊作业区域,可牵引半挂车或全挂车,完成货物运送和船舶滚装运输作业。站场用牵引车一般选用电动机或内燃机为动力,机动性好,能满足不同货物高度和不同行驶速度的要求。全挂牵引车前后大多装有牵引钩,可迅速连接或脱挂一辆或一辆以上的全挂车;半挂牵引车多装有牵引座,连接或脱挂半挂车方便可靠;站场用轻型和中型牵引车多用载货汽车改装,站场用重型牵引车大多是装载机变型产品。

3）挂车

挂车是甩挂运输过程中在各货运站承载货物的工具,在牵引车的带动下实现货物的转移。其流通性更加广泛,是实施陆海联运的主体部分。挂车的形式多式多样,按货物的不同要求而制成各种专用或特殊结构,常见的主要有罐式挂车、厢式挂车、集装箱挂车、自卸挂车等,不常见的有商品车运输专用挂车、运载大型设施设备的超长超重专用挂车。根据与牵引车的连接方式,挂车主要分为三类,半挂车、全挂车和特种挂车。

（1）半挂车。半挂车是用于连接半挂牵引车的被拖挂车辆,其部分重量通过鞍式牵引座由半挂牵引车承担。如图 1-7 所示。

（2）全挂车。全挂车是完全靠拖挂的车辆,通过牵引钩和挂环与牵引车相连,其本身的重量和装载重量均不在牵引车上。为减少轮胎的侧滑、磨损和汽车列车的转向阻力,一般将全挂车前轴设计成转向轴。按最大装载重量的不同,全挂车可分为轻型、中型和重型,其中重型全挂车又有重型平板挂车、重型长货挂车和重型桥式挂车三种。如图 1-8 所示。

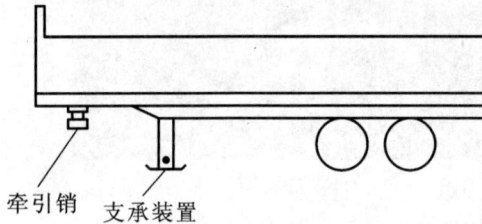

牵引销　支承装置

图 1-7　半挂车示意图

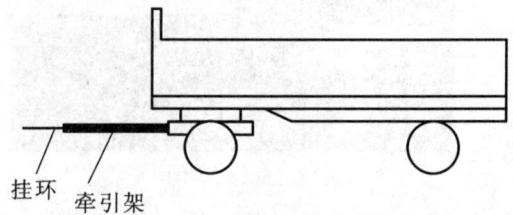

挂环　牵引架

图 1-8　全挂车示意图

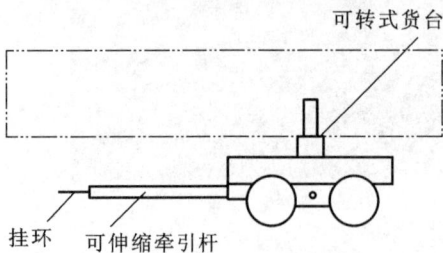

可转式货台

挂环　可伸缩牵引杆

图 1-9　特种挂车示意图

（3）特种挂车。特种挂车有两种连接方式:一种为全挂连接的牵引杆和挂环式,其牵引杆是可伸缩的,以适应不同长度货物的装载需要;另一种为非直接连接式,挂车车台通过所承载货物与牵引车上的回转式枕座连接。如图 1-9 所示。

4）公铁两用车（图 1-10）

公路、铁路两用车辆(以下简称"公铁两用车")是在驮背运输(把公路车辆放到铁路车辆上实现运输)基础上演变而来的,实际上是一种大型公路挂车。它可以直接装在铁路车辆转向架上,利用螺旋弹簧或液压装置将轮胎升起后,由转向架承载而在铁路轨道上运行(或者由公路挂车装上导向架构成铁路车辆,在公路上行驶时只需将导向架升起)。公铁两用车能有效解决传统甩挂运输车辆无效载荷与有效载荷比值较大、经济性不够理想等问题,既发挥了铁路远距离运输的效益,又具备公路门到门运输的灵活性。公铁两用车符合现代多式联运组织的需要,显示出货物运输的一种趋势。公铁两用车的优势主要表现在如下几个方面:

（1）传统驮背运输有一个较为明显的缺点，即有效载货重量与运输工具自身重量的比值太低。如果采用公铁两用车，省去铁路车辆自重，则这一比值可明显提高。也就是说，运输同样重量的货物可以节省牵引力，这是公铁两用车技术得以迅速发展的原因之一。

（2）不论挂车的长度如何，当它们编成铁路列车时，挂车之间的距离很小，这使得列车运行时空气阻力较低。

（3）公铁两用车的总高度低，可增大车辆高度，从而增大车辆的装载容积。

（4）公铁两用车不需要大型起重机等换装设备，只需将铁轨嵌入地面，便于挂车上、下铁轨即可，可以减少铁路车辆的投资，也可减少站场的装卸作业设备投入。

（5）公铁两用车既具有公路运输车辆的装卸灵活性，又具有铁路运输车辆长距离快速货运的高效率，可以实现门到门运输。公铁两用车可以在公路和铁路运输之间自由而迅速地转换、换装，并且避免由此可能造成的货损与货差。

图 1-10　公铁两用车示意图

美国于 20 世纪 70 年代末开始发展公铁两用车。目前，美国的公铁两用车技术主要有以下三种形式：

第一种公铁两用车技术称为"Road Trailer"。采用该技术的公铁两用车由公路向铁路换装的作业过程是：挂车驾驶员把转向架叉取到铁轨上，挂车向后退至转向架，利用挂车的压缩空气系统使车身升高，然后车身移动到转向架上；移动完成后自动锁销将挂车车体与连接座锁住；放掉挂车上的压缩空气，依靠强力螺旋弹簧把轮胎提升并离开铁轨；该挂车依托转向架再向后倒退，与另一辆已装好的挂车前端连接舌衔接；驾驶员从车上下来，插入连接销，就可以完成一辆挂车的编组。有的车站甚至不需要任何辅助设备，由挂车驾驶员便可完成全部换装作业。

第二种公铁两用车技术称为"Roil Trailer"。此技术是将一辆公路挂车配上可装卸的铁路转向架，该系统适合 6～15 米甚至 17 米长的挂车。Roil Trailer 车辆有两个特点：其一是挂车构架底角与铁路转向架的连接采用了国际标准的旋锁连接，这可以加速公路和铁路之间的转换速度，而且通过转向架向挂车构架传递纵向牵引力更加有效；其二是在货场进行公路与铁路之间的转换时，提升挂车不需要压缩空气，即可把 2 只 8.4 米的集装箱末端背靠背地连接在一起，并作为一个刚性整体悬架在两台转向架上。

第三种公铁两用车技术称为"Rail Trailer"。该系统是用公路挂车或集装箱连接特制的铁路平车(低、短平台车)组成铁路列车。一辆挂车的后端与另一辆挂车的前端放在同一辆铁路平车上，形成"挂车—平车—挂车—平车……"的编组顺序。挂车的轮胎固定在前一辆平车上，挂车的中心立轴支柱固定在中间一辆平车上。挂车向平车上装卸时只需使用低廉的活动渡板,不需昂贵的装卸设备和过多的操作人员。平车装有标准的车钩和制动系统,可用铁路机车直接牵引或加挂在一般货运列车编组中。

5)铁路平车(图 1-11)

平车是在运输和物流中常用的铁道车辆之一,是铁路上大量使用的通用车型,没有车顶和车厢挡板,自重较小,装运吨位相应提高,由于无车厢挡板的制约,装卸作业较方便。铁路平车主要用于运送钢材、木材、汽车、机械设备等体积或重量较大的货物,也可借助集装箱运送其他货物,甚至适应国防需要装载各种军用装备。装有活动墙板的平车也可用来装运矿石、沙土、石渣等散粒货物。我国自行设计和制造了多种平车,从结构上来分,主要有平板式和带活动墙板式两种,车型主要有 N12、N60、N16 和 N17 等。我国自 1966 年起开始大批量生产 N16 型平车,该型平车的底架上铺设 70 毫米厚的木地板,车两端具有全钢焊接的活动端壁板,放倒后可做渡板,供所运机动车辆自行载卸。1998 年制造的 NX17A 型平车——集装箱两用平车(也称 XN17A 型)既保留了原 N17A 型平车的基本结构形式,又能适应市场需求,提高车辆适应性和利用率。目前该车可按平车用,可装载 60 吨;又可按集装箱平车用,装运 1 个箱重 30.48 吨、2 个箱重 24 吨或 5 个箱重 10 吨的集装箱。从发展趋向看,平车——集装箱两用车的数量越来越多,单一用途平车数量越来越少,且平车——集装箱两用车结构被逐步优化,车辆地板面积增大,车辆自重系数降低,载重量进一步提高。

图 1-11　铁路平车示意图

2. 装卸搬运设备(图 1-12)

在同一地域范围内,为了改变物体存放的位置、支撑的状态而开展的活动称为装卸搬运。根据装卸搬运设备不同的用途以及结构特征进行分类,装卸搬运设备一般可分为装卸搬运车辆设备、起重设备等;按照搬运装卸物料的种类不同,装卸搬运设备可分为单元物料装卸搬运设备、散装物料装卸搬运设备和集装物料装卸搬运设备。

3. 仓储装备(图 1-13)

仓储装备一般不是指房屋、封闭房门等外在表征的设备,而是指能够满足物料仓储保管需求的机械装置和器具,主要包括货架、堆垛机械、自动分拣设备、升降机、搬运机器人、自动导向车以及智能化信息管理系统和监控系统。通过这些装备,可以使仓库货物的堆放、存取和分拣作业自动化、机械化,使仓库的作业效率和利用价值提高,实现仓库运营收入最大化。

(a) 电动叉车

(b) 堆高机

(c) 侧面叉车

(d) 起重机

图 1-12 装卸搬运设备示意图

(a) 货架

(b) 升降机

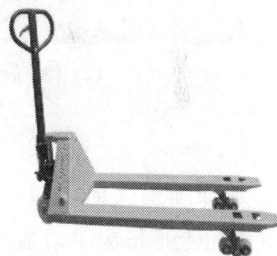

(c) 手动叉车

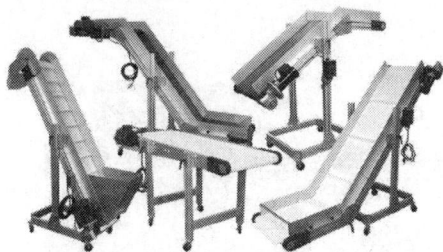

(d) 输送机

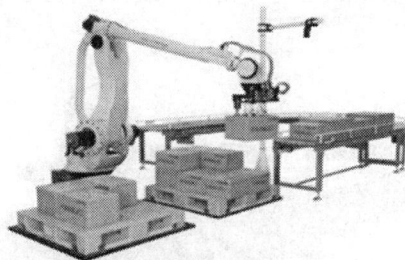

(e) 搬运机器人

图 1-13 库内设备示意图

4. 集装单元设备（图 1-14）

集装单元设备即组成单元载荷的设备和容器（Container or Load Formation Equipment），其主要用途是用来实现货物的集装化、单元化和货柜化，主要包括集装箱、托盘、周转箱、散装罐、集装袋和其他集装单元器具。这些设备可以使货物形态相对固化，通过集器器具的集装或组合包装，不仅使仓储、运输、搬运更加便利，而且整个操作具有较高的灵活性，更能有利于实现物流活动过程中各环节的一体化，更易于物流作业的机械化和标准化的实现。其中，托盘是甩挂运输站场最常见的集装单元设备。

(a) 周转箱

(b) 托盘

(c) 集装袋

（Ⅰ）盘式

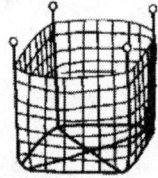
（Ⅱ）箱式

(d) 集装网

图 1-14　集装单元设备示意图

5. 流通加工设备（图 1-15）

流通加工是指为了增加商品的附加价格，满足更多消费者的需求或者是为了促进销售，商品在从生产地向消费者流通过程中，对商品进行了剪切、套裁等重新加工作业，使其发生物理、化学或者形状上的变化。一般来讲，流通加工设备主要是指包装设备、金属加工设备和木材加工设备。

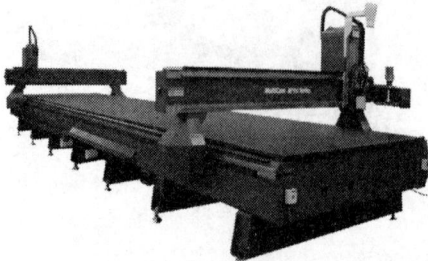
(a) 切割设备

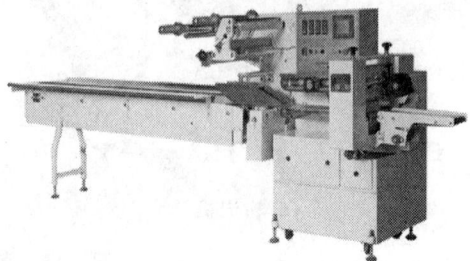
(b) 包装设备

图 1-15　流通加工设备示意图

6. 信息技术设备（图 1-16）

信息技术设备主要包括全球卫星定位技术设备、地理信息技术设备、计算机网络技术设备、智能标签技术设备、条码及射频技术设备以及信息交换设备等。

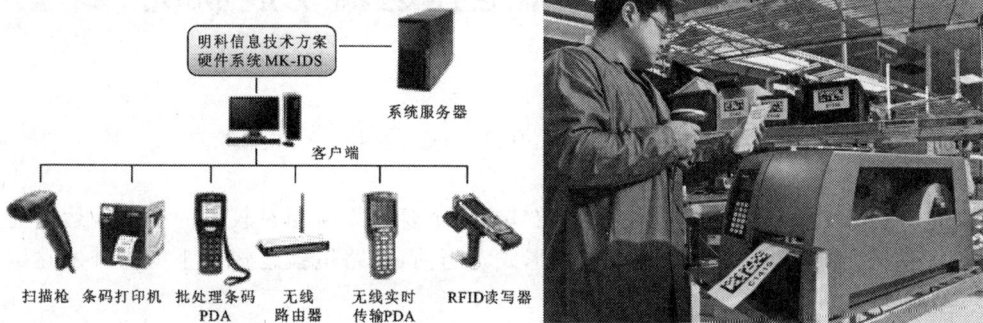

图 1-16　智能标签技术设备示意图

三、甩挂运输装备的地位及作用

随着我国社会主义市场经济的快速发展,经济体制改革的逐渐深化,现代物流业逐渐成为支撑经济高速发展的重要产业和新的经济增长点。而物流设备是现代物流系统重要的内容,它深入到了物流活动的每一个作业环节,贯穿了整个物流活动,是实现物流活动过程中各项作业功能的物质基础。物流设备的布局是否妥当,装备能力是否满足作业需求,物流装备的选择与配置是否合理,利用率是否较高等都将直接影响物流功能的实现,影响整个物流系统的效率和效益。一般而言,物流设备在物流活动中的作用主要体现在以下几个方面:

1. 物流设备是站场进行生产和运营的物质基础

物流设备是站场的物质基础,也是技术基础,它反映了物流服务水平高低和站场物流现代化程度。一方面,作为生产力要素的物流设备,对于现代物流活动的优化以及快速发展有着极大的促进作用;另一方面,对于提高作业速度和作业效率,提升站场的服务品质和运营水平也起着至关重要的作用。

2. 物流设备是站场资产的重要组成部分

一般来说,物流设备价格昂贵,建设一个现代化的甩挂运输站场,为达到智能化、自动化的目的,所需要采购设备的投资金额往往相当大,并且在这些设备使用过程中,为了保障设备正常运转,设备的保险,设备的日常维护、保养,各种日常维修,大修小修等需要投入大量资金。

3. 物流设备深化到了物流过程中的每一项作业

在整个物流过程中,物资的流通通常需要经过包装、运输、装卸、仓储等众多作业环节,为了保障作业的畅通与整个系统的效率,每一个作业环节都需要大量的不同类型的设备给予支持。

4. 物流设备标志着站场现代化的程度

随着科学技术研究的不断突破与创新,一种设备的产生将导致另一种设备的淘汰。物流技术的发展日新月异,而物流技术的先进性与实用性基本上是通过物流设备来体现的,站场自动化、智能化的程度更是完全通过物流设备来体现的。

第二章　国内外甩挂运输发展状况

第一节　国外公路甩挂运输发展概况

国外公路甩挂运输发展始于20世纪40年代,主要是规模相对较大的一些货运企业在企业内部采用了甩挂运输这一公路运输组织形式。当前,公路甩挂运输几乎为国外发达国家所有的大型货运企业所采用。

一、美国公路甩挂运输发展状况

美国是全球推行甩挂运输最早的国家,也是目前世界上甩挂运输发展规模最大、管理体系最为完备的国家。由于美国的带动,北美自由贸易区各国内陆干线公路普遍采用甩挂运输模式,并构建起北美庞大的甩挂运输网络,与单体货车相比具有极大的优势。

1. 甩挂车辆发展状况

美国1936年单体货车承担的货运周转量占汽车货运周转总量的57%,至1974年下降到24%,2000年仅占汽车货运周转总量的15%左右,2011年则进一步降至10%以内。而组合式列车承担的货物周转量不断上升,从20世纪30年代的40%左右上升到现在的90%以上。

从车辆保有方面看,全美各类商用卡车保有量约2900万辆(900万辆从事跨州运输)。2011年商用牵引车、挂车拥有量分别为182万辆和567万辆,相比2008年因受金融危机影响,牵引车数量有所下降,而挂车数量则不降反增。商用牵引车与挂车数量之比近年一直稳定在1∶3左右;从车型分布结构来看,美国货物运输车辆以大型厢式挂车为主。截至2011年,全美共有800万辆重型卡车,其中43%的车型为8类车(4轴厢式挂车)。全美拖挂车每年运行1899亿千米,运输范围覆盖了全美80%的地域。表2-1为美国车型结构分类表。

在北美地区,牵引车和挂车具有很强的通用性,均采用了统一的技术标准,挂车可以互换拖挂行驶,在到达货仓后,牵引车与挂车脱离即可去挂接其他装好货品的挂车进行新一轮的运输任务。其汽车拖带编组方式是多样的,特别是美国、加拿大等国的挂车可以互换拖挂,最大限度地提高了牵引车及驾驶人员的工作效率,减少甚至免除了到达目的地的卸货等待时间。

表2-1　美国车型结构分类表

类别	车型	类别	车型
Class1	摩托车和小汽车	Class8	四轴厢式半挂车
Class2	两轴、四轮单车体轻型货车	Class9	五轴厢式半挂车
Class3	公共汽车	Class10	六轴或多轴厢式半挂车
Class4	两轴、六轮胎单车体厢式货车	Class11	五轴或少于五轴式双挂货车
Class5	三轴单车体厢式货车	Class12	六轴厢式双挂货车
Class6	四轴或多轴单车体厢式货车	Class13	七轴或多轴厢式双挂货车
Class7	三轴厢式半挂车		

2. 运输站场发展状况

美国能够将甩挂运输广泛应用,得益于基础设施的初期建设。由于美国甩挂运输起步较早,基础设施比较完善,因此甩挂运输站场及信息化程度相对较高。在美国,物流系统非常发达,随处可见标准化的仓储设施和货运站场。整车运输企业一般依托货主仓储设施构建自己的经营网络,并积极发展"挂车池[1]";零担运输企业一般自建有不同功能层次、网络化分布的集散站场设施,拥有一些规模庞大的区域性分拨中心。这些都为甩挂运输的网络化经营提供了良好的基础。

目前,美国用作甩挂运输的站场大致可分为三类:一是工商企业用作仓储的站场;二是运输企业专用于集散、中转货物的站场;三是用作挂车运力储备的停车场。

工商企业仓储站场一般为工商企业服务自身生产经营、商贸活动的仓储设施,依托生产基地,具有可供挂车装卸作业的标准月台,由货主自建自管。从事整车运输的卡车企业一般直接将挂车放在货主站场并进行甩挂运输作业,促进货主提高物流效率、降低库存成本。在美国,具有一定规模的货主一般都有自己的仓储设施,且停靠大量用作临时周转仓库的各类挂车。运输企业货运站场一般是美国从事零担运输的承运商建立的,专用于集散、中转货物的货运站场。大型零担运输企业一般都需要建起一个庞大的站场网络体系,作业的车辆大多数是挂车。一般情况下,美国的公路货运企业都要根据客户分布情况在货主所在地建设或租用停车场。

3. 信息化发展状况

信息化是提高甩挂运输效率和准确性的重要方式。美国所有规模化的物流运输企业都非常重视信息化建设,有自己发达的信息网络系统。信息化管理成为甩挂运输必不可少的运作条件,甚至成为企业核心竞争优势。各企业信息管理系统基本实现业务全覆盖,大致都具有车辆和货物的实时追踪、车辆调度、客户管理以及业务操作管理等基本功能。

4. 甩挂运输企业状况

有很多大型的甩挂运输企业在美国具有非常突出的地位和作用,它们靠自己的竞争优势,掌握大量的货源,吸引其他企业加盟合作,能够起到整合社会车辆、优化资源配置的作用。例如,美国整车运输商世能达有 2000 辆加盟的牵引车,还与 1.1 万家卡车承运商建立了合作关系;无车承运人罗宾逊公司与 4.7 万家有车承运商建立起长期合约关系。

5. 甩挂运输管理制度

美国在多年实践中逐步建立起一套以牵引车为主体、"挂车有别于卡车(包括牵引车)"的法规体系:对牵引车和挂车实施管理,有效降低了挂车的购置、注册、使用、管理等成本,极大解放了挂车作为物流体系中基本装卸单元的生产力,促进了甩挂运输的发展。其措施包括以下几点:

第一,在车辆定性上,明确了挂车不属于卡车。根据联邦法典的定义,卡车包括单体货车和牵引车,但不包括挂车;挂车自身没有动力,只有与牵引车结合上路行驶才构成汽车列车。

第二,在商用注册方面,只限于牵引车,挂车不用注册。所有获准从事州际公路货运的承

---

〔1〕 一种专用作挂车动力储备的停车场。为了满足货主对挂车尤其是空挂的需求,通常由卡车企业储备足够的挂车以备及时调用。

运商都会有一个唯一的联邦商用车辆注册码和一个州际注册码,法律规定必须喷涂在卡车或牵引车车门两侧,这是卡车有资格从事州际运输的标志,如果没有注册码,卡车就不能从事州际运输,但挂车则无须喷涂这样的注册码。

第三,挂车管理简便,且税费比较低。美国在过去 20 多年时间内逐渐把车辆监管的重点从挂车转向牵引车,挂车作为"可移动载货工具"越来越广泛地被工商企业使用。政府努力减轻挂车使用成本,以注册费为例,牵引车必须每年年检并缴纳注册费,而挂车只需在初次办理牌照时一次性缴纳手续费即可,之后在使用寿命期内不再缴纳任何规费。

第四,挂车无须缴纳交通事故责任强制保险。美国的交通事故责任方保险分为强制保险和自愿保险两类,大部分州实行强制保险。对于甩挂汽车列车的车辆强制保险,均以牵引车为主体,并覆盖到所牵引的挂车,挂车无须缴纳任何强制保险,所有交通事故责任及赔付均由牵引车承担。

二、欧洲公路甩挂运输发展状况

1. 甩挂运输整体状况

在欧洲,公路甩挂运输得到了广泛的推广和应用,早已成为主流运输方式,不仅市场发达,而且分工明确。甩挂运输在欧洲地区占总运输量的 70%～80%,这一比例已成为衡量一个国家公路运输发展总体水平的重要标志。据测算,采用甩挂运输可提高效率 30%～50%,降低成本 30%～40%,减少油耗 20%～30%。

欧洲公路甩挂运输业正在与时俱进、不断发展。有些大型企业拥有自己创办、经营和管理的货运车队,而绝大部分中小型企业是把本企业货运任务外包给拥有重型卡车或甩挂运输牵引车的企业,有些企业甚至还有仓储和配送中心等基础设施。英国的公路甩挂运输特别发达,企业通过货运外包大幅度提升了企业效益。英国各地规模大小不一的甩挂运输企业有 10 万家之多,当然其中大部分甩挂运输企业仅仅拥有 1～5 辆重型牵引卡车,大多为家庭企业,但是,其市场份额相当于英国全国总业务量的一半。

英国公路甩挂运输市场主要分为责任自负配送、承包配送和用户分包配送。责任自负配送就是由自己本企业经营物流配送,其风险由本企业自负;承包配送就是承包经营责任制;分包配送是多家企业在签约基础上的合作经营物流配送。

目前,英国和欧洲许多国家的公路甩挂运输服务内容越来越丰富,如为客户提供甩挂多式运输服务、大型网络运输服务、不间断监督质量保险服务、货物准时甩挂运输送达服务,以及按照客户需求提供陆地—远洋全程直达货运服务等。

2. 甩挂车辆发展状况

欧洲挂车的大发展始于 20 世纪 80 年代末和 90 年代初。随着西欧市场向中欧和东欧的扩张,货物的流转空间得到了释放,半挂车运输的灵活、快捷和高效得到充分展现。半挂车年度上牌(注册)比例从 1995 年占年度所有上牌运输车辆总数的近 74% 上升到 2008 年的 81%,甩挂运输发展趋势明显。

从轴数和连接形式来看,以德国为例,德国货车车型分为 16 种类型,其中 7 种为拖挂车型。这 7 种拖挂车占了车辆总数的 45.3%,其中比重最高的为五轴半挂车,占货车总量的 35.1%,而此类车型主要以长途干线运输为主;位居第二的为两轴轻型车,占货车总量的

17%,此类货车主要以短途转运为主。综合来看,拖挂运输已成为德国公路货运市场的主导车型。

从车辆设计上来看,与美国半挂牵引车最大的不同是,欧洲大多数半挂牵引车的驾驶室设置在发动机的上面(美国的半挂牵引车驾驶室设置在发动机的后面)在维修时,整个驾驶室可被前推以便将发动机部分暴露出来。在欧洲,卡车的前面部分几乎与地面垂直,这样驾驶员的驾驶瞭望条件好,可增加驾驶的机动灵活性。此外,车头部分的长度得到缩减,在整个车长限度范围内为车厢部分的长度带来扩展的空间。大多数半挂牵引车是两轴的,前轴(方向轴)是一轴两轮,后轴(驱动轴)是一轴四轮。欧洲的法规允许一车两挂的运输模式,车辆总长超过20米,并以软篷厢式半挂车为主,厢式半挂车的保有量、销量占所有挂车的70%以上。其中,比例最大的是 4×2 牵引车匹配 3 轴厢式半挂车。

3. 甩挂运输管理制度

欧洲国家货运企业和公路甩挂运输企业,其责任和义务远比人们想象的要复杂和严谨得多,以英国公路甩挂运输为例,分为以下几点:

(1)必须确保公路甩挂运输车辆所载运的货物符合英国和欧盟的法律法规;

(2)必须确保公路甩挂运输车辆达到英国和欧盟颁布与执行的车辆安全、发动机废气排放控制、环境保护、驾驶员工作时间限度、海关监管和卫生保健等方面的法律法规标准;

(3)凡是公路甩挂运输车辆载运货物的数量、型号、标准和特性等必须记录在案,并且在规定时间内向有关监管部门申报备案待查;

(4)公路甩挂运输企业承运的货物必须事先制定运输日报表和行程时间表,并且遵照法律法规,按照当地监管部门要求及时申报备案待查;

(5)公路甩挂运输企业必须投资引进先进科学技术,提高其经营管理效率和效益,其中包括使用规划软件分析公路甩挂运输日期行程成本,确保其公路甩挂运输车队日常运营效益和效率达标;

(6)公路甩挂运输经营商必须确保其企业经理人和车队职工充分发扬团队精神,持续强化客户服务质量,保质保量满足客户需求,企业甩挂运输车辆随时处于正常工作状态,凡是发生公路甩挂运输误时误点、货物毁损等事故,必须跟踪追查,为客户负责到底;

(7)公路甩挂运输车辆必须车照证书齐全,车辆营运必须严格遵循日常服务调度安排;

(8)强化公路甩挂运输风险管理,车辆司乘人员必须保持谨慎上岗,高度警惕,妥善应付恶劣天气、不良路况、机械故障和交通堵塞等,尤其是及时准确处置天灾人祸等突发事件;

(9)公路甩挂运输经营商和车队司乘人员必须与供应商和客户保持密切联系,凡是来自客户的投诉必须认真处理答复,直至圆满解决;

(10)公路甩挂运输业务交易全过程必须单证齐全,尤其是货物托付和货物交付通知书等文件内容必须完全正确,不得有误。

三、澳大利亚公路甩挂运输发展状况

澳大利亚的公路运输以特大型卡车和汽车列车的使用为特色,澳大利亚的半挂车通常有22 个轮子。在长途运输中,通常是牵引车拖挂两个挂车(每个挂车三轴),整个汽车列车九轴。汽车列车的总长度可达 53.5 米,最大总重可达 164 吨,一台牵引车可同时拖挂 4 台挂车。

从 20 世纪 80 年代后期开始，澳大利亚便正式使用一车三挂、一车四挂的汽车甩挂运输方式，在当地被称为"公路列车或公路火车"。在澳大利亚，有一批最大载重近 200 吨的公路列车是用于铅锌矿山运输矿石的专用车。这些公路列车通常拖挂至少 3 节类似于集装箱的车厢，最多的要拖挂 6 节，总长度超过 50 米，其行驶速度可达到每小时 110 千米。

第二节　国内公路甩挂运输发展现状

一、发展动因

1. 外在动因

进入 21 世纪以来，我国工业化进入了加速发展的新阶段。我国正处于工业化、信息化、城市化、市场化、国际化的新背景中。城市化和信息化推动着城市群的发展，并促进了城市群之间的分工协作，带动城市群间的人员、物资交流；工业化、城市化、市场化推动着区域经济分工进程；国际化、市场化、工业化、信息化推动着我国进一步参与全球资源配置活动。正是在资源的全球配置、经济发展的空间分工与布局等因素的作用下，全社会交通运输活动特别是货物运输活动呈现出更加活跃的状态。活跃的货物运输不仅体现在规模的变化上，更体现在运输服务质量的提升上。

面对工业化、信息化、城市化、市场化、国际化深入发展的新形势、新任务，党中央、国务院提出大力推进信息化与工业化融合，走中国特色新型工业化道路，实现经济从粗放经营向集约经营转变，从规模速度型向创新效益型转变，全面转入科学发展的新阶段。这是基于我国基本国情得出的重要结论，是顺应全球化发展潮流的现实选择，是中国将要长期面对的艰巨而繁重的战略任务。

我国经济和社会发展为交通行业的快速发展提供了原生的动力。特别是工业化与信息化融合发展的背景为综合交通运输行业的发展提供了重要技术支撑和运输需求条件。快速发展的工业化和城市化，对交通运输无论是量的方面还是质的方面都提出了新的更高的要求。但由于我国运输比例结构存在问题，公路运输组织化、集约化程度较低，致使运输效率低、成本高的痼疾长期得不到解决。此外，随着应对气候变化的国际性难题的进一步凸显和世界各国对国民经济各行业节能技术的创新发展，交通运输行业节能减排的压力加大，成为我国公路甩挂运输发展的重要动因。

2. 内在动因

进入 21 世纪以来，我国社会主义现代化建设在实现了前两步战略目标的基础上，开始全面建设小康社会，向着第三步战略目标——2050 年基本实现现代化迈进。公路运输现代化就是伴随着工业化社会和信息化社会的发展，公路运输领域产生进步变革的过程。在一定的经济社会公路运输需求条件下，公路运输现代化能够实现社会资源的最佳配置。公路运输现代化以先进的工业化技术和新型的信息化技术为前提，以运输资源更加科学合理地配置为目的，以高度发达的交通基础设施和科学完善的管理为特征，以满足高度发展的经济、社会的各种公路运输需求为结果。

作为公路运输重要子系统的公路货运，在公路运输现代化的进程中必然扮演着重要角色。

公路运输现代化给公路货运的发展提出了更高的要求,而公路货运的超前发展必将助推公路运输的现代化进程。公路货运现代化是公路运输现代化的重要组成部分,对于降低运输成本、提高运输效率、降低公路损耗、减少交通事故、节约能源和保护环境等具有重要意义。

实现公路货运现代化,就是要形成符合技术进步发展趋势、适应中国经济地理特点和运输市场要求、依托发达的运输基础设施网络、使用先进的货物载运工具、建立高效的运输组织管理体系、能够为经济社会发展提供优质服务并能够促进经济社会可持续发展的现代化公路货物运输体系。目前,我国公路货运体系中最突出的问题主要表现在运输装备水平和运输组织方式比较落后。我国公路货运现代化应以改善和提高货运装备水平、优化货运车辆结构为重点,带动运输组织形式和运输组织结构的优化。发达国家的经验表明,公路货运载运工具发展方向包括大吨位车和小型车两种,大吨位车主要用于中长途公路货物运输,而小吨位车用于短途集散。中长途公路货运装备发展的方向是大吨位、专业化、低耗能和高可靠性,其中发展重点是半挂汽车列车。因此,我国公路货运装备水平的改善和提高应当致力于鼓励和推进半挂车的发展、鼓励公路甩挂运输的发展。

二、发展现状

20世纪90年代,甩挂运输的概念才被引入我国,尚处于刚刚起步阶段,作为一种全新的交通运输组织模式,还不为大多数人所熟知。国内对于甩挂运输的研究还仅仅处于政策推广和企业试点阶段。1996年,国家经济贸易委员会和交通部、公安部发出《关于开展集装箱牵引车甩挂运输的通知》,要求各地支持运输企业开展集装箱牵引车甩挂运输。随后,2009年1月1日,国务院《关于实施成品油价格和税费改革的通知》(国法[2008]37号)的发布实施,为汽车甩挂运输扫清了规费征收制度上的障碍。2009年12月31日,交通运输部、国家发展和改革委员会、公安部、海关总署和保险监督管理委员会等五部门联合发布《关于促进甩挂运输发展的通知》,提出通过政策引导,进一步加大对站场建设的投资力度,按照甩挂运输作业和技术特点,借鉴国外经验,对传统货运站场进行升级改造,逐步构建层次清晰、功能完善、衔接顺畅的站场节点体系,支撑甩挂运输的发展。

按照国家建设资源节约型、环境友好型社会的总体要求,为贯彻国务院下发的《关于促进物流业健康发展政策措施的意见》(国办发[2011]38号)和《关于进一步促进道路运输行业健康稳定发展的通知》(国办发[2011]63号)精神,进一步推进甩挂运输试点工作,全面促进道路运输业转变发展方式,根据交通运输部《关于印发甩挂运输试点工作实施方案的通知》(交运发[2010]562号)的要求,交通运输部选定河北、内蒙古、天津、江苏、浙江、安徽、河南、湖北、广东、四川10省(自治区、市)作为首批甩挂运输试点区域。目前,全国甩挂运输试点工作已开展四批。为配合推广甩挂运输试点工作,交通运输部还启动了《道路甩挂运输标准化导则》、《甩挂运输车辆技术要求》、《厢式挂车技术条件》、《货运挂车系列型谱》4个标准的制定和修订工作,我国甩挂运输将进入实质发展阶段。

相应政策的连续出台,体现出我国政府部门对甩挂运输的重视。从实践来看,在政策的连续支持下,目前,甩挂运输已广泛应用于上海、广东深圳、山东、福建厦门、浙江宁波等多个地区的沿海大型港口集装箱的集疏运("区港联动"),广东广州、佛山和重庆、湖南等地区一些大型工业企业中间产品的流转,以及广东、河南、辽宁等地区围绕城市间经济发展需要,满足区域物流配送需求,以零担货运市场为节点建设的城际快运网络。甩挂运输早期出现在港口集装箱集疏运的公路集装箱运输活动中,现已快速扩展至公路快速货运行业。

　　然而,常规公路货运的甩挂运输依然坚冰未破。甩挂运输发展虽得到政府政策的大力支持,但推行起来仍步履维艰,尤其是拖挂比,与发达国家相距甚远。2011年,我国共有牵引车31.1万辆,挂车36.8万辆,拖挂比仅为1:1.2。而美国在2009年就已达到1:3,其他发达国家的拖挂比也基本在1:2.5以上。此外,制约甩挂运输发展的因素也较多,从管理体制方面出发,存在甩挂中规费征收、车辆检测、责任分担、装备标准化、配套管理等问题,使甩挂运输推行起来存在一定困难。据公路运输企业的实践和调查研究结果表明,不合理的养路费,烦琐的年检,不合理的报废年限规定等挂车管理政策是制约甩挂运输大力发展的最主要因素。从甩挂运输发展的自身条件出发,甩挂运输是社会生产力发展到一定阶段的产物,需要在市场、货源、道路、站场、车辆和管理上具备必要的条件,才能产生真正的经济效益。它对牵引车、挂车、装卸机械、货运站场、挂车维修点等基础设施、设备都有一定的要求,还要求具备良好、平稳的道路条件,充足的货源保证,适当的运输距离,以及与之相配套的管理体系等。对于大部分货运企业而言,实行甩挂运输的门槛较高,实在难以达到开展甩挂运输的各项要求。而我国物流企业规模普遍偏小且分散,"散、乱、小"以及物流信息不对称等现象依然存在,唯有相互合作或联盟,才能开展甩挂运输。

　　为加强物流企业战略合作和强强联合,共同促进甩挂运输发展,2012年8月,天津、河北、内蒙古、辽宁、吉林、黑龙江、山东七省(自治区、市)联合成立环渤海湾甩挂运输联盟。该联盟的成立标志着全国首个甩挂运输省级区域战略合作联盟正式起航,为我国甩挂运输的发展提供了新的方向。2012年12月,苏盟物流股份有限公司正式成立,标志着国内首家甩挂运输联盟实体企业的成立,为全国甩挂运输工作的推进提供了一种新的模式和经验。此后,相继成立了黑龙江龙江交通物流站场联盟、通辽甩挂运输区域合作联盟、泛珠三角甩挂运输联盟、华中甩挂运输联盟、上海道路集装箱运输企业(甩挂)联盟等各具特色的甩挂运输联盟(甩挂运输联盟内容详见本书第十章)。国内甩挂运输联盟发展现状见表2-2。

表 2-2　国内甩挂运输联盟发展现状

联盟名称	成立时间	联盟成员	特点(进展)
环渤海湾甩挂运输联盟	2012.5	天津、河北、内蒙古、辽宁、吉林、黑龙江、山东	一个多省域甩挂运输联盟正式进入实质运作阶段
山东省甩挂运输联盟	2012.7	山东省19家第一、二批甩挂运输试点企业	按照"统一政策、统一标准、统一标志、统一信息、统一运营、统一结算"运作模式,通过智能化甩挂运输信息平台,实现甩挂运输资源的智能调度与优化管理
苏盟物流	2012.12	金陵交运、苏汽物流、林森物流、金南物流(江苏省4家甩挂运输试点企业)	国内首家甩挂运输联盟实体企业
湘鄂赣皖甩挂运输联盟	2012.5	湘鄂赣皖运管部门	管理部门签订协议,达成共识
通辽甩挂运输区域合作联盟	2013.1	通辽市金港国际物流园区倡议,与内蒙古自治区区内和区外物流园区(企业)共同发起	是科尔沁交通运输协会专业组织和环渤海甩挂运输联盟的区域合作组织

联盟名称	成立时间	联盟成员	特点(进展)
中中物流联盟	2013.5	由河南长通物流倡议并发起,山东佳怡物流、安徽大中原物流、湖北大道物流、河北鑫磊物流、山西天和旺物流、陕西名亨物流 6 家中部物流企业积极响应成立	采用的是集伙伴型、开放型、战略型为一体的三型融合的合作模式,设定共同的战略目标,共同努力不断扩大市场占有率,打造最适用的统一信息应用平台
黑龙江龙江交通物流场站联盟	2013.5	黑龙江省道路货运场站	推进"六化"发展;以运输业务和信息化建设为重点,逐步形成统一的信息平台、合理的价格体系,打造规模企业、规范企业、诚信企业,实现车辆的标准化发展
泛珠三角甩挂运输联盟	筹建中	泛珠三角区域十省(自治区、市)	签订了泛珠三角区域十省(自治区、市)甩挂运输合作框架协议
华中甩挂运输联盟	2013.10	华中五省及广东、四川、重庆、云南、上海	在平台开放、场地互租、挂车互换、线路共建、信息互联等方面进行探索和合作,推进甩挂运输标准化,连片成网,实现物流效益最大化
上海道路集装箱运输企业(甩挂)联盟	2013.12	上海汉唐物流服务有限公司、上港集团物流有限公司、上海振英运输有限公司、上海快鹿物流有限公司、上海顺福集装箱储运有限公司、上海五合货运有限公司、上海天恒国际物流公司、上海易浦物流有限公司、上海可贸国际物流有限公司等 9 家上海道路集装箱运输骨干企业	上海货运行业首个甩挂运输联盟,以恢复集卡运输行业应有地位为目标将在平台共享、挂车互换、信息互联等方面进行探索和合作

此外,为促进甩挂运输发展,国务院及交通部还对相关规定和标准进行了修改,为甩挂运输的进一步发展扫清了障碍。如根据 2012 年 12 月 17 日公布的国务院第 630 号令《国务院关于修改〈机动车交通事故责任强制保险条例〉的决定》,从 2013 年 3 月 1 日起,挂车将不必投保机动车交通事故责任强制保险。发生道路交通事故造成人身伤亡、财产损失的,由牵引车投保的保险公司在机动车交通事故责任强制保险责任限额范围内予以赔偿;不足的部分,由牵引车方和挂车方依照法律规定承担赔偿责任。于 2013 年 5 月 1 日起实施的《机动车强制报废标准规定》对半挂车的报废年限标准进行了修改:"集装箱半挂车使用 20 年,其他半挂车使用 15 年。"针对标准化问题,交通部分别于 2012 年 1 月 18 日、2012 年 12 月 20 日和 2015 年 1 月 28 日发布了第 1 批、第 2 批和第 3 批"甩挂运输推荐车型"。

三、发展成效

1. 甩挂运输发展政策实现新突破

2011 年,国家首次将公路甩挂运输发展纳入"国民经济和社会发展十二五规划"中,甩挂运输发展上升为国家战略。国务院及国务院办公厅先后印发的《关于印发物流业调整和振兴规划的通知》《关于促进物流业健康发展政策措施的意见》《关于进一步促进道路运输行业健稳定发展的通知》等多个重要文件,对解决制约甩挂运输发展的政策障碍、加快甩挂运输发展等提出了明确要求。交通运输部围绕贯彻落实国务院有关文件精神,结合制定《交通运输"十二五"发展规划》和《道路运输业"十二五"发展规划纲要》,从加强资金引导、消除法规障碍、优化车型结构、强化技术支撑等方面,进一步明确了开展甩挂运输试点的政策措施;会同财政部研究制定了《公路甩挂运输试点专项资金管理暂行办法》等中央财政资金补助办法,联合保监会及公安部启动了挂车免交强险相关法律法规的修改工作;制定发布了3批公路甩挂运输推荐车型,并明确了对甩挂运输推荐车型实施车辆通行费优惠政策。

2. 甩挂运输补助资金逐步落实

2011年,国家发展改革委安排中央预算内投资9720万元,重点支持了12个首批甩挂运输试点项目。2012年又会同交通运输部再次筛选了11个项目,纳入中央预算内投资范围。2012年4月6日,财政部、交通运输部联合制定印发了《公路甩挂运输试点专项资金管理暂行办法》,明确今后每年从车购税资金中安排专项资金支持甩挂运输发展。各有关省(自治区、市)积极落实扶持政策,广开渠道,多方争取补助资金。江苏省对试点企业车辆购置按照牵引车4万元/辆、挂车2万元/辆的标准进行奖励,对新建和改造站场项目按照2万元/亩的标准给予补助,仅2011年就投入补助资金4050万元,带动社会投资9亿多元。广东省2011年投入甩挂运输补助资金就有4000万元。福建省对牵引车给予购置总费用15%～25%的补助,挂车每辆给予2万～3万元的补助,对符合条件的甩挂运输企业给予50万～200万元的奖励。其他省市地方政府为了配合交通运输部、国家发改委甩挂运输试点工程的实施,也出台了相应的支持和鼓励甩挂运输发展的政策措施。

3. 甩挂运输站场基础设施逐步完善

甩挂运输站场的建设试点项目按照实施方案要求,边建设、边改造、边运营,甩挂运输站场基础设施不断完善,服务功能不断提升。在前两批甩挂运输试点站场已经建成完工、投入全面运营基础上,第三批和第四批甩挂运输站场也陆续竣工验收、投入运营,全国范围内基本建成了一批比较标准的甩挂运输站场。有效满足了甩挂运输作业所需的摘挂、停车、理货、装卸等功能需求,实现了车辆及货源在站场内的科学配载、适时调度、高效中转。甩挂运输站场试点项目的陆续完工和功能效果的逐步显现,为推动甩挂运输作业站场的标准化建设提供了良好的实践样本,也引导带动了社会各方积极投资重要枢纽节点的基础设施建设,为逐步构建覆盖全国的甩挂运输网络奠定了良好的基础。

4. 甩挂运输技术推广应用步伐加快

交通运输部组织实施了《公路甩挂运输关键技术与示范》重大科技专项行动,深化甩挂运输的车型技术、站场设计、运营组织、信息系统以及法规政策研究,为甩挂运输试点提供了强有力的技术支撑。各试点企业依托信息系统建设,不断创新管理方式和运作模式,积极促进货源、车辆、站场、人员等各类运输资源信息的集约化配置,试点企业的信息化水平明显提升,成为支撑企业加快转型发展的重要载体和技术手段。

5. 甩挂运输运营组织模式得到优化

各试点地区交通运输主管部门和试点企业结合自身业务特点、区位优势和社会需求,按照集约化运作、网络化组织、精细化管理、标准化服务、信息化支撑的总体思路,不断优化运营组织,从而涌现出了许多有代表性的运营组织模式。一是多式联运模式。渤海湾滚装甩挂运输项目采用与大型物流运输企业、生产企业、配货站及船公司联盟合作的方式,开展陆路联盟、陆海联运甩挂运输,大幅提高了船舶舱位利用率,减少了陆路长距离绕行导致的能耗和排放,有效降低了渤海湾滚装运输的安全隐患。二是网络化组织模式。上海新杰货运服务有限公司在零担专线甩挂运作的基础上,通过整合线路资源,加快向网络化甩挂运输方向发展,构建起了覆盖华中、华东、华北等多个城市的甩挂运输网络,甩挂运输的叠加效应逐步显现。三是专业化运营模式。福建盛辉物流集团在覆盖长三角、珠三角、海西经济区中短途零担甩挂的基础上,逐步拓展衔接华中、华北、西南的干线甩挂运输,甩挂运输线路由 2009 年底的 25 条增加到 50 余条,甩挂车辆高峰月完成货运量 7.2 万吨,月完成货物周转量 5400 万吨千米,货运平均运距达到 750 千米,充分显示出甩挂运输在长途运输中的优势。

6. 甩挂运输试点运行成果显现

一是车辆运行效率稳步提升。甩挂运输试点企业货运车辆日均行驶里程普遍在 600～700 千米,甩挂运输车辆的平均载重量普遍达到了 30 吨左右,长途干线试点线路上货车实载率普遍达到了 80% 左右,远高于社会平均水平。单车年均完成货物周转量达到了 500 万吨千米以上,有的甚至达到 1000 万吨千米,运行效率达到了美国货运车辆的平均水平。二是节能减排效果明显。甩挂运输模式较传统运输模式平均单位运输成本下降了 10%～20%,单位运输周转量能耗下降了 15%～20%。据统计,2011 年,26 个试点项目共拉动全社会节约标准煤约 10 万吨,减少二氧化碳排放近 22 万吨,在降低运营成本、提升企业竞争力的同时,也促进了行业的节能减排和环境保护。三是试点范围逐步拓展。在交通运输部甩挂运输试点项目的带动下,各地积极开展省级试点工作,有效拓展了甩挂运输的试点区域、试点线路和试点项目。

第三章 公路甩挂运输需求分析与预测

第一节 公路甩挂运输需求分析

一、运输需求的来源

1. 生产力和原材料分离

自然资源分布的地域特性,使得生产资料的原产地和生产力所在地出现分离。自然资源分布的不均衡是世界上普遍存在的地理现象。自然资源包括了矿产资源以及地理环境资源。首先地理环境资源是限制农业生产的最主要因素,不同的土壤环境以及气候环境严重影响农作物的生长状况。农产品是人们赖以生存的基本消费品。这种农作物生产的地域差异性,产生了对农业的货物运输需求。其次,对不同的矿产资源进行采掘和加工,构成了工业生产以及人们生活的原材料和能源。同时农产品也是工业制造业的主要原材料。和地理环境资源一样,矿场资源的分布也具有明显的地域差异。由于矿产资源的所在地和人们生产生活所在地的分布差异,为了满足工厂的生产需要以及人们的生活需要,产生了对矿产资源的货物运输需求。

2. 消费者和生产者分离

消费者和生产者的地域分布存在差异,人们的居住分布在世界各地,只要有人居住的地方就存在消费。人们的这一特性使得消费群体的分布具有广泛性。但是,不同地区的自然资源和环境不同,社会的经济基础也存在差异,不同的经济发展水平和产业结构导致了生产者的地域分布也存在差异。随着世界经济的进一步发展,社会分工的进一步分化,消费群体和生产群体的空间分离成为普遍现象,而货物的运输解决了这一问题。货物运输需求产生的最主要原因就是社会分工导致的生产与消费的分离。

3. 生产的产品具有差异性

不同地区和国家之间存在着要素禀赋的差异,经济发展水平的不同也决定了各地区技术水平的高低以及人力资源的多少。而这些差异使得不同地区和国家之间生产的产品在种类、质量以及价格等各方面都有所不同。产品的差异性、多样性引起不同的货物在空间范围内的流动,同样也带来了货物的运输需求。

通过货物运输需求产生的原因分析,可以看出货物的运输需求并不完全受到支付能力的限制,也存在一些无支付能力的运输需求。货物运输的供给条件并不是导致运输需求的主要原因,运输需求是客观存在的,是为了满足人们生产、生活所必须进行的经济活动。

二、运输需求的影响因素

货运市场需求是社会经济活动的一种派生性需求,它与社会经济总量、产业结构、技术进步、国际贸易、基础设施等各方面都有着直接或者间接的联系。不同的因素对货运市场需求的影响作用各不相同,有些因素促进货运市场需求的增长,有些因素抑制货运市场的需求,使得实际发生的货物运输量小于货运市场需求量。

1. 需求促进因素

经济总量的增长、产业结构的变化、国民收入和消费水平的提高、技术进步,以及人口数量的增长和人口分布等因素都对货运需求产生促进作用,从而使新的货物运输需求不断产生。

(1)社会经济总量的增长对运输需求的影响

货运需求作为派生性需求,是为了满足人们的生产生活需求而产生的,因而国民经济的规模是货运需求总量增长的决定因素。社会经济的发展将导致生产规模的扩大、向社会提供的产品数量增多,这必然会带来物资流动机会的增长,以及流动频率的增加,从而产生新的货物运输需求。在一定时期内,社会经济增长的速度越快,货物运输的需求增长也越强劲。

(2)产业结构的调整对运输需求的影响

国民经济的产业结构调整,专业化分工的不断深化,使得进行专业化生产企业的生产销售等经济活动的范围进一步扩大。经济全球化进程不断推进,使得生产和销售的范围超越了国家的约束,生产的原材料和产品等可以从全世界的各个地区获得,同时可以销往世界各地。企业的规模经济和专业化分工的发展表现为企业的经济活动空间不断扩大,不同区域之间的企业联系越来越紧密,同时产生出新的货物运输需求。

(3)国民收入和消费水平的提高对运输需求的影响

国民收入和消费水平直接影响企业对于生产和销售的经营决策,进一步影响了货运需求的总量、运输方向以及运输对象。当人们产生新的商品需求时,就会有企业为了满足这种新的需求,调动资源进行生产和销售,从而产生新的货物运输需求。另一方面,国民的收入水平决定了居民的商品购买力。随着收入水平的提高,居民购买力增强,人们对于物料的需求也就会随之增加,因而带来了新的货物运输需求。

(4)技术进步对运输需求的影响

技术的进步对于货物运输需求的促进作用来源于多个方面:第一,基础设施和运输工具技术的提高,刺激了社会对于运输的需求;第二,科技进步改变了不同运输方式的技术经济特征和使用范围,从而提高了运输的时效性;第三,随着信息技术的进步,各种新型的物流模式不断涌现,第三方物流、第四方物流的需求不断增长;第四,物资储存技术的发展,减少了企业的库存量,这些减少的库存量转化为运输量。

(5)人口数量的增长和人口分布对运输需求的影响

人口数量的增长一定会引起对粮食、副食品等日常消费品需求量的上升,从而引起货物运输需求的增加。随着城市化水平的不断提高,大量的人口流入城市,从而引起城市的消费能力增加,因而引起货物运输需求的增长,以满足城市人口的日常消费。

2. 需求抑制因素

社会的货物运输需求并不是产生了就能实现,社会交通基础设施不足、运输网络布局不合理或者运价水平的上升都会抑制货物运输需求的产生。

（1）交通基础设施不足对运输需求的影响

交通基础设施是经济发展的基本条件和必要前提,是产生运输需求的重要条件,铁路、公路等现代交通运输方式没有出现以前,或在交通基础设施不发达地区,运输成本极高,从而抑制了人们的货物运输需求。

（2）运输网络布局不合理对运输需求的影响

交通运输网络的布局会直接影响该线路对于货物的吸引力,以及线路的通行能力和对需求的反应程度。运输网络布局的不合理降低了该线路对货物的集散能力,从而抑制了货物运输需求的产生。

（3）运价水平的上升对运输需求的影响

货物运输需求对于运价水平的变动是有弹性的,即使对于不同种类的货物,其价格弹性也有所不同,但是总体来说,随着运价水平的上升,货物运输需求会受到抑制。

货物运输需求的产生机理如图 3-1 所示。尽管货物运输需求的产生是客观存在的,但是受到供给环境的限制,并不是所有产生的货物运输需求都得到实现,没有实现的那部分需求称为潜在需求。

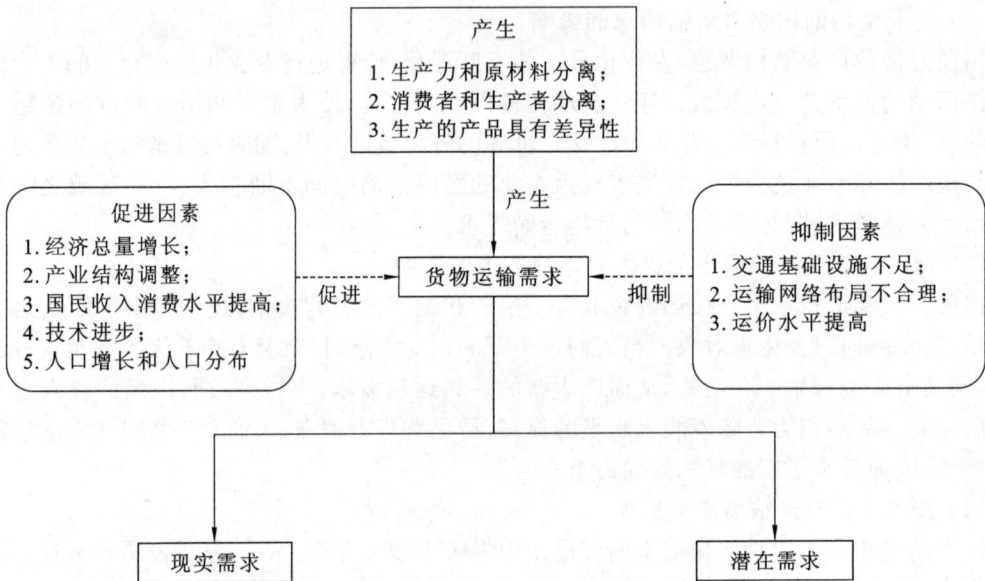

图 3-1　货物运输需求的产生机理

三、工业与公路运输

1. 工业与服务业

包括公路运输行业在内的服务业的产生和发展是市场演进和分工深化的结果。服务业是与工业同步发展的,甚至在整体经济中其成分一直高于工业的部分,如发达国家在工业化早期就拥有占经济比重接近 50%的服务业。另外,产业的发展也不是农业到工业再到服务业这样简单的关系。事实上,新兴工业不断代替传统工业,新兴服务业不断代替传统服务业,三大产业的比重将趋向稳定于一个均衡的比例关系。通常,人均 GDP 在 1000～1500 美元时,服务业发展最为迅速,服务业占 GDP 的比重在 40%～50%;人均 GDP 在 1500～5000 美元时,服务业比重基本不变或稍有下降,基本保持在 40%～50%的水平;人均 GDP 在 5000 美元以上时,服务业重新加速增长,比重达到 60%～70%。根据发达国家的早期发展经验,生产性服务业,包括金融、交通运输、商业及零售业等,随着现代工业的不断深入发展,这些行业会得到前所未有的高速发展。

2. 产业结构与货物运输

货物运输需求的派生性特征决定了货运需求要受产业结构的影响,要分析货物运输的需求,就必须了解和把握产业结构变动规律。而产业结构变动与经济发展过程密切联系,经济发展阶段、经济发展水平和经济发展速度都会直接影响产业结构变动。产业结构变动会直接影响货运需求结构。

不同产业的货物运输需求在数量上和质量上有明显的差异。随着产业结构的变化,经济发展对货物运输需求必然发生变化。发达国家的发展经验表明,在工业化初期,能源资源(特别是煤炭、铁矿石、粮食等)的产量及消耗量大幅度增长时,需要快速扩张铁路运输和水运的能力,以满足国民经济中的生产部门对大宗散货的长距离调运要求。当工业部门的加工制造能力得以明显提高,国民经济对能源资源的依赖程度得到减缓时,大宗散货的长距离运输量的增长速度也就减缓了,但是货运量绝对数依然在增加。当国民经济增长对大宗散货的依赖程度降低,总能耗的增长开始减速时,货物运输总量的增长也将放缓。整体来看,可以划分为以下几个阶段:

(1)人类社会经济发展初期,经济规模小,产业结构稳定,分布于不同空间地域上的各生产单位基本以农业生产为主,单一性质的农业经济并不需要大规模的产业交换,农业生产规模、货物运输规模和结构基本上是稳定的。货物运输主要服务于农业生产和农产品消费。

(2)随着技术进步和社会生产力的发展,产业结构发生变化,劳动力由第一产业向第二产业、特别是初级加工业转移。在这一过程中,原材料(如煤炭、铁矿石等大宗物资)的空间流动性急剧增加,货运量的平均增长率接近或超过国民经济的增长率。急剧增加的大宗物资运输需求促进了铁路和水路运输的发展。

(3)工业化进程初期,生产高附加值工业品和消费品的工业部门的比重越来越大,货物运输的价值增加而平均体积有所减少,产生"轻薄短小"的小型化现象。这样,货物运输量的增长速度逐渐减缓,其增长率甚至会低于国民经济增长率。伴随着工业化进程,工业生产部门分布的重心逐渐由资源密集型产业向劳动密集型产业、资本密集型产业和知识技术密集型产业转移,产品高附加值趋势越来越明显,因此,对货物的运输提出了高速、便捷、安全、准时等更高水平的质量要求。公路运输以其固有的技术经济优势在综合运输体系中占据重要地位。

(4)在国民经济的产业重心由第二产业向第三产业转移的过程中,人类社会的服务特性和信息特性越来越明显,这就导致经济社会发展对货物运输需求的增长率进一步减缓,甚至出现负增长,但对于运输服务水平的要求会更高。交通运输业作为生产性服务业也会向高效和优质方向发展,各种运输方式各尽所能、协调发展。铁路运输、水运、航空运输在其优势范围内稳定发挥作用,而公路运输由于具有门到门、便捷等特点,其地位显得越来越重要。

3. 工业与甩挂运输

改革开放以来,我国经济社会发展为公路货物运输的快速发展提供了巨大的需求驱动。特别是进入 21 世纪以来,我国工业化与信息化融合发展的背景为公路货物运输行业的发展提供了重要的技术支撑和需求驱动。作为一种能够产生良好经济效益的运输组织方式,公路甩挂运输的发展具有其技术经济要求。广泛采用甩挂运输组织形式,一个必备的条件是充足且稳定的货物运输需求,即稳定且量大的货源。所以,公路甩挂运输的技术经济特征决定了在其发展初期,应注重与工业链式关系的培育和形成。实际上,根据公路货物运输与工业发展水平间的双向因果关系,甩挂运输要与工业形成链式关系还需具备一定的经验和前提。良好的政策措施可以为甩挂运输与工业链式关系的形成提供有利的发展环境。对于我国当前的工业化进程,广泛推行甩挂运输组织形式有助于从一定程度上缓解经济社会的快速发展与资源消耗之间的矛盾,有利于节约能源和减少废气排放。

第二节　公路甩挂运输货运量预测

一、甩挂运输货运量预测思路

甩挂运输货运量的预测直接关系到企业经营战略的制定,市场定位,甩挂运输线路安排,站场的选址和建设规模,车辆、装卸设备和人员的配置。因此,货运量预测是甩挂运输项目规划中不可缺少的内容之一。

甩挂运输货运量预测是以运输企业的历史资料和市场信息为基础,运用适当的方法和技巧对未来的甩挂运输需求情况进行科学的分析、估算和推断。首先对企业的货运量、主要客户产能和运量、当地 GDP 和货运量等历史数据进行收集和整理,对企业甩挂货运量的历史数据进行估算,如果估算的数据序列的波动不会影响预测精度,就根据这些数据进行甩挂运量需求预测,反之则需要先对这些数据进行无量纲化处理,计算甩挂运输货运量占企业货运总量的比值,之后,根据这个比值和企业货运量的预测值,推算出甩挂运输量的预测值,预测流程如图 3-2 所示。

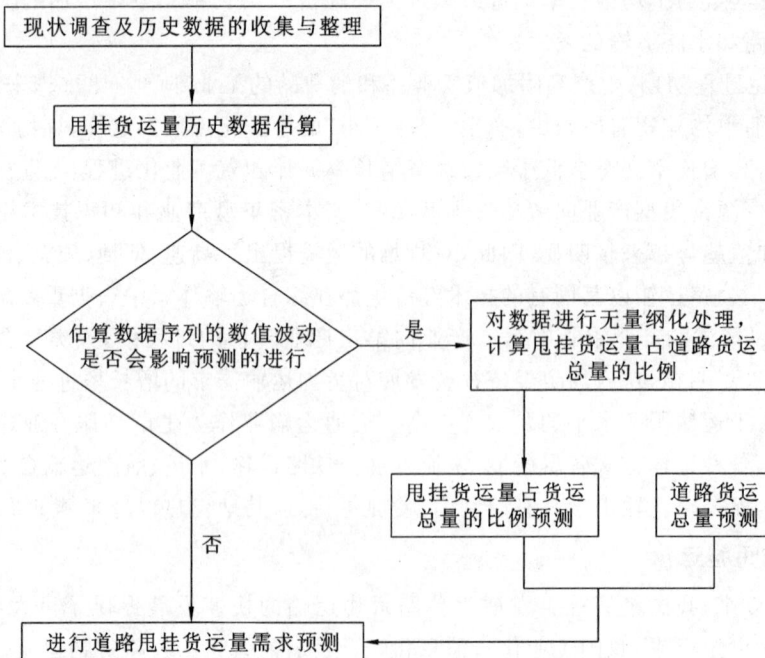

图 3-2　甩挂运输货运量预测流程

二、甩挂运输货运量预测方法

按预测所采用的方法不同分类,可分为定量预测和定性预测。定量预测是根据已收集的大量历史统计数据,运用一定的数学方法进行科学的加工整理,用于预测和推测未来发展变化情况的一种预测方法。定量预测的主要特点是利用统计资料和数学模型来进行预测。定性预测方法是依据已经掌握的历史资料和直观材料,运用个人的经验和分析判断能力,对事物的未来发展做出性质和程度上的判断,然后再通过一定形式综合各方面的意见,作为预测未来的主要依据。定性预测特别适用于对预测对象的数据资料掌握不够充分,或是难以用数字描述等情况。这种类型的预测着重对事物发展的趋势、方向和重大转折点进行预测。

1. 常用的定量预测方法

定量预测模型分类的方法很多,常用的分类方法是将其分为因果关系预测模型和时间序列预测模型两大类。因果关系预测法是利用事物发展的因果关系来推测事物发展趋势的方法。因果关系预测模型的基本思想是:依据历史资料找出预测对象的变量与其相关事物的变量关系,建立相应的因果预测模型,通过对数学模型的求解进行预测。时间序列预测法是一种考虑变量随时间发展变化规律并用该变量以往数据建立数学模型,然后做外推的预测方法。时间序列预测模型的基本思想是:根据预测的惯性原则利用事物发展的历史数据的变化趋势的延续来估计预测目标的未来发展趋势。常用的趋势预测模型有回归预测法、重力模型、弹性系数法、移动平均法、指数平滑法、灰色预测法等。

（1）回归预测法

回归预测法是指根据预测的相关性原则,找出影响预测目标的各因素,并用数学方法找出这些因素与预测目标之间的函数关系的近似表达,再利用样本数据对其模型估计参数及对模型进行误差检验,一旦模型确定,就可利用模型,根据因素的变化值进行预测。根据自变量的多少,回归预测模型可以分为一元回归模型和多元回归模型。

（2）重力模型

重力模型基于牛顿重力法则,即两物体间的引力与两物体的质量之积成正比,而与它们之间距离的平方成反比类推而成。模型基本假定从交通区 A 到交通区 B 的交通分布量和交通区 A 的交通量、交通区 B 的交通吸引量成正比,与交通区 A 和 B 之间的交通距离、时间或费用等交通阻抗系数成反比。

（3）弹性系数法

弹性系数法是在对一个因素发展变化预测的基础上,通过弹性系数对另一个因素的发展变化做出预测的一种间接预测方法。弹性系数表示的是两个因素各自的相对增长率之间的比率。弹性系数法的模型表示为

$$Y_t = Y_{t'} \cdot (1 + E \cdot q)^t$$

式中　Y_t——预测对象 Y 在 T 时刻的预测值;

　　　$Y_{t'}$——预测对象在当前时刻 t' 的值;

　　　E——两者的弹性系数,为预测变量过去的平均增长率与类比变量过去的平均增长率的比值;

　　　q——类比变量在今后的平均增长率。

（4）移动平均法

移动平均法是根据时间序列资料逐项推移，依次计算包含一定项数的时序平均数，以反映长期趋势的方法。当时间序列的数值由于受周期变动和不规则变动的影响、起伏较大、不易显示出发展趋势时，可用移动平均法消除这些因素的影响，以分析、预测序列的长期趋势。

（5）指数平滑法

指数平滑法是在移动平均法基础上发展起来的一种时间序列分析预测法。它是通过计算指数平滑值，配合一定的时间序列预测模型对现象的未来进行预测。其原理是任一期的指数平滑值都是本期实际观察值与前一期指数平滑值的加权平均。它既不需要存储很多历史数据，又考虑了各期数据的重要性，而且使用了全部历史资料。它是对移动平均法的改进和发展，应用极为广泛。

（6）灰色预测法

灰色预测法基于灰色系统理论。灰色系统理论认为对既含有已知信息又含有未知或非确定信息的系统进行预测，就是对在一定方位内变化的、与时间有关的灰色过程的预测。尽管过程中所显示的现象是随机的、杂乱无章的，但毕竟是有序的、有界的，因此，这一数据集合具有潜在的规律。灰色预测通过鉴别系统因素之间发展趋势的相异程度，即进行关联分析，并对原始数据进行生成处理来寻找系统变动的规律，生成有较强规律性的数据系列，然后建立相应的微分方程模型，从而预测事物未来发展趋势的状况。

（7）增长率法

增长率法是指根据预测对象在过去的统计期内的平均增长率，类推未来某期预测值的一种简便算法。该预测方法一般用于增长率变化不大，或预计过去的增长趋势在预测期内仍将继续的情况。

常用的定量模型比较如表 3-1 所示。

表 3-1 常用定量模型比较

预测方法		过程	优点	缺点
因果关系模型	回归预测法	根据一个或几个变量的变化，来预测另一个因变量变动的方向和程度	能具体分析预测对象的主要影响因素，能对模型的合理性可信度进行统计检验，比较科学	需要历史和现实资料比较多，资料的获取比较困难，是静态的
	重力模型	地区间货物的转移同地区大小成正比，同地区间距离成反比	考虑因素全面，对参数变化反应敏感	区域距离（阻抗）为零时，货运量无限大
	弹性系数法	通过变量之间变动比率关系预测未来的变化	常在当资料拥有量有限或预测年限较长时使用	受个人因素影响比较大
时间序列模型	移动平均法	借助移动平均数修匀资料数据的变动以描述其趋势的方法	在外界环境变化较小的情况下，是一种较有效的预测方法，尤其是对短期预测的效果更佳	在预测中，需要较多的历史数据，并且计算量较大，预测显得不太方便
	指数平滑法	通过修正历史数据中的随机成分去预测未来	储存数据小，加权合理，可以控制预测结果的准确性，且简单易行	只适用于变化不大的平稳时间序列，在较长时间内跟不上实际数据，反应缓慢
	灰色预测法	用关联度收敛原则进行关联度分析，通过原始数据的生成处理寻求系统的变动规律来进行预测	减少原始数据的随机性，可从宏观掌握系统的发展态势	多适用于近期货运量预测，对于远期预测偏差较大
	增长率法	计算历史增长率，分析影响因素，确定预测期的增长率	结构简单、实用，对于变化较小的货运量预测较为有效	适用范围小，较适合精度要求不高的预测

2. 常用的定性预测方法

定性预测不仅可以对市场未来的供给量和需求量进行预测,也可对市场未来发展变化的特点、趋势做出判断预测。此方法是根据人们的主观判断对事物未来的发展给出的估计,注重于事物发展在性质方面的预测,具有较大的灵活性,易于充分发挥人的主观能动作用,且简单迅速,省时省费用。但是定性预测方法易受主观因素的影响,比较注重于人的经验和主观判断能力,从而易受人的知识、经验的多少与能力大小的束缚和限制,并且缺乏对事物发展做数量上的精确描述。常用的定性预测方法有:市场调研法、专家调查法、主观概率法、相互影响法等。

为建立科学的预测体系,提高预测精度,应根据企业统计数据的特性,选择适用的预测方法。在具有较详尽的历史数据的条件下可以采用定量预测;在历史数据不完备或不确定因素影响较大的情况下可以采用定性预测。定性预测与定量预测各有优缺点和适用范围,在进行货运量预测时,还可以将这两类预测的结果进行综合分析,进而提供更符合客观实际的预测结果。

第三节　甩挂运输站场物流作业量预测

一、适站量

1. 适站量的概念

适站量的概念由虞明远等在 1992 年做郑州公路主枢纽总体布局规划研究时首次提出,现已得到了交通部有关部门的认可,并已在郑州、深圳公路主枢纽总体布局规划中得到广泛应用。"适站量"是指适宜于进入站场的货运量中需要进行站务处理的那一部分运量。适站量是确定公路主枢纽站场布局、建设规模、投资估算、建设序列、站场功能和作业性质的重要依据。何利英、晏启鹏等提出"道路货运适站量",它是指适合于进入货运站并经操作处理(如包装、储存、加工等)的货运吞吐量,在一定程度上它能反映社会物流需求量的大小,可将道路货运适站量的预测值作为确定物流网络上不同公路货运站规模和功能的重要依据。

总的来说,适站量就是货运量的一部分,特指需要进行站务处理的那一部分运量,其中既包括了单纯的公路零担、集装箱适站量,还包括仓储适站量以及相关站务处理(装卸、搬运、包装、流通加工等)量。

2. 适站量系数的确定

影响适站量系数的因素有很多,根据层次的不同,可分为宏观、中观以及微观三个方面。

从宏观层面来说,甩挂运输站场的区位以及所在城市或工业园的经济发展情况、主要产生物流需求的企业的发展情况等都会影响到甩挂运输站场的适站量系数的大小。一般而言,某货类适站量系数的大小与城市在区域中的区位、经济发展中所处的地位、主要产生物流需求的产业在区域产业发展中的地位成正比。即站场所在城市在区域中的区位条件越好越利于货物集散,在区域经济发展中的带动作用越大则对相关货物流通的吸引力越大,适站量系数的比例会越高;主要产生物流需求的产业在区域产业发展中的影响力越大、在产业链中所起的作用越大,相应流通的货类的适站量系数也会越高。

从中观层面来说,甩挂运输站场所在城市整体物流业发展水平、物流社会化程度、城市中各物流节点提供物流服务的能力等也是影响一个地区物流节点或某货类适站量系数的因素。一般来说,整体物流业发展水平越高、物流社会化程度越高、城市中各物流节点提供物流服务的能力越强,适站量系数也会相应地较高。

从微观层面来说,货物自身的属性是决定适站量系数的最主要因素。通常适宜于进站的货物包括日用工业品、农副产品、轻纺工业品、粮棉产品、机械设备、装饰装潢材料、化肥农药、仓储物资及其他类等,而煤炭、石油、金属矿石、非金属矿石、矿物性建筑材料、钢铁等大宗物资则不适宜进站。

企业应该根据甩挂运输站场的服务能力、市场竞争力以及货物的自身属性等因素来确定适站量系数。

二、站场物流作业量预测

总量分析方法和直接推算法是分析和预测站场货运适站量最常用的方法。

1. 总量分析法

总量分析法是根据主枢纽城市分货类的出入境流量、流向资料,分析并确定其中适合于公路主枢纽货运站作业的货物流量、流向及货类构成比重,并按照其构成比重的发展趋势,分货类进行预测,从而得到各规划年度的货运适站量。在做公路主枢纽规划时,应考虑如下因素:

(1) 除少数储运货物外,公路主枢纽城市与其所属各县间的货物运输量一般不列入适站量;

(2) 适合于进站的货物包括:日用工业品、农副产品、轻纺工业品、粮棉产品、建筑材料、化肥农药、仓储物资及其他类等;

(3) 适宜进站作业的货物不一定非得进站作业,为此,宜采用专家咨询、数理统计和因素分析法等方法确定其进站作业的货物所占的比重;

(4) 分货类确定适站量比重时,需考虑优化运输因素,使之更经济、合理。

一般来说,随着经济的发展,产业结构也将随之变化,消费需求越来越精细化、个性化,公路运输技术进步不断加强,公路运输生产组织水平不断提高,适站量的比重也将随之增加。

2. 直接推算法

直接推算法是按照不同的运输方式(或作业方式),分别分析和预测其货运适站量。例如,我国公路零担、国际集装箱运输起步较晚,现有站场设施大多简陋,场地、仓库面积小,严重制约着公路零担和国际集装箱运输的发展。因此,现有公路零担、国际集装箱运输量不能真正反映其实际需求,预测前必须对原始数据做适当的扩充,使之调整到应有的水平,在此基础上,运用前述的预测方法和模型进行预测。

分析与预测货运适站量的两种方法各有利弊。总量分析法较为简单,不易遗漏和重复计算,但必须有分货类的出入境流量、流向资料,而且无法确定适站量中各种运输方式(或作业方式)的构成。直接推算法较为详尽,能直观地反映货运适站量的构成,对货运站场设施及功能的确定具有直接意义,但计算较为复杂,而且容易遗漏和重复计算。因此,在做公路主枢纽货运适站量分析时,最好用两种方法使预测结果更为精确。

从理论上来说,货运适站量是货运量的一部分,指适合于进入货运站并经操作处理的货运吞吐量。适站量是公路运输站场建设的重要依据,适站量预测过大,站场规模大,投产后长期达不到设计规模,投资回收期长,企业效益差;反之,站场规模过小,不能满足城市社会经济发展对交通运输的要求。

对城市公路货运量进行预测之后,就要确定适宜进驻物流园区适站货物的比重,考虑如何将此部分适站量进行分配,因此,就需要对各货类被吸引到某个物流园区的市场份额进行评价,确定该类型货物以多大比例进驻哪个物流园区。各个物流园区吸纳货物种类、吸纳能力和吸纳市场份额等的评估是物流园区适站量确定的重要依据。

第四节　案例分析

湖北 S 市某甩挂运输企业新建甩挂运输站场,应用定性预测和定量预测相结合的方法对站场的货运量进行综合预测分析。

一、预测思路

首先,根据 S 市 2009—2013 年公路货运量历史数据,结合相关规划,利用回归分析法、弹性系数法和指数平滑法对未来 S 市年公路货运量进行预测。然后,依据调研期间对 S 市货运配载市场以及相关物流企业的走访调研实际,结合 S 市经济、交通未来发展趋势、物流发展规划以及新建站场的功能定位,分析预测站场的甩挂作业量。

二、S 市公路货运量预测

S 市 2009—2013 年公路货运量历史数据如表 3-2 所示。以此为基础,分别运用回归分析法、弹性系数法和指数平滑法,对未来各特征年公路货运量进行预测。

表 3-2　2009—2013 年 S 市公路货运量

年份	2009	2010	2011	2012	2013
货运量(万吨)	2937	3644	4166	5128	5913

1. 回归预测法

回归预测法是根据自变量 x 和因变量 y 的相关关系,建立 x 与 y 的回归方程进行预测的方法。

根据 S 市 2009—2013 年的公路货运量,通过回归分析,得出以下拟合模型:

$$y = 42.571x^2 + 488.17x + 2424.8 \qquad R^2 = 0.996$$

其中,x 为年份,1 代表 2009 年,以此类推;y 为未来各年公路货运量。

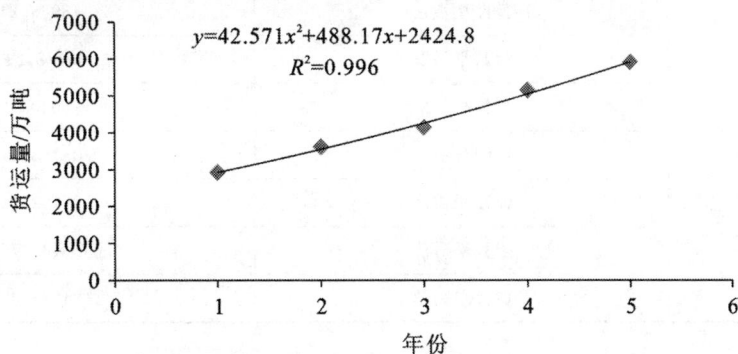

图 3-3　S 市公路货运量分布图

2. 弹性系数法

弹性系数法是在对一个因素发展变化预测的基础上，通过弹性系数对另一个因素的发展变化做出预测的一种间接预测方法。

2009—2013 年 S 市公路货运量年均增长率为 19.12%，GDP 年均增长率约为 18.34%，预计 S 市 GDP 今后年均增长率将保持 9% 速度增长，则弹性系数 $e = \dfrac{19.12\%}{18.34\%} = 1.04$，公式为：

$$y = 5913 \times (1 + 1.04 \times 9\%)^T \qquad T = 1, 2, 3 \cdots\cdots$$

其中，T 值为当前时期数 t 到预测期的时期数，即 1 为 2014 年，y 为未来各年公路货运量。

3. 指数平滑法

指数平滑法又称 HOLT 模型法，是在移动平均法基础上发展起来的一种时间序列分析预测法，通过计算历年数据的指数平滑值，配合一定的时间序列预测模型对未来各特征年进行预测的方法。

根据 S 市 2009—2013 年的公路货运量，通过指数平滑法，得出以下货运量的拟合模型：

$$Y_{5+T} = 5913.576 + 251.128 \times T \qquad T = 1, 2, 3, \cdots$$

其中，T 代表预测年与 2013 年之间的距离，1 代表 2014 年。

依据上述模型，分别计算 S 市公路货运量预测值如表 3-3 所示。

表 3-3　S 市公路货运量预测汇总表

年份		公路货运量(万吨)
2020	回归分析法	14413.06
	弹性系数法	11076.43
	指数平滑法	7671.47
	加权平均值	11059.35
2025	回归分析法	23026.71
	弹性系数法	17342.36
	指数平滑法	8927.11
	加权平均值	16659.63
2026	回归分析法	25004.86
	弹性系数法	18969.24
	指数平滑法	9178.24
	加权平均值	18030.39
2030	回归分析法	33768.91
	弹性系数法	27152.92
	指数平滑法	10182.75
	加权平均值	24564.38

三、站场货运量预测

1. 站场货运总量预测

物流园货运量的大小一方面与其所处的经济、交通环境状况密切相关,另一方面也取决于物流园的自身实力和服务质量。2014 年该物流企业货运量 150 万吨,占 S 市社会公路货运总量比重约为 2.5%。随着各甩挂线路的逐渐开展,以及站场社会功能的逐渐实现,站场的市场份额将有所增加。在广泛征求相关专家意见的基础上,综合考虑该企业公路货运量的增幅情况,预计2020 年、2025 年、2026 年和 2030 年新建站场的年货运量将分别达到 S 市社会公路货运总量的3.50%、4.00%、4.20%和 5.00%,据此推算出各特征年站场的年货运总量,详见表 3-4。

表 3-4　新建站场货运量预测汇总表

年份	2020	2025	2026	2030
S 市公路货运量(万吨)	11059.35	16659.63	18030.39	24564.38
市场份额(%)	3.50	4.00	4.20	5.00
站场货运量(万吨)	387.08	666.39	757.28	1228.22

2. 站场甩挂量预测

2014 年该物流企业现有甩挂运输线路甩挂运输量约占企业总货运量的 4.67%。考虑企业经营状况和未来的甩挂营运计划,预测 2020 年、2025 年、2026 年和 2030 年的甩挂运输比例将分别达到 10%、20%、22%和 30%。据此推算出新建站场所承担的甩挂运输量如表 3-5所示。

表 3-5　新建站场甩挂运输量预测汇总表

年份	2020	2025	2026	2030
站场货运量(万吨)	387.08	666.39	757.28	1228.22
甩挂比(%)	10	20	22	30
甩挂运输量(万吨)	38.71	133.28	166.60	368.47

第四章 公路甩挂运输的营运组织模式

第一节 公路甩挂运输的适用环境

甩挂运输是社会生产力发展到一定阶段的产物,需要在市场、货源、道路、站场、车辆和管理上具备必要的条件。

一、对货物种类的要求

1. 短途整批货物

一般而言,对于货源稳定、货运量较大、装卸货地点相对固定、运输距离较短的"一线两点"之间的整批货物运输,特别是两端装卸货物时间或两端集拼货物时间比较长的运输,适宜在装货点和卸货点两端进行甩挂作业。而对于整批货物的长途运输和短途零散客户的货物运输,一般不适宜采用甩挂运输。

2. 零担和快件货物

零担货物运输和快件货物运输属于网络化运输组织形式,其运输的组织化程度较高,运输站场等节点设施较齐全,组织条件上比较适宜采用甩挂运输。零担和快件运输一般是按地理位置和物流量将运输点分成不同级别,大城市和重要枢纽位置的一级站点,一般物流运输量较大,站点与站点之间多为高等级干线公路连接,适宜采用甩挂运输。而支线运输,由于运输量较小,公路条件较差,一般不适宜采用甩挂运输。

3. 公路集装箱

公路集装箱大多是承接和转运水路或铁路运输的集装箱,为港口和铁路货场进行集装箱货物集散运输,运输距离一般较短,集装箱在货主与堆场两端进行装卸,需要拼箱装货或拆箱卸货,装卸作业时间较长。甩挂运输可以实现牵引车与挂车的灵活调度,有效避免牵引车等待装卸货时间,大大提高牵引车周转速度。集装箱甩挂运输需要利用的专用半挂车结构简单,购置费用、维护费用均较低。

二、对货物来源的要求

(1)货源充足,货运量大。甩挂运输提高了牵引车周转率,相当于增大了运力投入,只有货源充足,有充足的货运量,才能充分发挥甩挂运输的经济优势。如果货源不成规模,无法保证车辆回程有一定配货,甩挂运输就会导致车辆周转不灵活或车辆闲置,造成浪费。

(2)客户稳定,装卸点相对固定。稳固的客户源不仅可以保证稳定的货源,可以借用信息系统合理调度牵引车和挂车,有效地开展甩挂运输,还可以保证相对固定的货物装卸地点,有利于挂车存放、管理和循环使用。

（3）货物类别相近。由于不同类别的货物对其承载的车辆类型、装卸货设备等的要求都存在较大差异，因此，采用甩挂运输的货物一般应是性状相似的货物，以便运输过程中配置统一标准的设施设备。

三、对运输距离的要求

传统汽车运输中，牵引车到达目的地后，需要就车装卸货作业，产生大量的装卸货等待时间。甩挂运输改变了传统就车装卸货的形式，牵引车与挂车分离，挂车就地进行装卸货作业，牵引车继续执行下一个运输任务。甩挂运输的先进性主要体现在有效减少牵引车装卸作业的等待时间，提高牵引车运输效率。

一般而言，装卸作业时间所占车辆全程作业时间的比例越大，采用甩挂运输的经济效益越显著。根据"车辆全程作业时间＝车辆运输时间＋装卸货时间＋辅助时间（维修、休息时间）"，当装卸货时间所占车辆全程作业时间的比例大于车辆运输时间所占比例，即在装卸时间不变的情况下，车辆单程运输时间小于装卸时间时，甩挂运输的经济效益明显。车辆运距取决于牵引车的行驶速度和行驶时间，因此，甩挂运输中车辆运距一般较短。据统计，部分试点企业采用甩挂运输后，200～300千米内一天一辆车可以作业两次，200千米内一天一辆车可以作业三次，运输装备利用率大大提高。客户点之间距离超过300千米时，甩挂运输的经济效益不再明显。也就说明了甩挂运输更适用于装卸能力不足、运距较短、装卸时间占汽车运行时间比重较大的运输情况。

四、对公路条件的要求

车辆行驶道路条件是保证甩挂运输车辆安全行驶的重要基础。牵引车拖挂后行驶，其动力性、通过性、稳定性、操控性等性能都远低于单车行驶。因此，甩挂运输的运行线路必须选择路面平坦、坡度不大、弯道平缓的路面。另一方面，从道路通行条件考虑，应当选择交通量较小、交通状况良好的线路，特别是在市区内行驶要避开交通拥挤路段，保证汽车列车安全行驶、顺畅通过。

五、对设施设备的要求

站场设施是发展甩挂运输的重要基础条件。设施齐全、装备完善的甩挂运输站场，能有效集聚周边生产区域和商贸流通区域的运输物资，有利于甩挂运输的开展。除了新建标准甩挂运输站场外，也可以对已有的货运站场及其仓储设施进行相应改造，如按照挂车的车厢底板高度改造装卸平台或设置沉降式装卸泊位，并考虑到不同挂车载量导致车厢底板高度的变化，在装卸平台上加装登车桥，满足甩挂运输装卸作业的要求。

根据实际情况，提高甩挂运输装卸环节的机械化程度，实现车辆与装卸设备之间的自动化对接，不仅可以减少人工装卸劳动力、降低劳动成本、保障生产安全，还可以促进社会与经济的发展。

甩挂运输作为一种新的公路运输组织方式，在西方发达国家广泛流行。但是，我国公路运输市场的组织化程度低，技术水平也比较落后，要大力发展甩挂运输，特别是在内陆地区，仅仅靠市场的自发行为远远不够，需要政府相关部门在政策措施方面给予引导，在运输组织模式方面给予指导，特别是货运站场条件、甩挂运输车辆标准和信息化系统建设等方面，尤其需要政府部门加以引导和指导。

第二节　公路甩挂运输的运作模式

一、我国甩挂运输运作模式的发展

1. 沿海集装箱港口甩挂运输

集装箱港口甩挂运输是最常见的甩挂运输形式，主要是依托于当地港口经济和对外贸易的发展，在港口与港口腹地之间开展甩挂运输。我国沿海大型港口集装箱码头的集疏运系统，也广泛采用甩挂运输或甩箱运输的模式，如上海、浙江、山东、福建等沿海港口。其中，浙江宁波-舟山港依托其明显区位优势和基础设施网络条件，比较成功地开展了集装箱港口与经济腹地之间的甩挂运输。以宁波港为例，我国沿海集装箱港口开展甩挂运输的运作模式如下。

宁波港位于我国大陆海岸线中部，共包括北仑、宁波、镇海、大榭、穿山五个港区，是我国对外贸易的重要港口和海运中转枢纽，也是世界重要港口。港口周边的宁波、台州和温州三市所辖的经济带和舟山、绍兴、金华、丽水、杭州等浙江省内地区均为其直接经济腹地。2014年，宁波港集装箱吞吐量1870万标准箱，首次超过连续11年排名全球集装箱港口第5位的釜山港，跃居全球第五大集装箱港口。集装箱公路集疏运占宁波港港口集装箱集疏运总量的90%以上。

2009年以来，宁波港与宁波、台州等腹地之间进出口贸易量日益增长，集装箱流向、流量日趋稳定，港口与各腹地之间距离在公路运输的经济运距内，适宜开展集装箱甩挂运输。为了优化运行线路、提高运输效率，宁波港以宁波港外贸出口货物为重点，组织实施甩挂运输。

在设施建设方面，为了解决客户站点装卸能力不足的问题，在集装箱进出口量大的腹地，如金华、义乌、温州、台州等10多个地区建立了客户区域集装箱运营物流中心，以便于腹地客户集中开展挂车装卸货业务，实现客户仓库与客户区域集装箱运营物流中心之间货物的快速集散；同时，考虑到集装箱堆场面积的不足，在港区后方、铁路集装箱中转站等集装箱集散地的五千米范围内，建立港区集装箱运营物流中心，以缓解集散至各地客户区域集装箱运营物流中心区的货物所带来的港区堆场和中转站的用地压力。

在配套设备方面，因为港区与港区集装箱运营物流中心之间的运程较短，一般不超过100千米，提还箱作业使用性能较差的集卡车进行全天候24小时甩挂作业；港区及客户区域两大集装箱运营物流中心间为高速干线连接，公路运输条件较好，运程较长，约在100~300千米，通过一个牵引车带多个挂车的汽车列车方式运输，采用性能较好的集卡车进行甩挂运输作业，如图4-1所示。

客户区域集装箱运营物流中心主要服务于一定范围内进出口贸易客户点，如生产制造业、零件加工业等。出口时，客户清点集装箱装货完毕后，用集卡车将需出口的集装箱送至当地客户区域集装箱运营物流中心。集装箱在客户区域集装箱运营物流中心装上挂车后，再由牵引车将重挂送至港口后方的港区集装箱运营物流中心，等待送进港区。最后，通过港内集卡将重挂从港区集装箱运营物流中心运至港口前方堆场装船。进口流程反之。通过各运输节点之间的联动，实现了"客户仓库—客户区域集装箱运营物流中心"、"客户区域集装箱运营物流中心—港区集装箱运营物流中心"、"港区集装箱运营物流中心—港区集装箱堆场或码头前沿"之间三段多车甩挂运输，如图4-2所示。

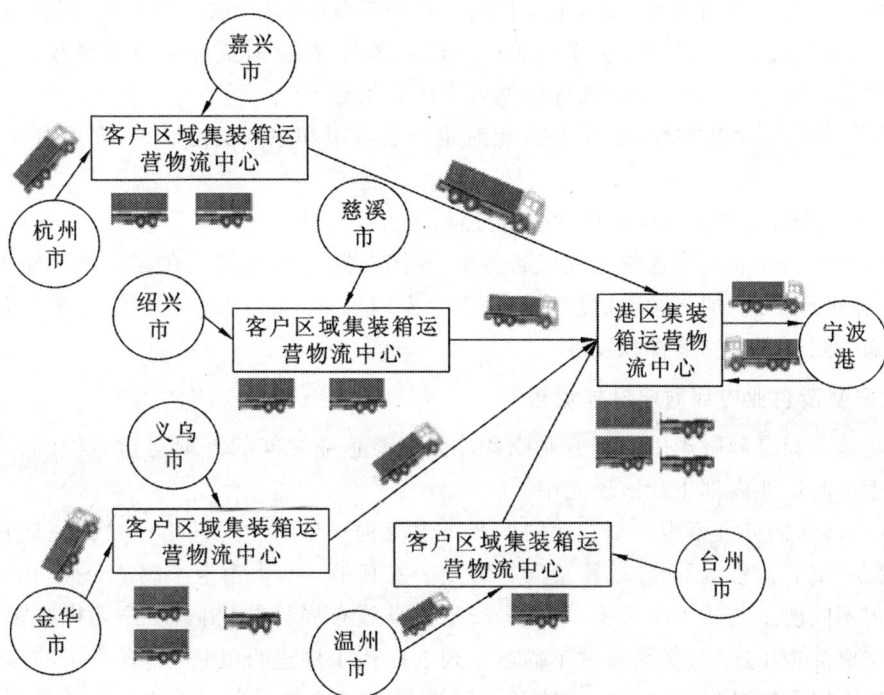

图 4-1　集装箱港口甩挂运输

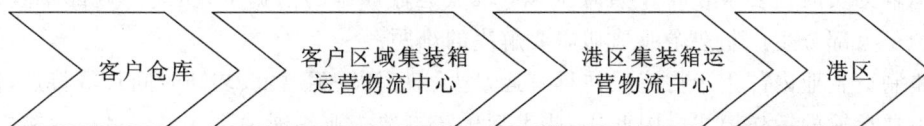

图 4-2　多车甩挂运输示意图

通过这种方式,加强了宁波港与其各腹地城市之间的联动,拓展了港口腹地,推动了内陆"无水港"的发展。将客户区域集装箱运营物流中心与"无水港"联动建设或一体化建设,有利于推动内陆港建设,降低运价水平,提高服务能力,加快吸引杭州、嘉兴、苏州等地货源。据初步测算,在宁波港至台州之间采用该形式,可减少企业牵引车投资,效率可提高 30％～50％,成本降低 30％～40％,油耗下降 20％～30％,同时可以大大缓解港区提还箱压力。该模式目前得到了浙江省有关部门的高度评价,被称为"浙江模式",并作为开展甩挂运输的先进范例在全省范围内推广。

2. 公路干线甩挂运输

随着甩挂运输的发展,公路干线甩挂运输逐渐得到认可,并受到公路快速货运行业的重视,在货源充足、干线运输发达的广东、山东、福建、河南等地得到较好发展。其中,福建省交通运输厅推荐的试点企业福建盛辉物流集团作为在甩挂运输上成绩突出的企业代表,成为全国甩挂运输试点工作会议重点关注的企业之一。

传统公路干线运输一般是以高等级公路为基础,依托网络化的货运站场体系集散货源,使用结构合理的载货车辆,实现货物准确、快速运输的一种常见运输组织形式。公路干线货物运输系统一般包括干线货物、公路设施、站场设施、装卸分拣设备,以及货运组织、运输装备、信息平台等要素。比起一般的运输方式,干线货运具有网络覆盖面广、服务范围大、整体运输量大、运输速度快等特点。随着经济社会系统的运行日趋高效,社会对货物运输的服务质量和时间要求越来越高,公路干线货运也面临许多发展中的新问题。

(1)干线货运运力供给结构不均衡,相对集中于城市和主要交通干线,车辆利用率低,空驶率高;

(2)干线运输企业规模小,经营分散,货运组织方式落后。

为了满足社会发展对快速货运发展的需求,我国公路干线运输正在向升级运输和装卸装备、转变运输组织形式、加强管理信息系统建设等方向发展,其中定点、定线、长短结合的大吨位甩挂运输方式逐渐受到重视和发展。

3. 生产制造企业内部循环甩挂运输

甩挂运输不只是局限于生产制造业或者社会流通企业之间的外部运输,还被灵活应用于某些大型生产制造业内部生产活动之中。

一般而言,大部分大型生产制造业的生产属于流程式生产。这种生产过程往往具有环节多、工艺复杂、实时性强、厂内外运输量大等特点。尤其是一些大型生产制造企业,由于不同厂房分别承担不同的工艺或工序过程,不同生产工艺设施布局分散,相邻工序的机组距离较远,当在制品完成前道工序后,必须通过车辆运输到下一道工序进行处理,具有一定的运输距离,在转运过程中对在制品保护的要求比较高。另外,由于各工序之间具有严格连续性要求,整个加工阶段以一种流水线的生产方式进行,产品在前后工序之间的流动不允许中断,对工序之间的物料运输的实时性要求较高。如何在保持较低运输成本的前提下,实现厂内部安全、有序、高效生产是大部分生产制造企业迫切需要解决的难题。

大小制造企业内部生产物流往往具有运量大、效率高、距离短、装卸时间长等特点,比较适合采取甩挂运输的运作模式。因此,一些大型生产制造企业逐渐关注并采取甩挂运输模式,以提高工艺流程响应能力,减少在制品损差,提高生产效率。

4. 滚装船运输

为提高运输效率,发达国家从20世纪40年代就开始在铁路系统开展驮背运输,在海运系统中采用滚装运输。具体做法是,由牵引车将装好货物的挂车拖至铁路货场或港口,牵引车与挂车分离,再吊装至铁路平板车、船舶甲板或舱位上进行长途运输,到达目的站或目的港后,再由另一端的牵引车将挂车运至停车场。这种运输组织形式明显地减少了对汽车牵引车的占用,提高了铁路机车和船舶的容积利用率,尤其是大大提高了铁路和船舶的装卸效率。

以渤海湾滚装船甩挂运输为例,其基本流程是:牵引车拖挂半挂车到起运港口,港航部门验证货单及安全检查证书,在进行必要的安全检查后放行登船,牵引车离船等候或是接挂其他重载挂车从事另外的运输业务;挂车按照预订的车位,按照长度或重量分类停放、系固;挂车渡海至到达港,由到达港的牵引车把挂车牵引下滚装船;然后,由挂车押运司机租用对方港口或社会上的牵引车拖该挂车至港口货运站,或牵引车直接牵引挂车到达目的地。

以烟台港到大连港的甩挂运输过程为例,滚装船的甩挂运输经过以下四个步骤:

(1)在内陆办理好装运和安全检验手续的整箱货,由牵引车拖带挂车驶往烟台港。所有经过渤海湾到大连去的拼箱货,由当地或其他专业运输企业集货,并经过持有相关证件的专门理货人员办理装箱和加封,然后运抵烟台港。

（2）牵引车将到达烟台港的、经过安检后的挂车牵引至滚装船的相应车位,牵引车与挂车分开,驶离滚装船。然后,牵引车司机把牵引车头寄存在烟台港后随船至大连,或者将牵引车交给本企业其他司机后随船去大连,把货物从大连港送到目的地。司机在随滚装船到达大连港后,必须持相关证明与大连的牵引车出租企业签订租借协议,租借大连港的牵引车将挂车拖出滚装船,主挂结合后从大连港出发至目的地。

（3）司机运载空箱或回程重箱回大连港,然后,用这辆租借的牵引车把回程的挂车拖到从大连开往烟台的滚装船上,随即将牵引车还给大连港的牵引车出租企业。大连港牵引车出租企业核对租借单和检查牵引车技术状况正常后签收该牵引车。

（4）到烟台港后,司机持牵引车寄存单将牵引车赎回,检查牵引车技术状况正常后,用牵引车将挂车牵引出滚装船,或者用其他送货到烟台港的企业牵引车,将挂车牵引出滚装船,离开烟台港回到出发地,如图4-3所示。从大连港到烟台港的甩挂运输过程和原理相同,只是方向上的区别,如图4-3所示。

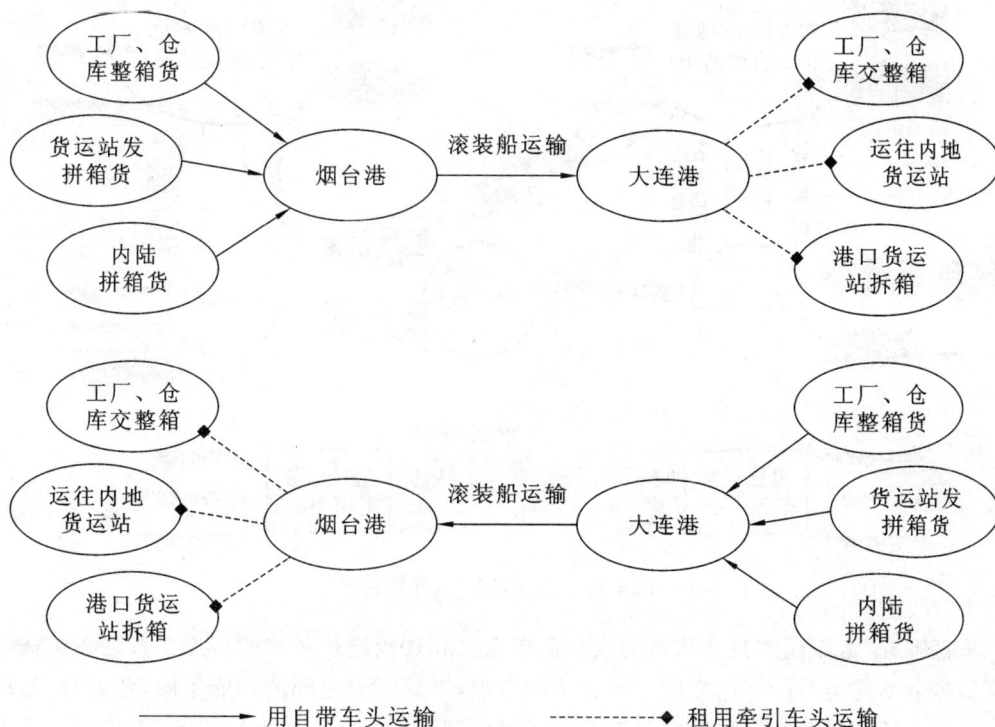

图4-3　滚装船甩挂运输

二、甩挂运输的运作模式

甩挂运输主要应用于港口、区域、生产制造业三大领域,可分别称为"港口甩挂运输"、"区域甩挂运输"和"生产甩挂运输"。甩挂运输的运作模式是从其服务于运输对象及其专门业务流程的角度考察的运作形式,可以归纳为"垂直服务"运作模式、"循环服务"运作模式和"网络服务"运作模式等三类。

1. "垂直服务"运作模式

甩挂运输"垂直服务"运作模式指按照专业化分工原则,以垂直服务链重点环节为核心,将垂直服务链划分为多个作业阶段,在同一服务链中的各类节点,如客户、甩挂运输站场(集散中心、物流中心、货运站场)、商贸中心、港口等之间实行甩挂运输,实现节点之间快速响应,形成高效敏捷、经济低碳的运输服务链,如图 4-4 所示。

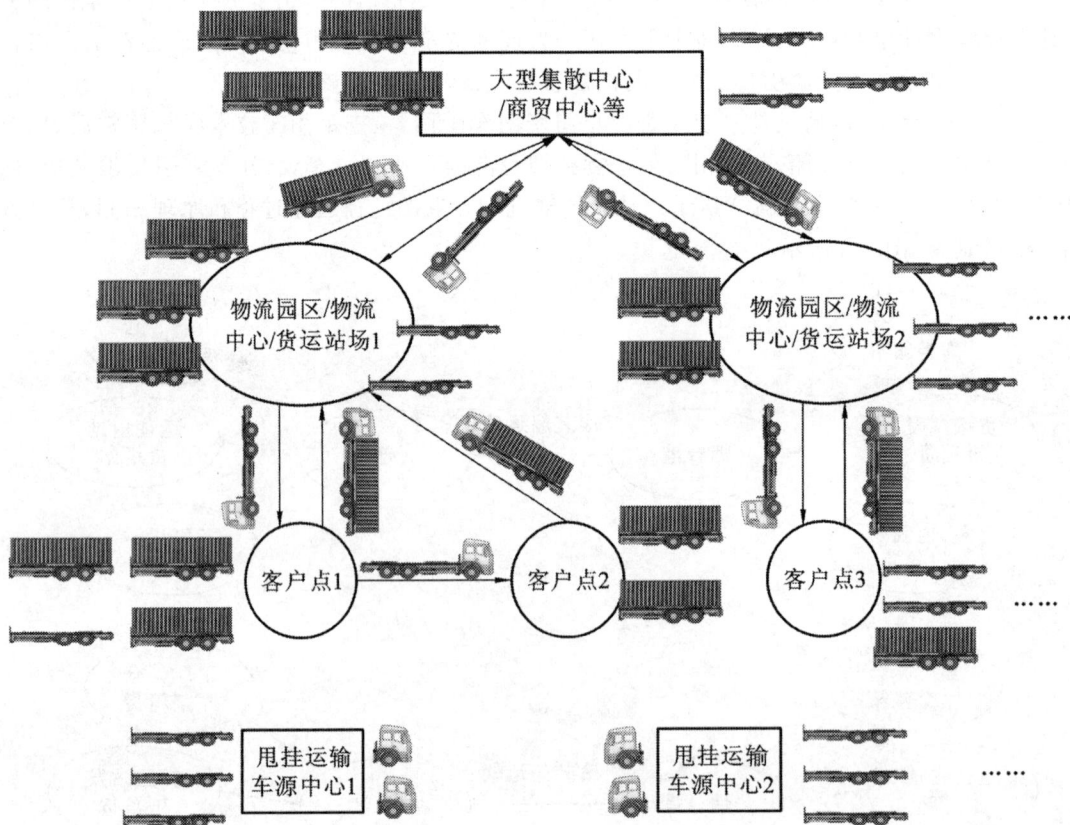

图 4-4　"垂直服务"运作模式

"垂直服务"运作模式具有从供应点至需求点之间逐级输送货物的特点。货物在运输过程中,需要多个不同类型的转运中间环节和中间节点,不同节点之间的功能不同,各有分工,环环相扣,形成多环节服务链。如果服务链环节较多,各环节之间交接量大,导致装卸工作量也较大,影响服务链的整体效率,特别是随着需求点的货运需求量逐渐增大,服务链的整体响应度、效益都会明显下降,从而对运输组织方式提出更高要求。甩挂运输的"垂直服务"模式能使这种产业服务链问题轻松得到解决。

"垂直服务"甩挂运输模式利用了装、拆箱和牵引车作业并行的工作原理,将等待装拆箱的时间用于运输作业,提高了牵引车的利用率。同时,客户点根据发货计划,预先准备好重挂,牵引车无须等待挂车装货,快速将货物从供应点汇集于物流集散中心或货运站场,再由集卡将集散中心的货物快速送至需求点,实现服务链各节点之间的快速响应。

一般而言,"垂直服务"模式较适用于货运量大、环节较多、节点类型复杂,各环节专业分工明确,且上下游响应度要求高的服务链,如港口、铁路货运站等大型集散中心或大型商贸中心服务链。"垂直服务"模式中的各节点距离不能太大,否则,装卸时间占运输过程总时间比例变小,甩挂运输所带来的经济效益优势下降。一般而言,客户点与物流园区之间距离宜在100～300千米之间。

在传统的集装箱运输模式下,一辆集装箱卡车,包括一辆牵引车和一辆挂车,要进行"港口后方堆场"、"客户点"、"提还箱点"三点的"提"、"装(拆)"、"还"过程。集装箱牵引车每天在提箱、还箱、进场和装拆箱等作业环节浪费大量时间,装卸时间占整体运输时间比例较大,效率较低。如果运输距离超过100千米,一天只能完成一次运输任务。港口是其腹地货物的重要集散地,随着进出口货物的增加,大量货物从各地客户点同时汇集于港口堆场,容易导致港口堆存服务能力不足,堆场货物积压严重,大批货物滞港,影响港口作业效率。港口集装箱运输中,堆场与港口码头距离一般是在几千米以内,客户点与堆场中间的物流园区使得"客户点—物流园区"与"物流园区—堆场"距离得到平衡。较长的装卸时间、较大的货运量、合适的运输距离,使得港口集装箱运输具备开展"垂直服务"甩挂运输模式的基本条件。

应用"垂直服务"运作模式,在"港口堆场—物流园区(物流中心)—客户点"服务链中的"物流园区—堆场"、"客户点—物流园区"等之间分段实现甩挂运输,物流园区(物流中心)成为港口与客户点之间货物集散的"缓存器"。所有客户点的货物汇集于物流园区(物流中心),再由港口内集卡根据码头调度指令快速将物流园区的货物运至码头前沿。通过物流园区实现港口与客户点之间货物的快速集散,从而有效解决港口装卸能力不足、堆场面积限制等难题,提高了港口服务链各环节响应速度,实现了港口装卸效率最大化,扩大了港口的服务能力。

一般而言,港口集装箱出口流程下的"垂直服务"甩挂运输流程为:首先,牵引车到提还箱点提取空柜到客户点,客户点提前做好装货;然后,牵引车到达客户点后直接将已装好货的重挂运至物流园区,无须等待装货;最后,重挂存放在物流园区后,等待进港通知,收到进港通知后,牵引车将重挂运至码港口内部堆场等待装船,或者直接到码头前沿装船。进口流程与出口流程相反。

2. "循环服务"运作模式

甩挂运输的"循环服务"运作模式指的是从业务流程出发,将功能特点关联、地理位置相近的多个客户点进行归类分组。一般情况下,各组客户点分别配备一个或多个甩挂运输车源中心,在同组内客户点开展循环甩挂运输作业,形成一个闭合服务圈,实现同组内功能关联的客户点之间的快速响应。与"垂直服务"模式不同,"循环服务"模式里的各组客户点之间的关系反映业务流程特点,所有客户点处于一个局部循环系统之中,功能关联,缺一不可。

"循环服务"运作模式主要解决业务流程中环节较多、节点响应度要求高,但车辆资源不足的问题。一般情况下,甩挂运输车源中心设在所属"循环服务"区域的中心,使得甩挂运输车源中心到各客户点之间的距离均衡,方便各客户点调用牵引车,充分发挥牵引车的效用;各客户点作为业务流程的功能节点,牵引车根据业务流程循序在各客户点之间循环作业,当没有下一个运输任务时,返回甩挂运输车源中心。即牵引车根据客户点货运需求,从甩挂运输车源中心出发循序遍历所有客户点,最终返回起始位置甩挂运输车源中心的一个循环过程,如图4-5所示。一般而言,由于客户点之间功能关联,"循环服务"模式中的客户点与客户点之间距离较短,约10～50千米以内;整体货运量较小,但运送频率较高,各客户点货运需求之间具有一定连续性。

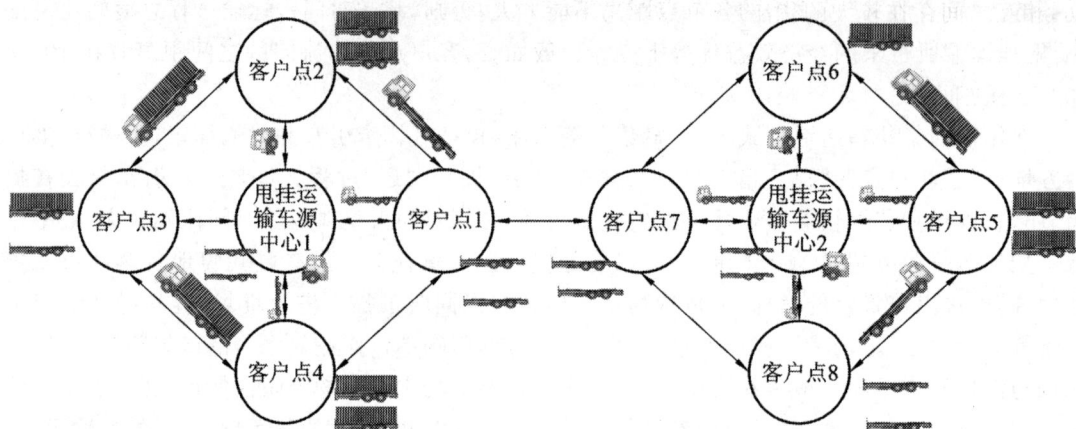

图 4-5 "循环服务"运作模式

"循环服务"运作模式与传统的"milk-run"（"循环取货"）模式有相似之处，但两者核心概念和应用范围不同。"milk-run"是指一辆卡车按照既定的路线和时间依次到不同的供应商处收取货物，同时，卸下上一次收走货物的空容器，并最终将所有货物送到生产商仓库或生产线的一种公路运输方式。"milk-run"常见于汽车制造企业，目前已在国内外大量汽车制造企业中得到应用，如广州丰田、天津丰田、上海大众等。"milk-run"和"循环服务"甩挂运输相同之处在于所有节点空间相邻，且都有从某点出发，最终回归至出发点的"循环"的概念，两种模式皆适用于小批量、高频率的取送货，能提高运输系统整体的运作效率；不同之处是"milk-run"中的供应商之间是相互独立的，没有关联性，所有供应点均服务于同一个需求点，所有的货运需求由同一个需求点发出，再由其周边供应点提供所需货物；而在"循环服务"甩挂运输中，所有节点之间是有业务关联的，它们没有固定的需求点和供应点，当某节点产生货运需求时，它便是需求点，当该节点被指定送出货物时，它此时便是供给点，一切取决于该点当时所处的业务流程状态。

"循环服务"运作模式较适用于内部生产流程复杂的生产制造、零件加工等行业。因为生产制造、零件加工等行业都是属于流程式生产行业，生产工艺相当复杂，往往将中间工序交由单独子厂完成，各子厂房之间紧密分布于大厂房周边，上下工序配合紧密，相互依赖关系密切；其次，生产过程中原料、半成品、成品的数量多，其所需运载的物料总量较大，工序运送频率高，且运输作业面广，容易导致内部物流运输系统大且复杂。采用甩挂运输后，挂车与牵引车分离，牵引车灵活调度，减少了不必要的装卸货等待时间，满足了产品工艺流程"JIT"和"零库存"的要求，消耗更低成本完成等量的货运需求。

在"循环服务"模式下，假设某生产制造企业共有三大主要工艺程序，三大工序分别由临近不同的三家分厂（客户点 a, b, c）循序完成，可以提前在三大分厂预留部分空挂车，让三大分厂提前做好装货，如此一来，牵引车便可以循序遍历三大分厂，实行"边取边送"方法，将重挂从分厂 a 运至分厂 b，卸下重挂后，再将分厂 b 重挂运至分厂 c，待牵引车返回分厂 a 时，分厂 a 已准备好即将要运至分厂 b 的重挂，牵引车无须等待，继续实行"边取边送"，从而快速响应产品工艺流程准时生产和"零库存"的需求。

3. "网络服务"运作模式

甩挂运输的"网络服务"运作模式指的是某区域内的性质相似的多个节点之间经济关系密

切,相互之间存在较大的货流量,在这些节点之间开展甩挂运输进行区域内配送,形成高效的区域物流网络。货运量大和覆盖范围广是"网络服务"运作模式的最大特点。"网络服务"运作模式中的客户点一般都具有较大的货物量,或具有较强的集货能力,如大型物流中心、铁路中转站、航空中转站等,且各客户点之间距离较大,通常以高速公路干线对接,交通便利,经济距离为100~300千米之间,超过300千米的距离会使得装卸货时间所占比例偏小,甩挂运输经济效益和优越性不够明显。比起"垂直服务"、"循环服务"两种运作模式,"网络服务"运作模式中的客户相对分散,客户点性质更为接近,如图4-6所示。

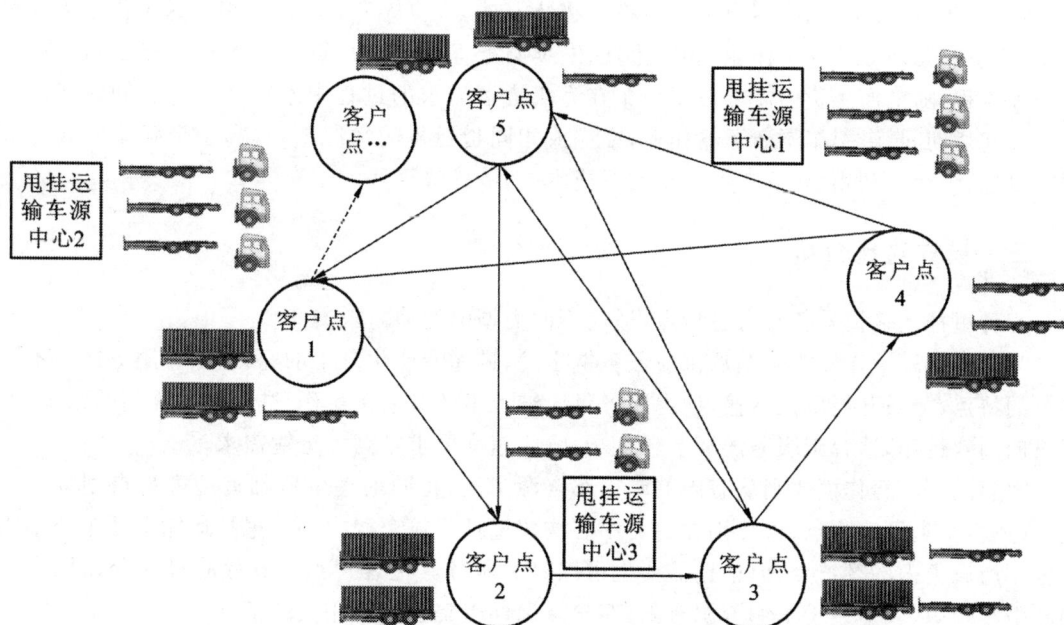

图4-6 "网络服务"运作模式

甩挂运输车源中心与各具有货运需求的客户点是"网络服务"甩挂运输中的重要的基础设施节点。甩挂运输车源中心位置的选定和建设对牵引车的配送效率产生极大的影响,对合理实施"网络服务"甩挂运输起着至关重要的作用。因此,实施"网络服务"甩挂运输的第一步是基于已有的客户点之间的运输路线,对甩挂运输车源中心进行合理选址。甩挂运输车源中心选址决策往往受到规划中确定的对基础设施的期望辐射范围以及运营路线的优化等因素的影响。目前常见的选址方法有层次分析法、模糊聚类法、加权平均法、重心法、运筹学规划方法等。每种方法各有优缺点,最简单的是考虑到某些客户点之间距离较大,为方便甩挂运输车源中心覆盖尽可能多的需求点,可以优先选择相互距离较大的两客户点之间的高速公路口建立甩挂运输车源中心。

除了自建甩挂运输车源中心外,有些客户点考虑到充分调用已有的设施设备,或新建设施设备的投入资金不足,采取就近原则,各客户点与其邻近的物流企业签订合作协议,让第三方物流企业提供车辆资源,客户方只需按协议规定支付物流企业一定的租赁费即可。通过租赁的方式,亦可组建甩挂运输必备的车辆资源。这种情况下的各客户点往往与当地甩挂运输车源中心距离较近。除了以上两种组建车队方法之外,还有一种情况是客户点本身就是大型的物流中心或物流园区,自身具备一定的车辆资源和仓库用地,无须另建或租赁甩挂运输车源**中**

心,因为客户点本身就是"物流企业+货物集散地"。这种情况下,甩挂运输车源中心本身就是客户点功能的一部分。但无论采取哪一种组建甩挂运输车源中心的形式,都必须保证系统中各甩挂运输车源中心之间的兼容性和协调性,必须统一牵引车和挂车的使用类型,并实现各甩挂运输车源中心车辆信息的无缝对接。

"网络服务"甩挂运输模式常见于货流量较大的两点或多点之间的干线公路运输。因为在干线公路运输中,各客户点性质相似,均有较强的集货能力,保证了运输的充足货源;客户点与客户点之间多为高等级干线公路连接,交通便利,具备开展"网络服务"甩挂运输的必要条件。在"网络服务"模式下,供给客户点提前将货物装上挂车,装货完毕后由牵引车送至指定需求客户点,牵引车无须等待卸货作业,卸下重挂,继续服务下一个客户点……各客户点之间没有定向业务流程,随机产生货运需求。牵引车在完成货运需求的过程中不产生等待装卸时间。在挂车装卸货期间,牵引车不断运输作业,在完成相同货运量的情况下,提高了牵引车有效运输时间,提高牵引车利用率,节省牵引车购置成本,经济优势显著。

三、模式对比分析

三种甩挂运输模式各具自身特点,适应不同类型的运输需求。

"垂直服务"运作模式强调从供应服务链出发,遵循专业化分工的原则,根据服务链上不同环节的特点,分段开展甩挂运输,使得服务供应链上下环节紧密协作,减少环节之间的摩擦,实现纵向高效运作,适合于服务链环节较复杂、响应速度要求较高的运输需求。

"循环服务"运作模式则从有限的牵引车资源出发,将同地理位置临近的客户点划分为一类,形成多个类别客户点,再分别在各类中心构建甩挂运输车源中心。甩挂运输车源中心主要服务于所属类内的客户点,但根据需要也可以跨类服务其他客户点。其核心是充分调用有限的牵引车资源,较适用于车辆资源有限、客户点局部密集且功能相关的情况。

"网络服务"运作模式是根据经济关系特点,将同一区域货物对流量较大的多个客户点形成运输网络,在多个客户点之间实行甩挂运输。与"垂直服务"、"循环服务"运作模式相比,"网络服务"运作模式下的客户关系简单,不存在复杂的流程业务关系,且客户点之间距离较大,运输覆盖范围较大。它的核心思想是最大程度发挥牵引车效用,在客户点之间打造畅通无阻的快速专线,为客户点货物流通提速的同时,节省运营成本。

综上所述,三种运作模式各有其特色和优点,如表4-1所示。通过对比分析可见,"垂直服务"甩挂运输模式具有"垂直产业链、量大、节点少、覆盖范围较广"的特点;"循环服务"甩挂运输模式具有"内部物流、量小、节点少、覆盖范围较小"的特点;"网络服务"甩挂运输具有"区域配送、量大、节点多、覆盖范围广"的特点。

表4-1　三种甩挂运输的比较

	"垂直服务"	"循环服务"	"网络服务"
应用环境	环节较多的服务供应链	生产制造业、零件加工业大型企业的内部生产物流	货物对流量较大的区域
环境要求	由服务供应链核心企业牵头,实现服务链上下游环节紧密协作	内部流程各环节紧密结合	区域内所有客户点达成一致共识,紧密协作

	"垂直服务"	"循环服务"	"网络服务"
距离要求	物流园到堆场/商贸市场:约1~5千米;客户点到物流园区:约100~300千米	客户点到客户点约 10~50 千米	客户点到客户点约 100~300 千米
货量要求	货运量较大	货运量较小	货运量大
节点要求	节点类型复杂;节点数量较少	节点类型较简单;节点数量较少	节点类型简单;节点数量较多
覆盖范围	较大	较少	大
优点	有效减少环节摩擦,提高整体运作效率;高效响应服务供应链上需求,提高整体经济效益	充分发挥有限牵引车资源的效用,提高牵引车利用率;实现内部流程一体化,提高整体流程响应生产制造需求的能力	充分发挥有限牵引车、挂车资源的效用,提高整体运输效率,极大节省牵引车购置成本;实现区域一体化,提高区域整体经济效益、社会效益、环境效益等
缺点	对服务供应链纵向协调性要求较高	内部流程各环节紧密对接	对区域整体协调性要求较高

第三节　公路甩挂运输的组织形式

　　开展甩挂运输的根本目的是减少牵引车在装卸环节的等待时间,从而增加牵引车运行的时间效率,提高车辆运输生产率,节能减排。因此,公路运输企业在进行甩挂运输生产组织时,必须立足于这一出发点,合理有效地设计甩挂运输方案。甩挂运输作为一种先进的公路运输组织方式,对于克服我国当前公路运输企业规模小、运力分散、组织化程度低、运输技术与运输装备落后等突出问题,具有十分重要的作用。因此,在交通运输部主导的全国甩挂运输试点过程中,甩挂运输企业以零担干线运输企业为主,沿海地区也有部分集装箱运输企业。我国公路运输行业的零担干线运输,市场集中度比较低,大部分以分散的专线运输形式开展经营活动,同一线路不同专线运输企业同质化竞争,打价格战,市场结构严重不合理,迫切需要转型升级。从全国甩挂运输试点情况来看,试点企业所采取的甩挂运输组织形式主要有"一线两点,两端甩挂"、"一线多点,沿途甩挂"、"循环甩挂"和"网络甩挂"等形式。

一、一线两点、两端甩挂

　　一线两点、两端甩挂的基本作业方式为:在甩挂运输线路两端的货物装卸点均配备一定数量的周转挂车,牵引车往返于线路两端进行甩挂运输作业。

　　要保证该组织模式正常运行,须满足以下条件:运输线路稳定,货物装卸点相对固定;货源充足,货运需求大,两端装卸点能在牵引车到达前完成挂车预装载;运距较短,集货时间或装卸时间占全部运输时间的比重较大;对牵引车运行耗时、装卸工作耗时有确切把握,预先编制甩挂运输车辆行程表,以保证均衡生产。

　　实际运作过程中,根据装卸作业点性质的不同,"一线两点、两端甩挂"包括"客户端甩挂"、"零担甩挂"和"厂站结合甩挂"三种具体组织形式。

1. 客户端甩挂

客户端甩挂的装卸作业点为客户企业或工厂的仓库,如图 4-7 所示。

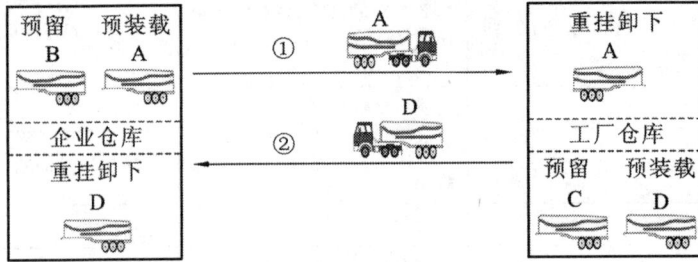

图 4-7　客户端甩挂运输组织流程图

"一线两点、两端甩挂"的客户端甩挂运输作业流程为:企业仓库端和工厂仓库端各预留一定数量挂车。企业仓库端进行原材料(或半成品)的预装载,同时工厂仓库端进行半成品(或成品)的生产和预装载。待企业仓库端挂车完成挂车 A 的预装载,牵引车牵引重挂 A 至工厂仓库端,摘下重挂 A 后牵引完成预装载的重挂 D 原路返回企业仓库端,完成一个客户端甩挂过程。

2. 零担甩挂

零担甩挂的装卸作业点为物流园区、物流中心、配送中心之类的甩挂运输站场,主要服务于零担运输。由于零担货主及其货物较为分散,需要在物流节点进行货物集揽和分类作业,因此,零担甩挂完成货物的集揽和配送的时间较长,适合采取甩挂运输模式,如图 4-8 所示。

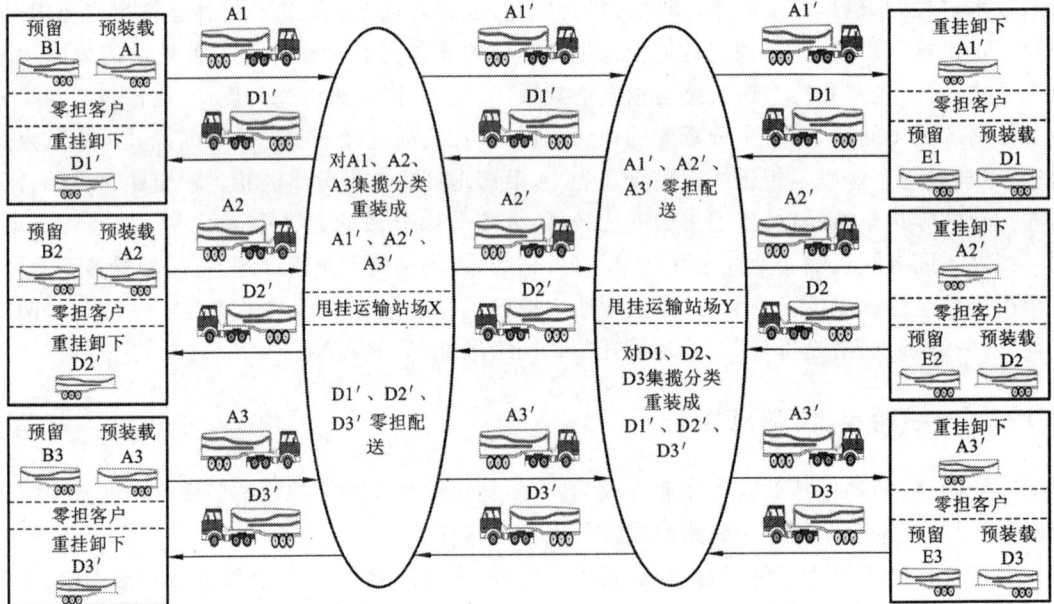

图 4-8　零担甩挂运输组织流程图

"一线两点、两端甩挂"的零担甩挂运输作业流程为:零担客户端和甩挂运输站场均留有一定数量的挂车,而牵引车主要预留于甩挂运输站场,一部分用于完成零担货物的集揽和配送,另一部分用于站场间的甩挂运输作业。该模式下的甩挂运输作业分为以下两部分:

（1）甩挂运输站场与零担客户端之间的甩挂运输，完成零担货物的集揽和配送。将空挂分别交由零担客户用于集货。待 A1、A2、A3 挂车完成预装载，来自 X 站场的牵引车牵引来自 Y 站场的零担重挂 D1′、D2′、D3′前往客户端。到达目的地后，牵引车卸下零担重挂即完成了零担货物的配送，然后牵引车牵引客户端完成预装载的零担重挂返回 X 站场。站场集合来自不同零担客户的货物，并对其进行加工分类整理后重新装载成零担重挂 A1′、A2′、A3′。

（2）线路两端甩挂运输站场间的甩挂运输，完成干线货物运输过程。站场对零担货物进行分类整理后完成预装载，牵引车牵引零担重挂从 X 出发前往 Y 站场。到达目的地后，牵引车卸下零担重挂并拖带在 Y 站场完成预装载的零担重挂返回 X 站场。而零担配送业务则交由预留在 Y 站场的牵引车完成。

3. 厂站结合甩挂

厂站结合甩挂的装卸作业点包括工厂仓库和甩挂运输站场，主要适合于工厂生产用的原材料、半成品或制成品的运输，以及向零担客户分销配送半成品或制成品的运输，如图 4-9 所示。

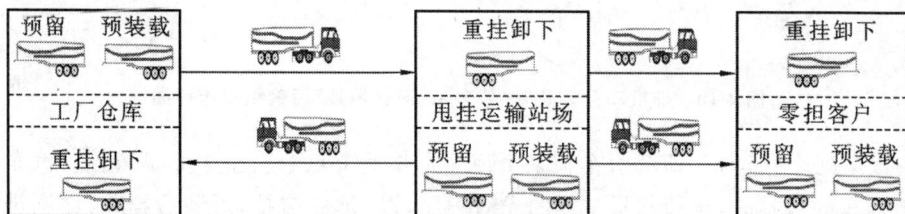

图 4-9　厂站结合甩挂运输组织流程图

"一线两点、两端甩挂"的厂站结合甩挂运输结合了"客户端甩挂"和"零担甩挂"的特点，其作业流程为：工厂仓库、甩挂运输站场和零担客户均留有一定数量的牵引车和挂车。站场通过零担甩挂集揽货物（原材料或半成品），进行分类预装后通过一线两点甩挂运输作业的组织形式运送至工厂。工厂进行半成品（或制成品）的生产并完成预留挂车的预装载，再通过一线两点的甩挂运输组织形式运送至站场。站场对产品进行分装，通过零担甩挂运输组织形式向零担客户配送产品。

二、一线多点、沿途甩挂

一线两点的甩挂运输在一条线路两端间进行，一线多点的甩挂运输则在一条线路多个甩挂运输节点之间展开，它适用于装货点固定而卸货点分散或卸货点固定而装货点分散的甩挂运输线路。

一线多点的甩挂运输由零担客户和甩挂运输站场间的"零担甩挂运输"与多个"一线两点甩挂运输"串接的干线甩挂运输组成，所以它集合了零担甩挂运输对装（卸）货地点集中、卸（装）货地点分散的要求和一线两点甩挂运输对稳定货源的要求。通过零担甩挂运输，站场 X、Y、…、N 集揽货物，并对其进行分类预装重挂，而干线甩挂运输可以两种形式运行。

（1）非汽车列车化运行，即牵引车始终只牵引单辆重挂。如图 4-10 所示，以装货点分散而卸货点固定的一线多点甩挂运输模式为例，将分类预装的重挂标注为 A1、A2、…、An 和 A1′、A2′、…、An′。牵引车牵引重挂 A1 从 X 站场出发前往 Y 站场。到达目的地后牵引车卸下重挂 A1 交由 Y 站场，由 Y 站场向其下线的零担客户配送，然后挂上重挂 A2 从 Y 站场发出前往下一站场。此作业在线路沿途的每个货物装卸作业节点展开，直至线路终点 N 站场。在 N 站场，牵引车卸下重挂 An 牵引重挂 An'向线路起点方向返回,重复以上作业流程直至回到 X 站场。

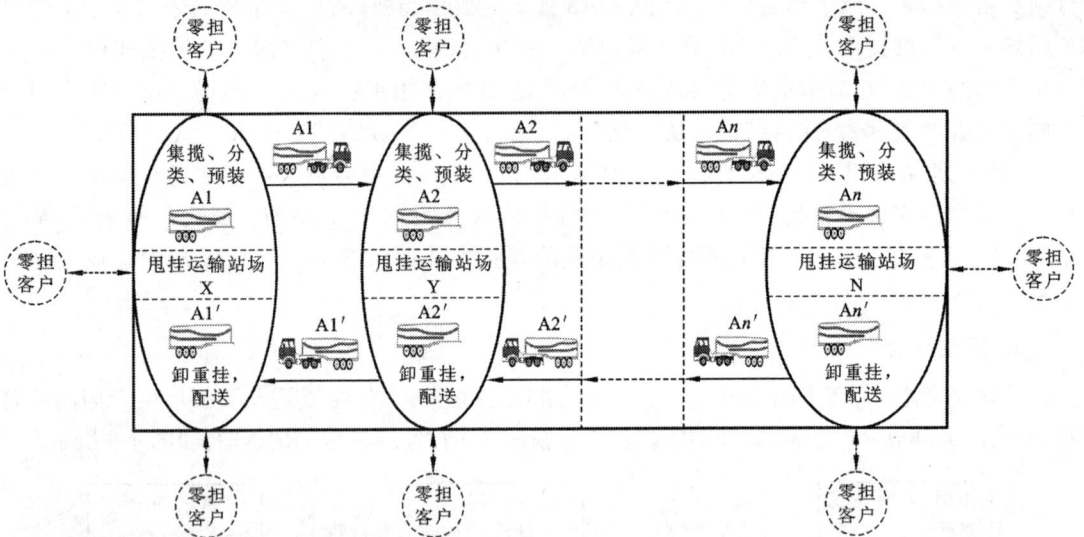

图 4-10　非汽车列车化"一线多点、沿途甩挂"运输组织流程图

（2）汽车列车化运行,即牵引车在某个或多个作业节点牵引至少 2 辆重挂。汽车列车在站场进行挂车的编挂时,按照卸货站场的先后顺序,以"远装前挂,近装后挂"为原则进行。如图 4-11 所示,以装货点固定而卸货点分散的一线多点甩挂运输模式为例,将分类预装成的重挂标注为 A1、A2、…、A($n-1$)和 A1′、A2′、…、A($n-1$)′。牵引车牵引重挂 A1 从 X 站场出发前往 Y 站场并在 Y 站场将重挂 A2 挂在 A1 后面。按此方式依次经过各站场挂上各站场已预装的重挂直至在($N-1$)站场将重挂 A($n-1$)挂在 A($n-2$)后面并行至线路终站 N 站场卸下重挂列车。然后,牵引车牵引重挂 A1′、A2′、…、A($n-1$)′向线路起点方向返回。牵引车在($N-1$)站场卸下重挂 A1′,在($N-2$)站场卸下重挂 A2′,按此方式依次经过各站场卸下重挂直至在线路起点 X 站场卸下重挂 A($n-1$)′。

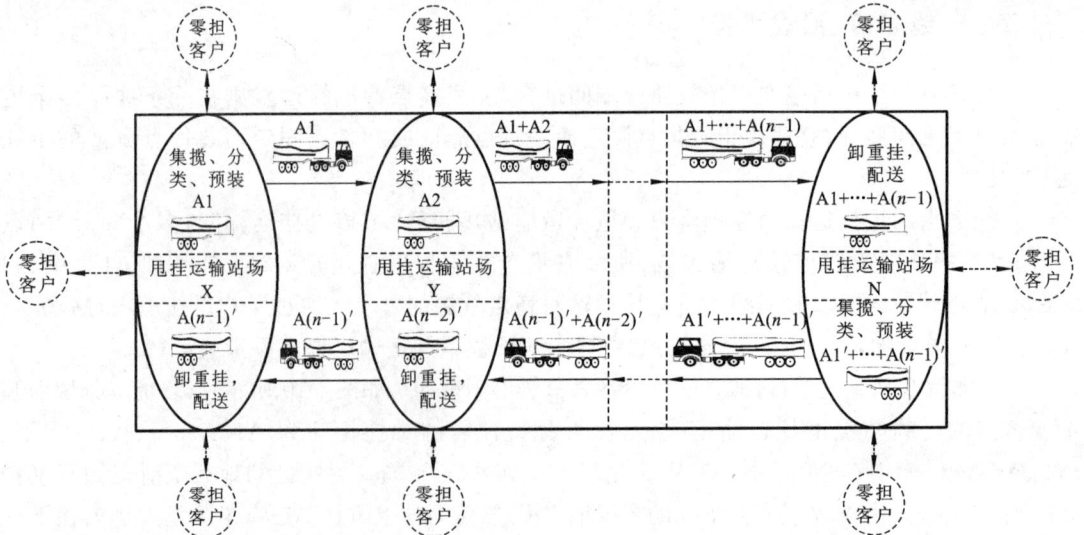

图 4-11　汽车列车化"一线多点、沿途甩挂"运输组织流程图

汽车列车化的原因在于某一作业节点物流量较大,为提高货运时效,有必要采取列车组。相比之下,这一方式能极大提高牵引车的承重量和利用率,但由于超大载重和超长车体,这一模式对货源的组织、公路的宽度和承重能力、地方政策的统一都有较高要求。

三、循环甩挂

循环甩挂与一线多点甩挂相比,两种模式下的甩挂运输作业均在多个甩挂运输节点间展开,一线多点甩挂为往返循环甩挂,一个作业循环中单个甩挂运输站场使用两次;而循环甩挂为单向循环甩挂,不存在严格意义上的线路起始点,一个作业循环中单个甩挂运输站场仅使用一次。该模式适用于物流企业的单向运输需求。由于目的地货源无法支撑牵引车进行返程作业,牵引车从起始站场牵引重挂到达目的站场后为避免空驶,从目的站场运输另一批货物前往下一站场,最终通过多点作业返回起始站场,如图 4-12 所示。

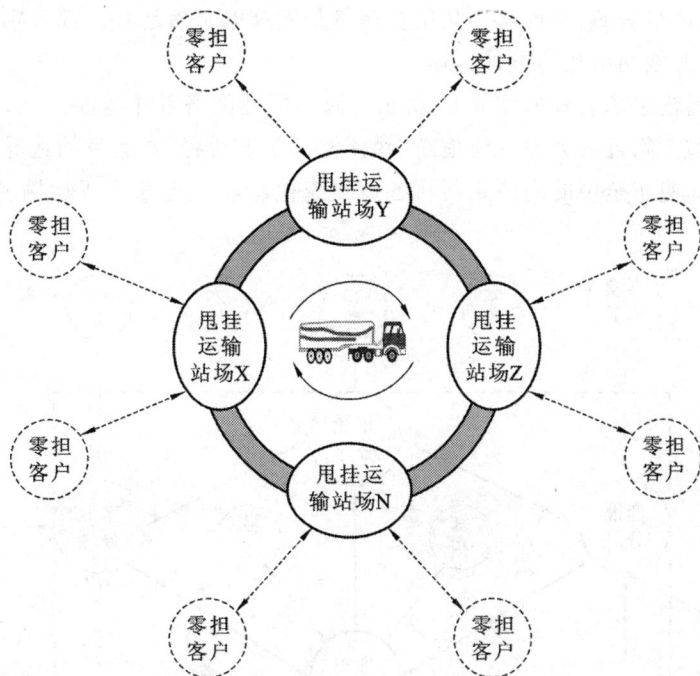

图 4-12 循环甩挂运输组织流程图

循环甩挂运输组织流程:

各甩挂运输站场通过零担甩挂运输组织形式集揽货物并进行分类预装。

① 牵引车牵引重挂从 X 站场出发,到达 Y 站场后,卸下重挂由 Y 站场进行零担配送。

② 牵引车牵引 Y 站场的已预装重挂向 Z 站场行进,到达 Z 站场后,卸下重挂由 Z 站场进行零担配送。

③ 牵引车牵引 Z 站场的已预装重挂向下一站场行进,重复以上操作,直至牵引车到达有货物需要运往 X 站场的 N 站场。

④ 在站场 N,牵引车卸下重挂由 N 站场进行零担配送,同时牵引 N 站场的已预装重挂向 X 站场行进,到达 X 站场后卸下重挂由 X 站场进行零担配送。至此,完成单个循环甩挂作业流程。

这种模式实质上是用循环调试的办法组织封闭回路上的甩挂运输,因此,除对货源的基本要求外,参与循环甩挂的各甩挂运输站场之间也需要达成合作共识,通过信息即时交流保证甩挂作业顺利进行。

四、网络甩挂

网络甩挂是迄今组织化程度最高的甩挂运输模式。大型甩挂运输物流企业借助其成熟的运输网络、优良的站场基础、稳定的货源供应和严密的信息交互平台,能够在较大空间范围内实现复杂的网络化甩挂运输。

国内甩挂运输发展时间较短,单一的甩挂运输物流企业难以独立实现网络甩挂,主要困难在于甩挂运输线路的开拓不足、车辆和甩挂运输站场的投入太大以及相应的管理调控技术不足等。而随着甩挂运输的快速发展和物流企业对物流竞合关系认识的提升,通过成立甩挂运输联盟,共享物流网络资源,实现网络化甩挂运输是发展的必然趋势。部分物流企业通过企业联盟的形式,已经开展网络化的甩挂运输。

网络甩挂的运输组织流程如图 4-13 所示。以全国性网络甩挂运输为例,网络中各甩挂运输节点将货物集揽至临近的大型物流枢纽,物流枢纽依据货种、货运目的地等条件对货物进行重新分类预装。而遍布全国的高速路网将各地物流枢纽联结起来形成运输网络,保证甩挂运输顺利进行。

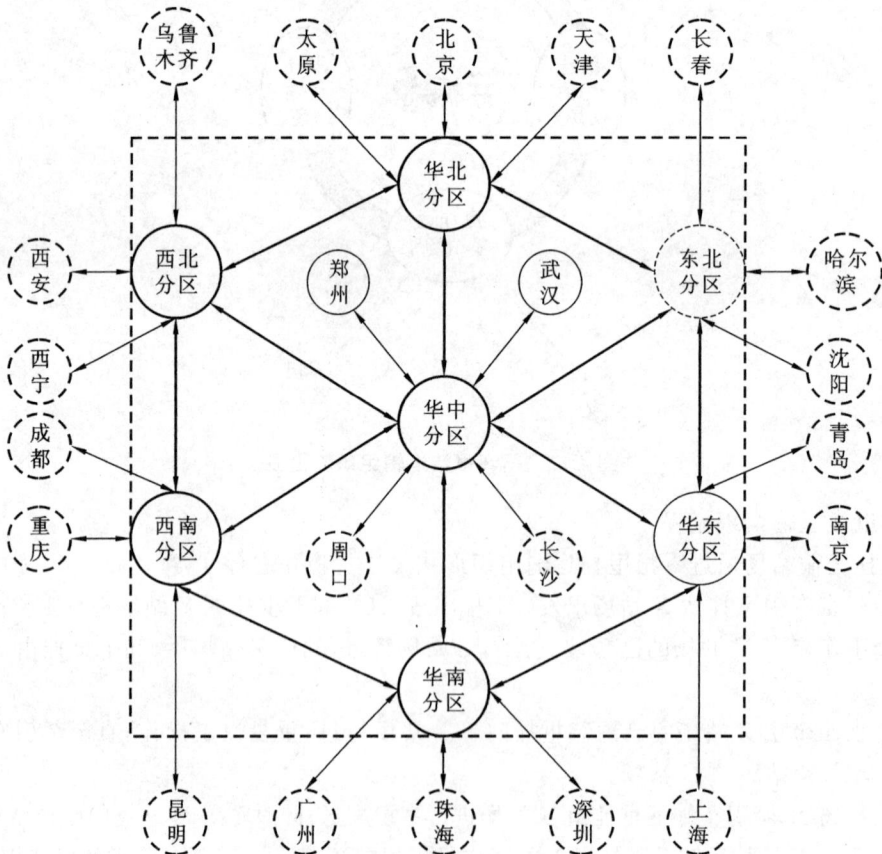

图 4-13　网络甩挂运输组织流程图

从行业角度来看,基于甩挂运输联盟的网络甩挂运输一方面能实现运输经济的规模化效应,另一方面有利于改善我国物流运输业长久以来布局散乱、辐射面小、效率低下和恶性竞争的局面,发挥良好的行业示范作用。

开展网络化甩挂运输应注意以下四个方面:

(1)组织甩挂运输必须有周密的牵引车运行计划,最好绘制出当天的牵引车运行图,并加强对甩挂运输过程中突发情况的处理工作。调度人员应根据不同的甩挂运输组织形式,掌握每一项作业的基本时间、汽车列车和挂车的装卸周期时间与运行间隔、挂车配备量等指标,以保证甩挂运输均衡地进行。

(2)组织甩挂运输应加强现场监督和管理。装卸作业地点应有固定的现场调度员,具体负责现场调度工作,并随时向上级调度机关反映情况。

(3)甩挂运输需要一定数量的周转挂车,这就增加了管理工作的复杂性。挂车的配备应根据甩挂运输的不同形式加以确定。要做到合理利用每一辆车。

(4)大型牵引车与单一载货汽车相比,在运行和装卸作业过程中更容易发生事故,因此在机械装卸设备、驾驶员操作、甩挂作业等方面必须制定相应的安全措施和责任划分制度。

第四节　最优运距下甩挂运输模式的选择

汽车甩挂运输按所采用的车辆和运输工艺的差异,有以下几种运输模式:一是采用普通载货汽车拖挂一辆全挂车所组成的全挂汽车列车,当满载列车驶抵目的地(装卸货点)后,甩下全挂车,装卸工人集中装卸主车上的货物,在主车装卸作业结束后,立即挂上预先已经装好货物的另一辆全挂车,返回原出发点或驶抵下一个目的地;二是采用鞍式牵引车拖挂一辆厢式半挂车所组成的半挂汽车列车,当列车驶抵目的地后,甩下半挂车,立即挂上预先装载好了的另一辆半挂车,返回原出发地或下一个目的地;三是采用集装箱半挂汽车列车,与第二种模式相比不同之处在于:甩下的是待卸集装箱,挂上的是预先装好货物的集装箱。这三种模式相比较,由于第二、三种模式的列车停歇时间短(仅为摘、挂半挂车或集装箱所需的时间),其运输生产率高、运输成本低,且能满足货物的防晒、防雨、防盗要求,故在国内外都得到了较广泛的应用。

一、汽车甩挂运输最佳运距计算

在货源有保证的情况下,要推行汽车甩挂运输,除了需具备相应的车辆、装卸机具和场地等条件外,还必须对某一具体运输线路进行理论计算,分析其经济上的可行性,并且对甩挂运输有直接影响的"运距"应较短。

甩挂运输生产全过程的工作车时:

$$T=\frac{ns}{v}+nt_1+2t_2 \tag{4-1}$$

式中　n——完成一个循环的运次,次;

　　　s——单程运距,千米;

　　　v——列车平均技术速度,千米/小时;

　　　t_1——摘、挂一次半挂车或集装箱所需的时间,小时;

t_2——辅助时间，小时。

按照 8 小时工作制，工作车时 T 应取 8 或 16，这样一天可完成两个循环、一个循环或两天完成一个循环，以最大限度地提高车时利用率，获得最大运输经济效益。

由式(4-1)导出甩挂运输的单程运距：

$$S = \frac{(T - nt_1 - 2t_2)v}{n} \tag{4-2}$$

若式(4-2)中工作车时 T 取 8、8、16 小时，相应的运次 n 为 4、2、2，又已知摘挂一次所需的时间 t_1，辅助时间 t_2 和列车的平均技术速度 v，即可计算出一天完成两个循环、一个循环或两天完成一个循环的最佳单程运距。

二、单一车次的最优运输距离模型

面对不同的运输距离、不同的车型、不同的库内作业时间等，甩挂运输在多长的运输距离内是最优的？以牵引车拖挂一辆厢式半挂车所组成的半挂汽车列车，当列车到达目的地后，甩下半挂车，立即挂上预先准备好的另一辆半挂车，返回原出发地或行至下一目的地的甩挂运输方式为基础，设定甩挂模式的选择模型。

影响甩挂运输模式选择最重要的因素是运输距离、运输量和运输时间，即在最优效率原则下，确定合理的运输距离与合适的甩挂运输方式的关系。

最理想的组织条件是：摘、挂一次半挂车的时间加上装货卸货时间等于车辆往返时间之和，这样牵引车的效率最大化，经济效益最好。

即：$T = T_1 + T_2$

其中：T 代表车辆往返一次行驶时间；T_1 代表摘、挂一次半挂车所需的时间；T_2 代表装货和卸货时间。

（a）设挂车载重量为 Q，装卸作业速度为 q，则装卸作业时间：

$$T_2 = \frac{Q}{q}$$

（b）设两点之间的距离为 S，车辆的行驶速度为 V，则

$$T = \frac{2S}{V}$$

综合上述公式，得到：

$$S = \frac{V}{2} \times \left(T_1 + \frac{Q}{q} \right)$$

以 12.5 米的箱式挂车为例：理论装载件数是 1000 件货物，仓库装卸效率为 400 件/小时，卸货效率为 300 件/小时，车辆的平均运行速度为 80 千米/小时，摘、挂一次挂车和分离的时间为 0.5 小时，最优距离为：

$$S = \left(\frac{80}{2} \right) \times \left(0.5 \times 2 + \frac{1000}{400} + \frac{1000}{300} \right) = 273（千米）$$

即：在 12.5 米车型下，当仓库作业时间在 6 小时以内，最优运输距离为 273 千米，当距离超过 273 千米时，此路线上需要加开车次。

三、超最优运距加开车次的模型

假定超出最优运距的距离为 S,最优运距为 L,加开的车次为 M,依据全程车辆行驶最优效率的原则,加开班次的数量 M 应为:$M=\dfrac{S}{L}$,得数取整。

例如:某线路的全程距离为 680 千米,最优运输距离为 273 千米,则加开车次 $M=\dfrac{(680-273)}{273}=1.49$,取整为 2,所以需要加开 2 个车次。

第五节 案例分析

荆州某甩挂运输企业,甩挂运输线路均为"一线两点,两端甩挂"和"一线多点,循环甩挂"两种组织形式。

一、一线两点、两端甩挂

此组织形式主要用于组织两个站场间的货物运输,即由地点甲直接运达目的地乙,甲乙两地之间的货物交换运输。挂车及货物在甲站场和乙站场分别装运,由甲站场调配牵引车携带挂车运往乙站场,卸下挂车后转挂乙站场挂车直接运回甲站场。由两端的站场负责挂车装卸货、送达或转运等余下步骤。

以荆州—武汉线为例,"一线两点,两端甩挂"运输过程如图 4-14 所示。

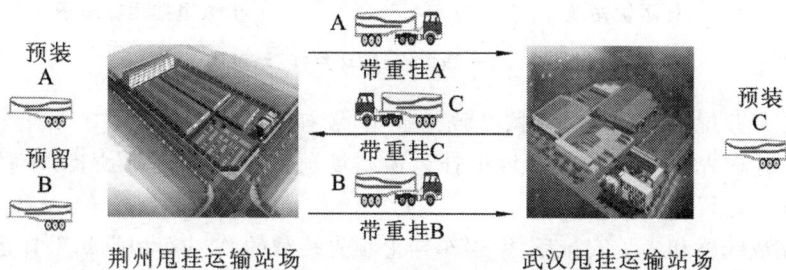

图 4-14 "一线两点,两端甩挂"示意图

步骤 1:在荆州甩挂运输站场预留 2 辆挂车 A 和 B,其中 A 挂车预先装载需运往武汉甩挂运输站场的货物,剩下 B 挂车继续装货。同时武汉甩挂运输站场预留 C 挂车,进行需运往荆州甩挂运输站场的货物的装载。

步骤 2:完成路线及人员安排后,牵引车由荆州甩挂运输站场运载已装好的 A 挂车前往武汉甩挂运输站场,到达后摘下 A 挂车。武汉甩挂运输站场负责卸载 A 挂车,并根据客户需要继续装载 A 挂车。

步骤 3:牵引车挂上在武汉甩挂运输站场已完成装载的 C 挂车,返回荆州甩挂运输站场。

步骤 4:在荆州甩挂运输站场卸下 C 挂车,挂上已完成货物装载的 B 挂车前往武汉甩挂运输站场。摘下来的 C 挂车由荆州甩挂运输站场完成卸货、分拣、集拼和转运工作。重复步骤 2~4。

二、一线多点、循环甩挂

此组织形式主要用于组织多个站场的货物运输,即由地点甲运达中间点乙,再到中间点丙,依次类推,最后回到出发点甲。挂车及货物在各站场分别装运,由甲站场调配牵引车携带挂车运往乙处,卸下挂车后转挂乙站场挂车运往丙处,直至最终回到甲站场。由各站场负责挂车装卸货、送达或转运等余下步骤。

以荆州—十堰—襄阳—荆州线路为例,"一线多点,循环甩挂"运输过程如图 4-15 所示。

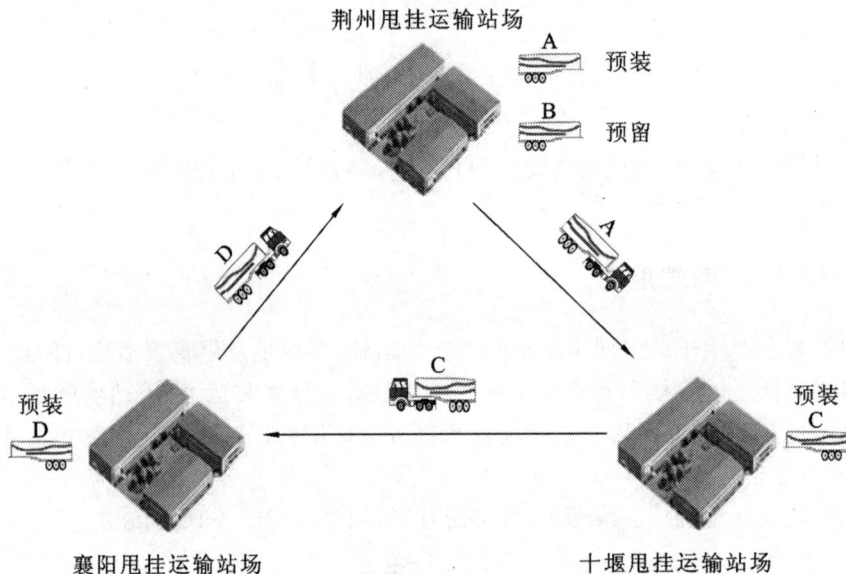

图 4-15　"一线多点,循环甩挂"示意图

步骤 1:在荆州甩挂运输站场预留 2 辆空挂车,A 挂车和 B 挂车,其中 A 挂车预先装载需运往十堰甩挂运输站场的货物,在十堰甩挂运输站场预留 C 挂车进行预装,在襄阳甩挂运输站场预留 D 挂车进行预装。

步骤 2:完成线路和人员安排后,牵引车挂上预先装载的 A 挂车由荆州甩挂运输站场前往十堰甩挂运输站场。到达后,卸下重挂 A,挂上已经完成装载的重挂 C 前往襄阳甩挂运输站场。卸下来的重挂 A 由十堰甩挂运输站场负责完成卸货、分拣、装货和转运工作。

步骤 3:到达襄阳甩挂运输站场后,卸下重挂 C,挂上已完成装载的重挂 D 前往荆州甩挂运输站场。卸下来的重挂 C 由襄阳甩挂运输站场负责完成卸货、分拣、装货和转运工作。

步骤 4:到达荆州甩挂运输站场后,卸下重挂 D,挂上已完成装载的重挂 B 前往十堰甩挂运输站场,完成一次循环作业。卸下来的重挂 D 由荆州甩挂运输站场负责完成卸货、分拣、装货和转运工作。重复步骤 2~4。

第五章　公路甩挂运输站场设计

第一节　站场选址

站场是甩挂运输企业在空间上的集聚,是甩挂运输系统乃至整个物流系统至关重要的节点。站场在城市空间的合理布置直接关系到甩挂运输活动的顺畅程度。从市场经济的角度来说,站场的布局应该尽量靠近销售区域,缩短配送距离,降低物流成本。但站场又具有公共设施的性质,必将带来运输车辆和活动的集聚,所以需要考虑站场对城市交通和环境的影响,因此,站场应设立在城市的边缘地带。如何为站场选择合适的位置,直接关系到站场最大效用的发挥。

一、站场选址理论

1. 物流成本控制理论

物流成本控制是站场运营成本管理的中心环节,是将物流成本的预测、决策、计划、核算控制、分析和评价等多个环节组成一个有机的整体。

物流成本的各个环节相互关联、相互作用,通过不间断的资源循环构成物流成本管理体系。好的物流成本控制理论可以为企业创造更多的利润点,而物流成本控制的基本原则有以下几点:

(1)成本控制与服务水平同步的原则。物流成本高低与服务质量的好坏具有一致性的关系,因此,在降低物流成本的时候,还要充分考虑服务水平问题,不能为了降低物流成本而影响到服务质量。

(2)物流总成本最低的原则。物流企业投资建立站场的目的就是盈利,因此在站场运行过程中要时刻以降低物流总成本为主要原则。物流成本中的某一项变动时应该关注因该项物流成本变动所引起的物流总成本的变化趋势。

(3)事前控制与事后协调相结合的原则。有一部分物流成本是在企业刚建立的时候并不会提前考虑到的,但它影响着该企业在以后物流过程中的成本问题。如站场选址,地址一旦选定,随之相对应的物流网络也就确定,这在很大程度上确定了站场运行时的物流配送成本。对于我国物流企业来说,利润是最核心的问题,因此,降低物流成本,选择合适的站场地址是物流发展的重点。

2. 绿色物流理论

绿色物流(Environmental logistics)是指在保证物流资源得到最充分利用的前提下,抑制物流过程中对环境造成的危害。绿色物流的目的是将环境保护理念导入到物流的各个环节,使科学环保的理念深入人心。因此,站场进行选址规划时应充分考虑绿色物流理论,使我国物流站在可持续发展的高度上,成为绿色环保的全新物流形态。

二、站场选址原则

站场选址规划应以遵循城市发展规律,促进市场经济增长为主要目标。因此在站场规划建设过程中应遵循五个原则:

(1)发挥物流功能原则:站场是疏导甩挂运输活动的重要场所,作为甩挂运输网络中的重要节点,它与运输线路的衔接程度决定了运输线上的物流压力,保证货物中转效能,减少空间上不必要的流动。

(2)经济合理性原则:站场应尽量紧邻城市主要产业、大型工商业。因为这些地方物流需求集中,可最大效用地利用现有基础设施,如公路、仓库等。同时站场应尽量选在地价便宜的地方。因为站场一般占地规模较大,地价过高会给甩挂运输企业带来高额租金或土地购置费用,影响企业的积极性。

(3)交通便利性原则:站场应设立在城市的主要进出口要道,或已有的港口、机场、铁路编组站等货物转运枢纽,至少能有两种以上运输方式相连,发挥已有基础设施的作用,有效利用城市本身资源。同时在这些设施周边,路网发达,与其他运输方式连接条件好,也能为物流活动的快速运转起到至关重要的作用。

(4)环境友好性原则:站场是大量运输工具集聚的场所,同时也是货物大量集中的场所。最大限度地减少噪声和环境污染,缓解交通堵塞,降低对人们生活、出行等的不利影响,是站场选址必须遵循的原则。

(5)城市规划匹配原则:站场选址必须符合国家及各级政府制定的相关政策,以城市远景规划和布局为依托,与城市产业结构布局和城市经济发展趋势相协调,结合城市物流资源的分布来选址布局。

三、站场选址影响因素

站场选址的影响因素是站场进行规划选址的前提和起点,对规划质量具有决定性的影响。物流园区或者甩挂运输站场一般规模较大,其选址是一个复杂的、动态的系统工程,在实际位置确定时受城市诸多因素制约。从宏观和中观角度来看,站场选址易受政策、规划、基础设施、自然环境等因素的影响。

1. 政策因素

政策对一种空间形态的形成起了关键的作用。甩挂运输站场的形成和发展与政府的引导和政策的约束息息相关。以日本东京港港口物流园的规划实践为例,日本政府在工业产业发达的城市、交通枢纽要道以及物资集散地,统一规划建设以及积极扶植规模巨大的物流园区和港口。在资金来源方面,日本东京和平岛物流园区的建设总投资共有 572 亿日元,其中 70% 来自中央财政出资,20% 来自东京地方政府财政出资,只有 10% 来自企业资本。在政策方面,园区建设处于起步阶段时,政府在减税、征地、低息贷款等方面为园区提供政策上的有力支撑。因此,政府是否重视区域内物流产业发展,政府对物流产业的优惠政策,是否扩大政府投资,或鼓励地方、民间投资,以及减免税收等方针政策都会对物流园区或甩挂运输站场的发展产生影响。这些也决定了站场对企业的吸引力大小。在各种政策中产业政策、土地政策和税收政策对园区选址影响较大。

（1）产业政策

物流产业政策是中央和地方政府制定的促进物流产业发展的政策。时机恰当、方式合理、松紧适度的产业政策为推动物流园区或甩挂运输站场的形成和发展以及物流业快速发展创造了良好的环境。近年来，中央和地方政府审时度势，密切跟踪和把握经济运行和产业发展的变化，制定了物流发展政策、物流产业政策和甩挂运输政策等。2009 年我国发布了《关于促进甩挂运输发展的通知》（交运发［2009］808 号），要求"通过政策引导，进一步加大对站场建设的投资力度，按照甩挂运输作业和技术特点，借鉴国外经验，对传统货运站场进行升级改造，逐步构建层次清晰、功能完善、衔接顺畅的站场节点体系，支撑甩挂运输的发展。"2011 年我国出台了《国务院办公厅关于促进物流业健康发展政策措施的意见》（国办发［2011］38 号），提出要科学制定全国物流园区发展专项规划，提高土地集约利用水平，对纳入规划的物流园区用地给予重点保障。这对全国范围的物流园区的规划建设提供了宏观的政策支持。此外，各级地方政府制定的优惠物流产业政策对物流园区的形成也产生了更直接、更具体的影响，例如《关于印发重庆市促进现代物流业发展政策措施意见的通知》（渝办发［2007］283），《重庆促进现代物流业发展政策解读》（市商委）等。这些政策针对重庆范围内包括两江新区的物流园区的规划建设提供了政策环境上的支持。

（2）土地政策

随着近年来的高强度的开发，土地资源日益紧缺，土地问题成为制约我国甩挂运输站场形成和发展的瓶颈问题。一方面由于用地指标的限制，导致物流用地较难取得，另一方面，物流用地价格大大超过了物流业的承受能力。目前，我国部分一线城市（上海、深圳等）物流用地价每亩高达 60～100 万元，有的甚至更高，建设成本的增加导致物流园区无法进行物流运作。中央或者地方政府应该考虑到物流园区征地难的问题，出台促进物流园区发展的土地政策，对纳入国家和地方规划的物流园区土地征用方面给予特殊优惠政策，预先调整优化好物流发展的土地利用规划，保障物流快速发展的合理用地需求。这对物流园区的形成和发展具有一定程度的影响。

（3）税收政策

税收政策也是影响物流园区选址的重要因素。一般来说，为了合理布局物流园区并引导物流及相关企业的入驻，当地政府会实施一些税收减免的政策。税收政策是影响物流发展的重要政策因素，如果税赋过重会给物流园区的建设和运营带来不良影响，相反，税赋减免则有助于降低物流业的运营成本，吸引物流企业入驻，形成物流产业集聚，从而降低整个物流体系的成本。因此，物流园区的选址应尽量选取有税收优惠的区域，对于节约成本，降低营业费用具有很大的意义。此外，特别值得一提的是保税物流园区，它是一种特殊的物流园区，在进出口税收政策方面，"国内货物进入园区视为出口，办理报关手续，实行出口退税政策，即'入园退税'，缩短时间，提前退税"，这是园区最吸引加工贸易的政策。"园区货物内销按货物进口的有关规定办理报关手续，货物按实际状态征税，在园区内部或在园区和境外之间进行的贸易，可免税，也无须进出口许可证"。由于特殊的税收政策，保税物流园区比普通物流园区更有优势，更能吸引加工贸易和进出口贸易，这也反映了税收政策因素对物流园区的重要作用。

2. 规划因素

甩挂运输站场的选址需考虑区域经济发展的宏观规划环境，包括社会经济发展规划，产业布局,农业、工业、居住、商业布局规划等规划环境因素。规划环境因素主要包括三种,国家发改委制定的国民经济与社会发展规划、城市规划以及土地利用规划。

(1) 国民经济与社会发展规划

国民经济与社会发展规划是全国或某地区经济、社会、环境发展方面的全局性、长期性的总体纲要。它定性地指出了区域内需要大力发展的产业,定量地设定了规划期内需要达到的发展目标和经济指标,为站场规划建设提供了一个宏观的社会经济规划背景。例如,《重庆市国民经济和社会发展第十二个五年(2011—2015 年)规划纲要》提出"围绕建设国家中心城市,努力提升交通枢纽、金融、商贸、物流等集聚辐射能力和综合服务水平的要求,基本建成长江上游地区的金融中心、商贸物流中心和科教文化信息中心,金融业增加值比重超过 10%,社会消费品零售总额突破 6000 亿元,物流成本大幅度降低,科教、文化、信息服务、经济、社会发展能力明显增强,成为人流、物流、资金流、信息流汇集地,对长江上游地区乃至西部地区的综合服务功能显著提升"。此《纲要》对重庆的物流环境和发展目标做出了宏观指导。对于站场选址必须要考虑长远的发展,必须考虑选址区域未来的规划发展方向,以国民经济和社会发展规划为依据,沿规划的方向进行开发活动,以保证选址与城市空间结构、产业格局、经济发展目标等有机契合。

(2) 城市规划

城市规划为站场选址提供了参考依据。城市规划是根据一定时期城市的经济和社会发展目标,对城市土地利用、城市空间布局以及各项建设的综合部署和全面安排。按照规划的层次从宏观到微观,城市规划主要分为总体规划、分区规划、控制性详细规划、修建性详细规划等。具体来说,不同层级的城市规划对站场的选址有不同的要求和影响。总体规划规定了站场所处的宏观方位,靠近的区域,配套的设施;分区规划以总体规划为依据,规定了站场属于城市哪个片区,对土地利用、人口分布、公共设施、城市基础设施的配置做进一步的安排;控制性详细规划以总体规划、分区规划为依据,确定了站场土地使用性质、使用强度等控制指标,公路和工程管线控制性位置以及空间环境控制等;修建性详细规划以上几层规划为依据,对站场内部的建筑和工程设施做出具体的规划设计和施工安排。不同层面的站场规划要符合上位规划。上位规划代表了上一级政府对空间资源的配置和管理方面的要求,下位规划必须将上位规划确定的原则、方针和政策具体落实到本层次规划的内容中,且不能违背这些原则和要求。甩挂运输站场的规划建设就是要以各层次的城市规划为依据,在选址方面更多地涉及总体规划和分区规划,在建设方面更多地涉及控制性详细规划和修建性详细规划。

(3) 土地利用规划

土地利用规划可以为站场选址提供用地参考。土地利用规划是指在土地利用的过程中,根据某个目标而对各类用地结构和布局进行调整或配置的长期计划。土地利用规划规定了土地的用途,将土地分为农用地、建设用地和其他土地。农用地包括耕地、园地、林地、牧草地、其他农用地等;建设用地包括城乡建设用地、交通水利用地、其他建设用地等;其他土地包括水域和自然保留地等。使用土地的单位和个人必须按照土地利用规划确定的土地用途来使用土地。国家对土地的管制原则是,严格限制农用地转为建设用地,控制建设用地总量,对耕地实行特殊保护。因此某些用地不应用于建设站场,如农用地等;某些用地不太适合建设站场,如居民用地,而交通用地则适合建物流园区,仓储物流用地则应该建设站场或物流园区。因此站场选址要考虑土地利用规划因素。

3. 交通设施因素

物资集散是甩挂运输站场或物流园区的最主要功能。物资集散的高效和快捷是站场节约仓储保管成本、增强竞争力、提升客户服务水平、扩大站场经济效益的关键,而实现物资集散的高效快捷需要畅通、高效的交通运输系统来支撑。一个良好的交通运输环境可以提高运输环节的效率、节省集货和配送的时间,并且明显提升站场的服务功能以及运营效率。因此,交通条件是站场选址时必须考虑的重要因素。站场选址宜紧临重要的运输通路,创造良好的交通条件。

(1) 水路交通运输条件

水运是一种较为经济的运输方式,对于大宗货物、时效性要求不高的货物具有很大的优势。水路运输包括海洋运输和内河运输。对于沿海港口来说,要有足够的岸线布置不同的作业区;对于内河港口来说,要有足够的港口水深,以适应船舶大型化的趋势。足够的岸线和港口水深决定了港口的规模以及吞吐量,因而决定了临港甩挂运输站场的规模。此外,是否具有便捷的水路交通网也是临港甩挂运输站场选址要考虑的重点因素,发达的水陆交通网提高了港口的吞吐量,间接提高了站场的集疏运能力。

(2) 铁路交通运输条件

铁路是一种经济、快捷的运输方式,具有运力强、运费低的优势,在大宗物资,特别是煤炭、粮食、建材等产品的运输上具有较大优势。尤其是在集装箱运输日益发达的现今,铁路运输成为大宗物资集疏运的重要运输方式。因此,对于甩挂运输站场选址而言,选择靠近铁路线的区域建设甩挂运输站场,或直接在条件优越的站场内配置铁路线路,对增加货源、增强站场的服务能力具有重要的促进作用。

(3) 公路交通运输条件

公路运输具有门到门的特点,公路运输在小批量、时效性强的货运运输上有较强的优势。公路运输通常是物流服务的起点以及物流服务的最终完成点,因此,良好的公路运输条件对于站场选址非常关键。站场道路分为场内道路和场外道路,场外道路要能方便地与高速公路或公路干道相连接,尽量不穿越或者少穿越城市主干道和生活交通道路系统。场内道路的功能是方便流动机械行驶,并与城市道路和高速公路相连接,使站场货物方便出入。因此,站场选址要有良好的道路条件,从而提高站场的集疏运能力。

(4) 航空交通运输条件

我国的航空货运相比国外起步较晚,规模较小,但是航空运输在小批量、高时效性、高附加值的货运方面具有显著优势。由于甩挂运输站场所处理的商品种类具有广泛性,在站场中转的货物可能为高附加值产品,比如手机、笔记本、医药等商品,站场需要提供诸如国内外中转、国际物流等业务。在这种情况下,站场选址也应考虑航空运输条件,应靠近机场或者有便捷的通道连接机场。

站场选址还应考虑构建多式联运体系。多式联运是通过两种及两种以上的交通运输工具相互衔接、转运而共同完成的复合运输过程,其主要方式包括陆桥运输、海空联运等。甩挂运输站场应尽量选择靠近交通枢纽进行布局,如铁路、高速公路、机场及几种交通方式的交汇点,以便于构建多式联运体系。一般认为具有三种以上交通方式的连接较佳,即站场是公路网络、铁路网络、水运网络的交汇点,实现"水陆"交通一体化的无缝衔接。

4. 市政设施因素

甩挂运输站场建设成本高、投资大，市政设施的建设情况会影响站场选址。市政设施状况良好的地区有助于降低站场的建设成本。

（1）电力供应条件

甩挂运输站场内布置有许多大型机械，比如起重机械、输送机械、装卸搬运机械。这些机械大部分都靠电力驱动。站场的运转离不开电力驱动，动力原因造成的工作延误往往会产生一系列连锁反应，从而造成巨大损失，因此，站场必须选择电力供应稳定的区域。

（2）通信条件

甩挂运输的实现，需要以现代信息系统和通信设施作为辅助。甩挂运输管理信息系统的软硬件条件直接关系到站场的物流效率，如果没有良好的通信条件，就无法形成便捷、高效的物流运营模式和管理模式。因此，为满足大量的信息交换需求，站场必须选址在有一定规模的通信管网的地区，为站场提供相当数量的卫星定位系统、程控交换系统、互联网及宽带系统等。

（3）给排水条件

站场的正常运营离不开良好的给排水条件。站场通常具有流通加工功能，因此需要大量的工业用水。不仅如此，在夏季需要用大量的用水对站场进行洒水降温。因此，工业用水的供给及工业废水的排放是选址需要考虑的重要因素。

5. 自然环境因素

自然条件是一切经济活动的保障，影响着人类生产、生活、分布与组织，为各种产业活动提供不可或缺的空间和场所，因此，自然环境因素是港口物流园区选址要考虑的重点因素之一。良好的自然环境因素对于减少土方量、降低建设难度、维持园区的良好运行起着重要的作用。

（1）气象条件

气象条件对站场选址有一定的影响，主要的气象因素有雨、风、湿度。降水会对站场装卸作业产生影响，且针对不同的货物种类和包装方法产生的影响有很大差别，对煤、矿石等影响较小，而对水泥、农药、化肥、粮食、棉花等货物影响较大，有雨就必须立即停止装卸。一般站场要选址在降水日数和降水量少的地区；在风口建设站场会加速露天堆放商品的老化，而且靠近海岸线的集装箱堆场作业，极易受到台风灾害破坏，台风或大风经常造成集装箱吹落倾覆等灾害事故，因此，站场选址要避开风口；湿度也会对站场产生影响，湿度过大会加速部分商品的腐烂，因此，选址中要选择湿度适中的地区。

（2）场地条件

场地条件对站场选址也非常关键。在地形方面，站场占地面积一般较大，可考虑三角洲和平原地区的大块平坦地面，山地和丘陵地区则应尽量避开，还应当考虑适宜的形状，可采用规则的形状如长方形，不宜采用狭长或不规则形状。在地势方面，地势高低不平则需要花大量费用和时间平整土地，进行三通一平，略有坡度有利于排水，坡度过大则不利于施工，水土保持难度加大，因而站场宜考虑地势高或稍有坡度的地块。在地质方面，即使是在同一用地范围内，由于地层的地质构造和土质的自然堆积情况不同，其构成物质也各不相同，再加上地下水的影响，地基承载力相差悬殊。站场是大量商品的集结地，商品堆放对地面造成很大的压力，而且站场内有大吨位的货车频繁出入，因此，站场选址应有较好的地质条件，地基承载力应较高，尽量避免选址在流沙层、淤泥层和松土层之上。

（3）环保、安全条件

站场选址考虑创造经济效益的同时，还要注意环境效益，加强环境保护，提倡"绿色物流"。站场规划选址需引入"绿色物流"的理念，进行合理选址，体现在用地规划中就是要提倡集约型站场，坚持站场的统一规划与建设，避免土地的粗放经营，同时注重生态环境的构筑与品质的提升。站场应尽量设置在远离城市中心的地方，使得城市的交通状况得到改善，城市的生态建设得以维持和增进，达到可持续发展的目的。在安全方面，由于仓储物流用地要重点防火灾，因此，站场用地不宜设在易散发火种的工业设施（如木材加工、冶金企业）附近。在民生方面，站场噪声污染严重，进出站场的货物运输会产生粉尘、噪声和废气，会对城市环境、市容市貌和居民生活产生不良影响，因而站场应尽量远离人口密集、交通拥堵和人类活动比较集中的城市中心区域，尽可能降低对城市生活的干扰。

四、站场选址步骤

公路甩挂运输站场是进行公路甩挂运输组织最主要的依托节点。在资源分布、经济社会资源需求状况、运输行业空间布局等因素的影响下，不同的甩挂运输站场选址方案可能会使整个公路货运系统乃至现代物流系统的运行成本和收益产生较大差异。

一般而言，甩挂运输站场选址和整体布局应以费用低、服务好、辐射强以及社会效益高等为主要目标。费用低就是包括前期建设费用和中长期经营费用在内的总费用最低；服务好就是确保在物品及时、完好地送达客户过程中提供切实有效的运输功能支撑；辐射强以及社会效益高就是选址应着眼于整个区域经济系统，使甩挂运输站场的地域分布与区域资源和需求分布相适应，从而满足相关区域经济发展的需求。

进行甩挂运输站场选址的步骤如下：

（1）收集整理历史资料。虽然甩挂运输的历史资料较为欠缺，但大量丰富的公路货运资料为发掘甩挂运输活动特点提供了间接有效的途径。通过对历史资料的收集整理，可以获得关于公路货运系统现状的认识，确定甩挂运输站场潜在服务对象的需求，并初步确定甩挂运输站场选址的原则。准确的第一手资料对于后续备选地址的选择以及定量化模型的设计均有重要作用。

（2）选定备选地址。在选择站场位置时，要根据各种影响因素进行定性分析并审慎评估，大致确定几个备选的地址。在确定备选地址时，首先要确定经济地理空间范围（如在某一个国家范围内选择某些省份、在某个省级行政区划中选择某些地市），然后进一步将位置确定在某些城市级区域。备选地址的选择是否恰当，将直接影响到后续最优方案的确定，这种选择过程可以借助一些定量手段。此外，备选地址的数量要适当，备选地址过多，在后续选择优化方案时工作量加大，导致规划成本高；备选方案过少，可能导致最后的方案偏离最优方案太大，选址工作效果差。

（3）备选方案优化选择。备选地址确定后，要更详细地考察若干具体地点，进一步获得现场第一手资料。为确切把握备选地址状况，可以建立数学模型，通过定量化计算辅助备选方案的优化选择决策，获得预期的优化地址。随着选址理论和计算机技术的迅速发展和广泛应用，构建数学模型进行定量化选址的做法得到大力支持，且已有很多优化选址方法被开发出来，并形成专用软件。

（4）优化结果复审。由于在定量分析中所构建的理论模型往往只能抓住经济社会联系的主要方面,暂时忽视了其他的一些因素,因此,直接应用定量模型得出的结果进行站场选址时,常常会发现理论模型上最为可取的选址地点在实践中行不通。可见,纯粹的理论模型总是有其局限性。为此,应采取合适的手段将理论模型难以囊括的因素考虑进来,综合地理、地形、环境、交通状况、劳动条件以及有关法规等条件对优化结果进行合理评价,进一步修正理论模型的优化结果,使之具备可行性。

（5）确定最终方案。如果优化结果通过复审,即可将优化结果作为最终方案。如果没有通过复审,则需重新返回第二步,进行备选地址筛选、备选地址优化等一系列步骤,直至获得满意、可行的选址方案。

五、站场选址方法

1. 选址方法分类

甩挂运输站场选址方法有多种,按照不同划分标准可以分为以下几类:

（1）按选址方法是否定量划分:定性和定量选址。前者主要有层次分析法、主成分分析法、灰色关联度法、模糊评价法等;后者主要有重心法、混合整数规划法。

（2）按离散程度划分:连续型数学模型法选址和离散型数学模型法选址。连续型数学模型法选址是指在一条路径或一个区域内任何位置都可以作为选择点。离散型数学模型法选址是在有限的候选点中选取一个或一组位置作为最优方案。

（3）按物流节点的数量划分:单物流节点选址和多物流节点选址。

（4）按时间维度划分:静态选址和动态选址。静态选址只考虑当前的物流发展情况,动态选址则认为未来时间里城市物流会发生变化。

（5）按需求变动与否划分:确定性需求选址和随机需求选址。

2. 选址常用方法

物流园区选址方法中应用较多的主要是重心法模型和覆盖模型。

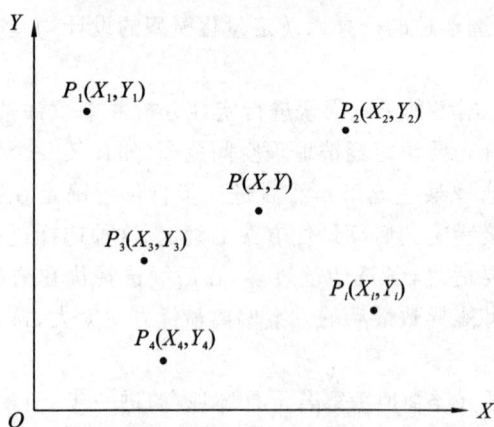

图 5-1　设施位置坐标图

（1）重心法模型

重心法模型又称网格法（Grid Method）是一种较为简单的单一选址方法。重心法中心思想是用在物流费用中占额比较大的运输费用代替总的物流成本,使得物流费用和距离成正比,从而将站场选址问题转化为求站场与物流网络平面空间的若干物流节点之间最小距离的问题。

设有 n 个需求用户,他们的坐标分别为 (X_i,Y_i),备选站场的坐标为 (X,Y),则设施位置坐标图如图 5-1 所示。

目标函数为:

$$\min Z = \sum_{i=1}^{n} w_i h_i \left[(X - X_i)^2 + (Y - Y_i)^2 \right]^{\frac{1}{2}} \tag{5-1}$$

则站场位置 (X,Y) 可由下列公式确定:

$$
\left.
\begin{aligned}
X &= \frac{\sum_{i=1}^{n} w_i h_i X_i}{\sum_{i=1}^{n} w_i h_i} \\[2ex]
Y &= \frac{\sum_{i=1}^{n} w_i h_i Y_i}{\sum_{i=1}^{n} w_i h_i}
\end{aligned}
\right\}
\tag{5-2}
$$

其中　n——需求用户的数量；

(X,Y)——站场的坐标；

w_i——配送到用户 i 的货物重量；

h_i——单位运输费率。

迭代步骤为：

① 以所有需求点的重心作为站场的初始坐标(X^0,Y^0)；

② 代入公式(5-1)进行计算求出 Z^0；

③ 把 X^0,Y^0 代入公式(5-2)中计算得出站场的改进地点(X^1,Y^1)；

④ 再利用公式(5-1)求出 Z^1；

⑤ 对 Z^0 和 Z^1 进行比较，如果 $Z^0 > Z^1$，那么(X^1,Y^1)是该选址模型的最优解，迭代停止，否则重返步骤3，继续进行迭代。

重心模型适用于单设备选址，其优点是计算方法比较简单，容易理解，有助于寻找选址问题的最优解，因而对管理阶层做出决策有一定的参考意义。模型的缺点是它对于选择地点是不加限制条件的，因此得到的结果有可能无法利用，如其计算的最佳地点可能在河流或已有建筑物的地方。

（2）覆盖模型

覆盖模型能根据已知的需求点来确定站场的位置和个数，适合于商贸物流，如大型综合超市、农产品物流园等的选址问题。根据解决问题的策略不同，覆盖模型分为集合覆盖模型和最大覆盖模型两种。

① 集合覆盖模型

集合覆盖模型的目标是用尽可能少的站场覆盖所有的需求点，如图 5-2 所示。

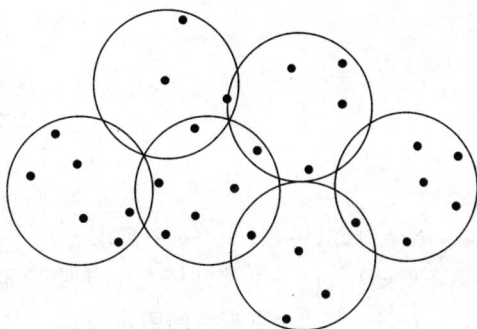

图 5-2　集合覆盖模型的图形表示

目标函数：

$$
\min \sum_{j \in \mathbf{N}} X_j
\tag{5-3}
$$

约束条件为：

$$
\sum_{i \in B_j} d_i y_{ij} \leqslant A_j X_j, j \in \mathbf{N}
\tag{5-4}
$$

$$
\sum_{j \in C_i} y_{ij} = 1, i \in \mathbf{N}
\tag{5-5}
$$

$$
y_{ij} \geqslant 0, j \in \mathbf{N}
\tag{5-6}
$$

$$X_j \in \{0,1\}, j \in \mathbf{N} \tag{5-7}$$

其中　$\mathbf{N}=\{1,2,\cdots,n\}$——$n$ 个需求点；

　　　$X_j \in \{0,1\}$——该站场在 j 点时 X 取 1，否则为 0；

　　　d_i——第 i 个需求点的需求量；

　　　y_{ij}——从站场 j 到需求点 i 的运输量；

　　　B_j——站场 j 所覆盖的需求点的集合；

　　　A_j——站场 j 的供应量；

　　　$C_i=\{j\,|\,i\in A_j\}$——能覆盖需求点 i 的站场的集合。

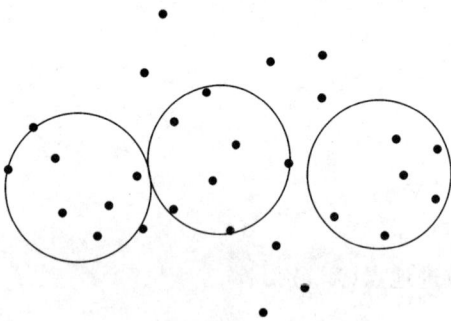

图 5-3　最大覆盖模型的图形表示

模型解释：公式(5-3)表示站场总数量最小化；公式(5-4)表示每个站场向各需求点运输量的总和不能超过自身供应量；公式(5-5)表示每个需求点的需求都能够得到满足；公式(5-6)表示允许某个站场只提供某需求点的部分需求；公式(5-7)表示是否在该地建设站场。

② 最大覆盖模型

最大覆盖模型研究的是如何使有限的站场覆盖尽可能多的需求点，如图 5-3 所示。

目标函数：

$$\max \sum_{j \in \mathbf{N}} \sum_{i \in B_j} d_i y_{ij} \tag{5-8}$$

约束条件：

$$\sum_{i \in B_j} d_i y_{ij} \leqslant A_j X_j, j \in \mathbf{N} \tag{5-9}$$

$$\sum_{j \in C_i} y_{ij} \leqslant 1, i \in \mathbf{N} \tag{5-10}$$

$$\sum_{j \in \mathbf{N}} X_j = p \tag{5-11}$$

$$y_{ij} \geqslant 0, j \in \mathbf{N} \tag{5-12}$$

$$X_j \in \{0,1\}, j \in \mathbf{N} \tag{5-13}$$

式中　$\mathbf{N}=\{1,2,\cdots,n\}$——$n$ 个需求点；

　　　$X_j \in \{0,1\}$——该站场在 j 点时 X 取 1，否则为 0；

　　　d_i——第 i 个需求点的需求量；

　　　y_{ij}——从站场 j 到需求点 i 的运输量；

　　　B_j——站场 j 所覆盖的需求点的集合；

　　　A_j——站场 j 的供应量；

　　　p——允许投建的物流园区数；

　　　$C_i=\{j\,|\,i\in A_j\}$——能覆盖需求点 i 的站场的集合。

模型解释：公式(5-8)表示能够满足的需求量的最大值；公式(5-9)表示每个站场向各需求点运输量的总和不能超过自身供应量；公式(5-10)表示保证需求点的限制，服务能力不超过需求总和；公式(5-11)表示所需要建立的站场个数；公式(5-12)表示允许某个站场只提供某需求点的部分需求；公式(5-13)表示是否在该地建设站场。

（3）专家咨询法

专家咨询法以专家的主观判断为主导地位，对各个影响因素凭借专家丰富的专业知识做出判断，并以数值形式表示出来，再运用各种数学软件对数据进行综合分析后做出选址决策。该选址模型可以全面地考虑选址中的所有影响因素，但选址结果经常受到专家的个人经验和知识体系等诸多因素的影响。

所以，专家咨询法适用于对于有限的备选地点的选址，在应用到整个大城市系统中时往往不现实。它要求必须具备足够的数据和基础资料，并用定量分析的方法进行优化，否则结果将缺乏可行度。

甩挂运输站场选址涉及土地使用权、城市规划、物流设施情况、交通运输情况、自然环境、货物特性等多方面的影响因素，是一个复杂的综合问题。以上各种选址方法都有着各自不同的适用范围，但是它们都没有同时考虑选址的定性和定量因素。因此，在站场选址问题的研究中，应把定量分析和定性分析综合起来考虑，在广泛咨询相关专家的意见应用定性的方法初步确定备选站场的地址以后，还应运用数学手段进行定量分析，进而完成最终的选址。

第二节　站场用地规模

一、站场用地规模确定原则

站场用地规模的确定应建立在对现有物流现状和未来发展趋势进行综合分析的基础之上，要和站场所在城市以及区域经济发展相适应。根据数据搜集和各种信息资料对未来的物流量进行合理预测，并且应该明确该站场能够享受的各种优惠政策，这样才能保证站场的建设面积与实际需要最大限度地符合。

1. 适应性原则

在建设规划初期，除了考虑到和区域经济发展需要相适应之外，站场的定位必须能够实现环境、社会、经济三方面效益的统一，要尊重自然，为环境的可持续发展贡献力量，对用地结构的分析要综合考虑城市用地结构的社会经济影响因素；在建设规划的过程中，要对市场中的相关需求做到充分的分析，使用定性或者定量的预测方法分析物流量，对物流的分布和市场的结构有充分的认识，通过市场调研、调查问卷、走访等方法为用地规模的准确确定提供依据。

2. 弹性原则

作为城市建设的一部分，站场一旦建成就会对区域形成持久的影响；而城市是不断发展和变化的，因此站场的规划也应具有动态的眼光，具备一定的弹性和前瞻性，在城市现有的发展基础上，适当超前规划，留有发展的余地；合理规划站场用地规模，实现发展效益最大化的土地面积，形成土地规模经济，避免规模过小制约站场发展，影响功能的正常发挥，也不应一味追求规模而造成土地资源的浪费。

3. 内外协调可操作原则

对内部各功能区进行合理的系统优化布局分析，在布局合理的前提下紧凑结构，减少土地浪费；要根据经济区域内的市场需求、运输路线、交通位置、产品结构、货物种类来决定园区的最佳规模;在规划设计层面,确保设计人员的专业素养,对规划的可行性做到充分分析,使得规划本身具有说服力;制定标准化的法定条文,实现规划与管理的一体化。

二、站场用地规模确定步骤

在确定站场用地规模时,一方面可以参考国内外已建成的物流园区或物流中心的成功经验,另一方面需要切实结合本地实际情况,综合考虑多方面因素。物流园区的用地开发不是一步到位,而是逐步推进,预留扩展,动态改进,具体的确定步骤包括:

1. 进行市场分析以及物流量预测

根据区域经济总体规划要求,通过市场调研、数据分析等相关经济行为,对区域内物流现状进行分析和预测,明确各功能要素的经济特点,把握未来阶段的发展趋势;从统计年鉴或公报搜集准确信息,使用规范合理的预测方法进行物流量预测,并对误差进行分析。

2. 功能区定位及设计

站场功能定位及设计是保证其长期发展和盈利的重要环节,是站场规划的重要基础支柱。根据市场分析及预测结果,结合规划要求,明确入驻企业类型及服务对象,对站场的具体功能进行设计,确定各大功能区类型,以及所涉及的作业种类和延伸程度,并进一步综合提出站场的经营模式、发展方向等战略定位。

3. 规模预估及方案调整

在前两步基础上,通过对物流量的预测和功能设计,根据恰当的计算方法和行业标准准则等,对站场面积进行预估;根据预估结果,在具体业务流程指导下,对站场的基本位置、面积、空间布置等进行修改和调整,最终确定站场的整体规模。

三、站场用地规模计算方法

1. 用地规模影响因素

从国内外同类物流作业站场实际发展情况看,影响站场用地规模的因素众多,用地规模差别较大,主要因素有:

(1) 物流处理总量的不同——受腹地经济水平、货物吞吐量及站场作业比重等因素影响;

(2) 作业效率及对时效性要求的不同——受管理水平、设备先进性、特殊货物品种要求、运输方式构成、物流作业强度等因素影响;

(3) 用地因素限制的不同——与土地政策、开发现状、现有资源整合情况有关;

(4) 功能定位的不同——受运作模式、服务区域与对象等因素影响。

2. 总用地规模计算

建设规模需求分析从满足站场功能和适应生产能力需求的角度,分析未来站场内主要设施的建设规模,是设计和确定平面布置方案的重要量化参考依据。以设计年度的生产能力为基础,根据国家有关部门颁布的建设要求和标准,同时借鉴国内外同类作业站场建设的实际经验对站场建设规模进行测算。基本思路为:根据站场设计生产能力,参照国内外物流园区实际运作过程中的物流作业强度指标测算站场总体用地规模。

(1) 设计年度生产能力

根据交通运输部《公路运输站场投资项目可行性研究报告编制办法》,甩挂运输站场建设项目的设计年限从项目主体工程投入运营后起算,一般取 10 年。则项目设计年限内站场能够达到的最大物流作业量即为设计年度生产能力。

(2) 物流作业强度

根据《物流园区分类与基本要求》(GB/T 21334—2008),园区物流作业强度为单位时间、单位面积所完成的物流作业量,即:

$$物流园区物流作业强度 = \frac{园区年度物流作业总量}{园区总用地面积}$$

各类园区物流作业强度推荐性要求如表 5-1 所示。目前,我国物流园区的远景设计作业强度平均在 1000～3000 万吨/平方千米·年。则有:

$$园区总用地面积 = \frac{园区年度物流作业总量}{物流园区物流作业强度}$$

表 5-1　各类园区物流作业强度推荐性要求表　　　　单位:万吨/平方千米·年

	空港型	海港型	陆港型
货运服务型	≥50	≥1000	≥500
生产服务型		≥150	
商贸服务型		≥100	
综合服务型		≥250	

3. 主体设施规模计算

根据物流作业量预测结果,参照《汽车货运站(场)级别划分和建设要求》(JT/T 402—1999)相关标准及相关站场作业强度指标等经验值测算仓库、停车场等主体设施的用地规模或建筑面积。

1) 仓储库(棚)面积

(1) 中转库

$$A_1 = \frac{Q_1 \cdot T_1 \cdot K_1 \cdot a_1}{f_1}$$

式中　A_1——中转库面积,平方米;

　　　Q_1——日均中转货物最大吞吐量,吨/天;

　　　K_1——入库系数,取 0.5～0.7;

　　　T_1——中转储存期,取 1～2 天;

　　　a_1——平均每吨货物占地面积,取 2～3 平方米/吨;

　　　f_1——面积利用系数,一般取 0.5～0.6。

(2) 仓储库

$$A_2 = \frac{Q_2 \cdot T_2 \cdot K_1 \cdot a_2}{f_2}$$

式中　A_2——仓储库仓储面积,平方米;

　　　Q_2——日均仓储货物最大吞吐量,吨/天;

　　　T_2——货物平均储存期,取 7～9 天;

　　　a_2——平均每吨货物占地面积,根据仓储货物种类、堆码高度确定,对单层仓储库取 1.5～2.5 平方米/吨;

f_2——面积利用系数,一般取 $0.6\sim0.75$。

(3) 仓储货棚

$$A_3 = (0.2\sim0.25)A_2$$

式中 A_3——仓储货棚面积,平方米。

2) 场地设施面积

(1) 货场

$$A_4 = A_5 + A_6$$

$$A_5 = \frac{Q_1 \cdot T_1 \cdot K_2 \cdot a_3}{f_1}$$

$$A_6 = \frac{Q_2 \cdot T_2 \cdot K_2 \cdot a_3}{f_2}$$

式中 A_4——货场面积,平方米;

A_5——中转货场面积,平方米;

A_6——仓储货场面积,平方米;

K_2——入场系数,取 $0.3\sim0.5$;

a_3——平均每吨货物占地面积,取 $0.8\sim1.2$ 平方米/吨。

(2) 装卸(作业)场

① 单面作业装卸(作业)场

$$A_7 = 2 \cdot L \cdot L_t$$

式中 A_7——单面作业装卸(作业)场面积,平方米;

L——仓库总长度,米;

L_t——运输车辆长度,米。

② 双面作业装卸(作业)场

$$A_8 = 2 \cdot A_7$$

(3) 停车场

$$A_9 = 3 \cdot N \cdot F$$

式中 A_9——停车场面积,平方米;

N——日停车数量,辆;

F——车辆投影面积,平方米。

(4) 集装箱堆场

$$S = \frac{D \cdot k \cdot d \cdot E}{T \cdot H \cdot K_g}$$

式中 S——集装箱堆场面积,平方米;

D——集装箱年堆存量,TEU;

k——不均衡系数,取 $1\sim1.5$;

d——集装箱平均堆存期,取 $3\sim20$ 天;

E——每一平面箱位面积,取 60 平方米;

T——年工作天数,取 360 天;

H——集装箱堆码层数,重箱按 3 层堆放,空箱按 4 层堆放;

K_g——堆场高度利用系数,取 0.6～1。

各类设施规模计算均为理论需求规模,在站场平面布局方案过程中应充分考虑并满足以上基本需求规模,并在此基础上,根据站场具体功能和设施的作业流程合理布局,确定具体设施的建设规模。

第三节 站场作业流程

一、站场作业流程设计原则

甩挂运输站场作业流程设计主要遵循以下原则:

(1)尽量避免站内车辆流线、货物流线与装卸作业机具流线之间产生交叉、干扰,合理组织单向环行交通,保证流线顺畅。

(2)流程设计满足场内各个功能区域。各个作业环节的最佳衔接配合,作业流线最短,避免迂回。

(3)最大限度地合理利用场内空间。

二、站场作业总流程

甩挂运输站场具备货物的堆存、仓储、包装、分拣、流通加工、代办结算、货运代理、货运配载、配送等主要的物流服务功能,主要为生产作业和商务服务。

(1)生产作业:主要包括仓储作业、中转作业、分拣作业、装卸作业、包装加工作业和配送作业等。

(2)商务服务:包括物流全过程中与货物数量、质量、作业管理相关的物流信息以及与订、发货和货款支付相关的商流、资金流和信息进行收集、整理与传递,保证物流活动的有效进行。随着网络信息技术的不断运用,电子商务也将越来越普及。

甩挂运输站场作业总流程如图 5-4 所示。

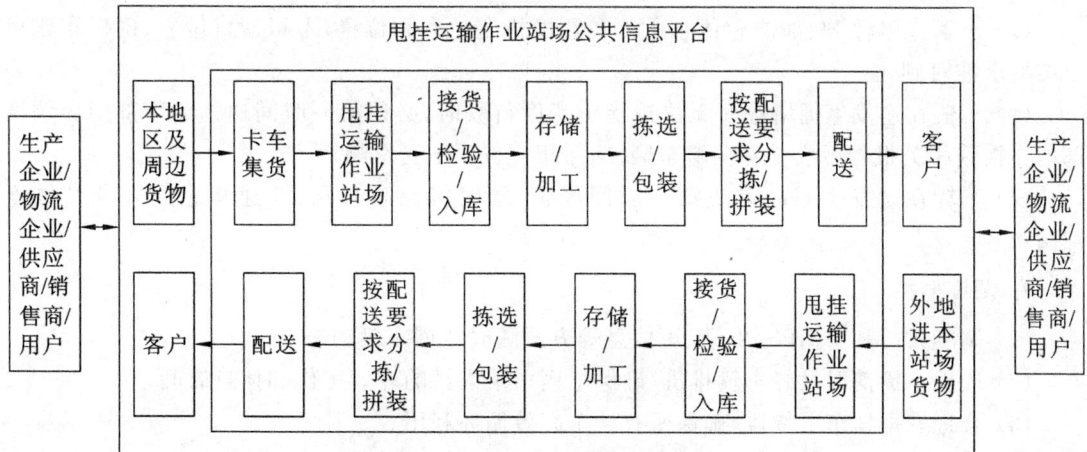

图 5-4 甩挂运输站场作业总流程图

三、甩挂运输车辆作业组织流程

1. 接单验单

车辆进入站场后，转入甩挂作业区，按照仓储的功能划分，停放在不同的仓储库区，由工作人员进行相应运输单证的查验，并对货物进行初步查验，履行相关手续。

2. 车辆甩挂作业

（1）在完成查验后，从牵引车摘下挂车，将挂车停放在甩挂作业区，准备进行卸货作业。

（2）按照甩挂信息调度和指挥中心的指示，在甩挂作业区与甩挂管理人员完成相关单证的交接，包括挂车的相关证件、下一次运输的货运单证等。

（3）牵引车进入停车场，在重挂停车场，挂上已经装载好的挂车出场。

（4）在难以完成牵引车和挂车及时衔接时，牵引车可进入停车场，司乘人员进入生活配套服务区休息、等待。

3. 到货处理

在牵引车进行甩挂作业的同时，由相应的装卸工作人员对摘挂停放在作业区的挂车进行卸货作业，将货物从车辆搬运至仓库。

4. 货物分拣

货物从挂车搬运到仓库后，按照不同货主对货类的要求，对货物进行包装、打条形码、贴标签、分类、刷标记等简单流通加工作业并分区堆存，等待装车出货。

5. 车辆出场

车辆完成甩挂作业后，对待发车辆进行技术安全检查，对牵引车与挂车连接情况进行检查，对车辆保险情况进行检查，确保车辆无隐患发车。在多次安检无异常后，通知调度可以发车，并向驾驶员发放车辆相关证件。在出入口处完成车辆和货物运输单证查验，然后放行。

6. 在途控制

（1）车辆一旦离开站场，要定时报告或由调度询问其到达位置，随时了解车辆动态。

（2）车辆在途停驶、加油和休息必须在调度指定地点和位置，不得擅自做主，确保车辆可以按要求准时到达。

（3）车辆在途发生拥堵等而无法按指定速度行驶时，必须第一时间通知调度部门。调度部门在接到相关报告后应立即调增车辆，确保相应班次不受影响。

（4）车辆在途发生事故后应第一时间报警，同时报保险公司，并通知企业安全及调度部门。

7. 调度监控

（1）调度人员利用 GPS、电话、短信息等方式随时掌握车辆动态。

（2）依据车辆情况做好车辆排班，确保车辆司乘人员的有效工作和休息时间。

（3）合理安排挂车上货位，确保所有挂车高效循环利用。

（4）对脱班、故障车辆及时安排替班车辆，确保各甩挂线路不脱班、准点运营。

（5）向牵引车司机预付往来备用金，安排车辆加油。

8. 结算处理

货物送达目的地后,根据客户要求的回单返回时间,做好回单返回,并按照相关顾客合同的结算周期,做好开票结算。具体流程如图 5-5 所示。

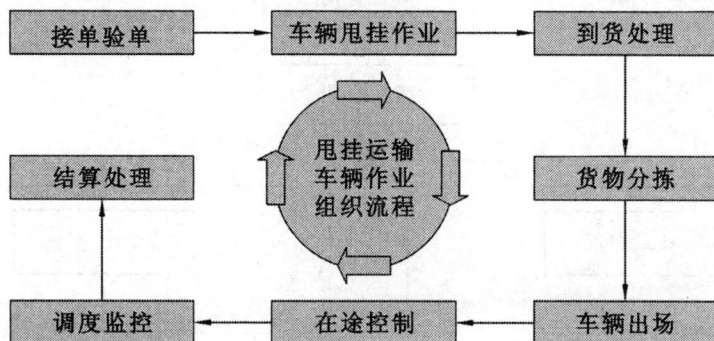

图 5-5　甩挂运输车辆作业组织流程

四、货物、车辆和作业机具流线

在生产作业流程中,货物、车辆与装卸作业机具形成了各自的运动流线,提取并分析这些流线,是平面布局和交通组织的基础。

(1)货物流线

货物流线是站场或物流中心内生产作业的主体流线,车辆和作业机具作为货物载体,其流线与货物流线相配合。按照货物流向可分为到达货物流线与发送货物流线。

到达货物流线如图 5-6 所示。

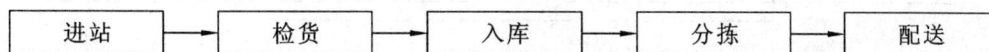

图 5-6　到达货物流线图

发送货物流线如图 5-7 所示。

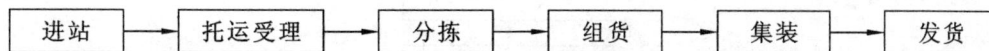

图 5-7　发送货物流线图

(2)车辆流线

甩挂运输车辆从进站到离站的流线如图 5-8 所示。

(3)作业机具流线

主要由作业机具停放点至作业处的往返流线与库场内作业流线组成。

```
            ┌──────────────┐
            │ 牵引车＋挂车到站 │
            └──────┬───────┘
                   │
            ┌──────┴───────┐
            │   检查交接    │
            └──────┬───────┘
                   │
            ┌──────┴───────┐
            │   摘挂作业    │
            └──────┬───────┘
```

挂车	牵引车
挂车卸货	加油、例检
空挂安全检查	停车场等待指令 / 驾驶员调配
空挂上货位	驾驶员和牵引车就位
挂车装载	领取证件
挂车装满封门	驶往重车作业区
进入重车作业区等待牵引车	

```
            ┌──────────────┐
            │     接挂      │
            └──────┬───────┘
                   │
            ┌──────┴───────┐
            │   整车检查    │
            └──────┬───────┘
                   │
            ┌──────┴───────┐
            │ 牵引车＋挂车出站 │
            └──────────────┘
```

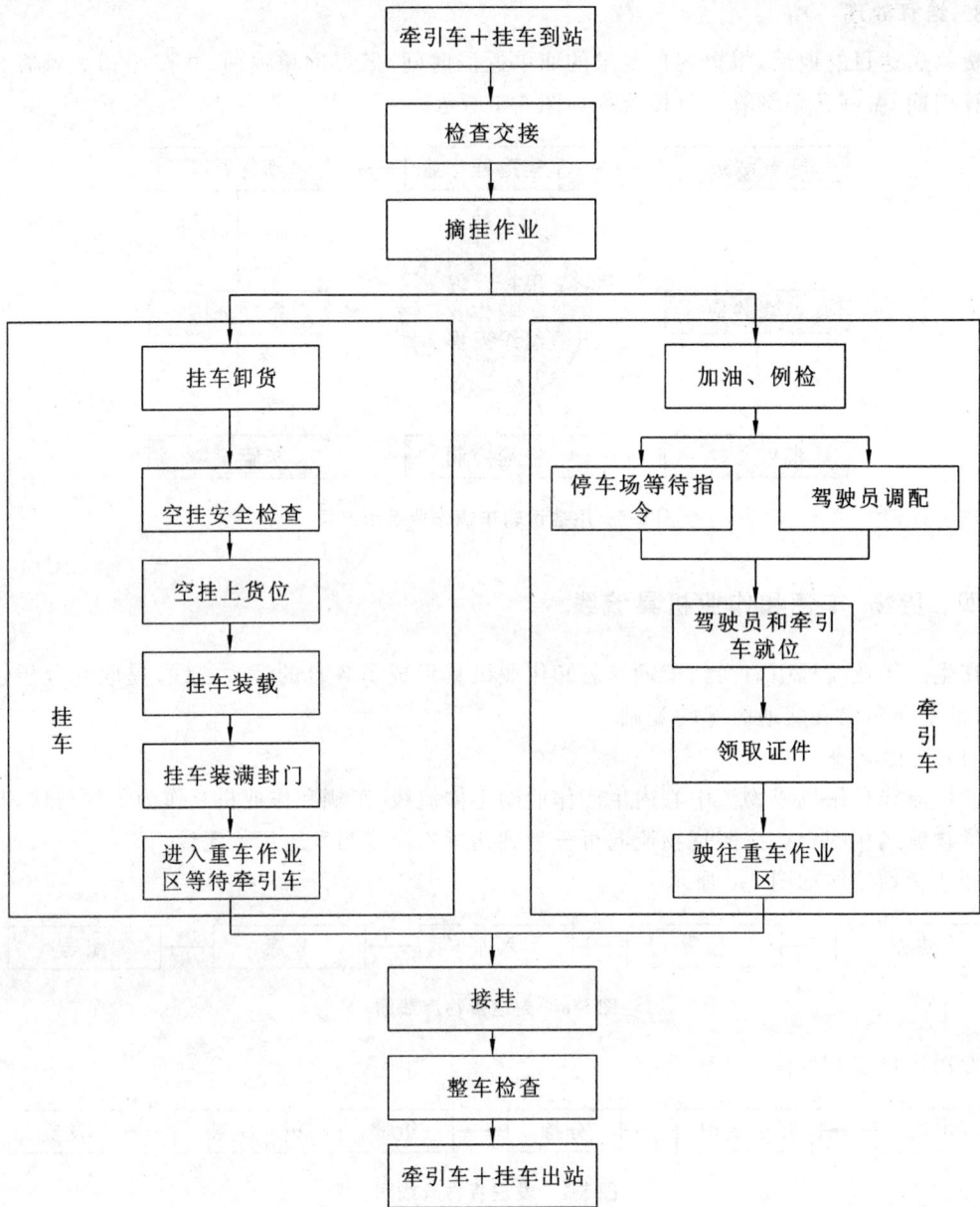

图 5-8　车辆作业流线图

第四节　站场功能区划分

一、站场功能设计

甩挂运输站场的功能应当由站场的运作模式、业务流程、站场条件以及管理角度来决定。建立在甩挂运输基础上的站场,不仅具有运输、存储、装卸搬运、流通加工、物流信息处理等基本功能,还应具备物流金融、物流咨询、保税物流等增值服务功能。此外,为更好地服务于入驻企业及场内工作人员等,站场需设置生产及生活等配套服务。

1. 基本服务功能

1)物流作业功能

(1)仓储及库存管理功能。针对不同的产品,提供不同形式的仓储保管服务,其作业内容一般可以分为接货、保管和发货三个作业程序,达到安全、准确、保质的要求。此外,还应当通过配备的高效率分拣、传递、拣选等设备,为客户提供智能化和个性化的库存管理,例如 VMI 业务、JIT 配送管理、仓单质押业务等,尽可能地降低库存所占用的资金,并通过库存管理及时向客户反应市场销售情况和需求信息。

(2)装卸搬运功能。包括对输送设备的装入、装上和取出、卸下作业,以及对固定设备的出库、入库作业,具体包括堆放拆垛作业、分拣配送作业、搬送移送作业等。此外,还可以通过与场内各企业的合作,提供专业化的装载、卸载、提升、运送、码垛等机械设备,提高装卸搬运效率、降低成本、减少作业对产品的损坏。

(3)多式联运中转功能。利用站场周边的铁路、高速公路、港口、机场等交通设施,在站场内部建立货物联运区,方便经营企业、经营户和运输企业开展中转运输业务。发展包括铁路、货物联运公路等多种运输方式为一体的多式联运业务,承担货物从发货人到收货人的门对门的全程式服务。

(4)包装及流通加工功能。包装作业是将货物盛入包装容器,按统一规定标准进行合理包扎的操作,一般包括拼装、分装、加固换装等作业,最终形成适合于物流配送的组合包装。流通加工主要包括袋装、定量化小包装、挂牌子、贴标签、配货、拣选、分类、混装、刷标记等。

2)运输组织及货物集散功能

(1)运输组织功能。包括三个部分,即货物发运、货物接运和货物中转。其中,货物发运主要有零担发运、整车发运和包裹发运三种方式。货物发运具体包含组配、制单、办理托运手续、送单、预报、结算、统计归档等七个主要步骤;货物接运是承运部门协助货主对货物进行点验接收工作;货物中转是由于受交通线路及其他因素影响,必须经过换装才能达到目的的运输作业。在运输组织方式上采用甩挂运输。

(2)车辆集散功能。甩挂运输站场一般交通条件优越,可为长途过境货车提供车辆集散服务,以及相应配套的后勤保障服务,也可发展为周边零担班线运输、集装箱运输与城市配送的交换基地,缓解大型货车对城区交通的干扰。

3)信息交易配载功能

为车主、货主提供基本的信息交易服务场所的同时,站场还应通过构筑公共信息平台方式,利用网络技术提供相关信息服务,引导入驻企业进行规范管理,提升信息交易水平和效率。

按照现代物流的理念,在物流信息交易方式上并不主张设立以硬件形式为代表的类似于股票交易所的固定交易场所,应尽量节约实体空间,充分利用虚拟空间,将传统的业务洽谈搬到广域网上,建设货运信息交易中心,实现“一次手续、一次付款、一票到底、全程服务”,从而提高运输效率。

2. 增值服务功能

(1)物流金融功能。通过与银行、担保、保险等金融机构的合作,提供动产质押贷款、仓单质押融资和买方信贷等业务。

（2）物流技术开发与系统设计功能。吸引相关高科技企业入园,利用物流企业密集优势,发展物流软件开发与物流设施设备开发业务。

（3）物流咨询培训服务功能。利用站场运作成功经验及相关物流合作和发展的信息优势,吸引物流咨询企业进驻发展,利用多方合作优势,开展物流人才培训业务。

（4）保税物流功能。利用项目所在区域的产业优势,结合产品进出口货物需求,开展保税仓储、国际物流配送、保税加工等业务。

3. 配套服务功能

（1）生产配套服务。站场内应配备必要的设施、设备,为各类进站车辆提供安全检测、保养修理以及车辆停放、清洗、加油、修理等服务。对车的附加服务:停车、洗车、修车;对集装箱的附加服务:熏蒸、清洗、维修。

（2）金融配套服务。提供银行、保险等基本金融服务设施,以及担保金、会员费、仓单质押、货运保险等物流金融服务。

（3）生活配套服务。站场内设置功能齐全的辅助生活设施,实行有偿服务。为货主、承运人和广大商户提供良好的通信、交通、住宿、餐饮、娱乐以及其他相关服务。

（4）办公配套服务。主要为政府相关机构的入驻创造条件,积极协调政府相关管理和服务部门入驻,如工商、运管、税务等机构。

甩挂运输站场功能设计如图 5-9 所示。

二、站场功能分区原则

1. 公路交叉最小化

在站场功能分区时,需重点考虑如何利用已有公路交通实际情况,一方面避免各地块之间受到路口平交的不良影响,另一方面考虑如何利用各运输方式,促进多式联运的无缝衔接。

2. 地块规则化

功能分区规则化有利于站场内公路的规划建设和后续的功能分区平面布局,而且还可以有效提高站场土地利用率。若用地内部有河流、铁路、水库等已有条件影响功能分区的划分,则不可能完全形成规则的形状,因此,功能分区要综合考虑实际约束条件进行规则化划分。

3. 展示企业良好形象

站场是主体开发企业的一张名片,在进行功能分区时要结合站场功能定位和主体开发企业的特征,尽可能符合所处地区和企业的风格,展示企业良好形象。

三、站场功能区设置

根据站场功能设计,站场功能区可划分为:综合办公区、甩挂运输仓储区、堆存区、甩挂停车区、配套服务区、保税物流区、多式联运区等作业功能区。

1. 综合办公区

综合办公区主要为驾驶员、装卸人员、管理员以及站场内工作人员提供行政办公服务,主要包括信息服务中心和商务办公区。其中,信息服务中心,包括数据中心和信息服务大厅、各类用户终端等设施,依托站场信息管理系统和物流公共信息服务平台,为广大客户提供物流等

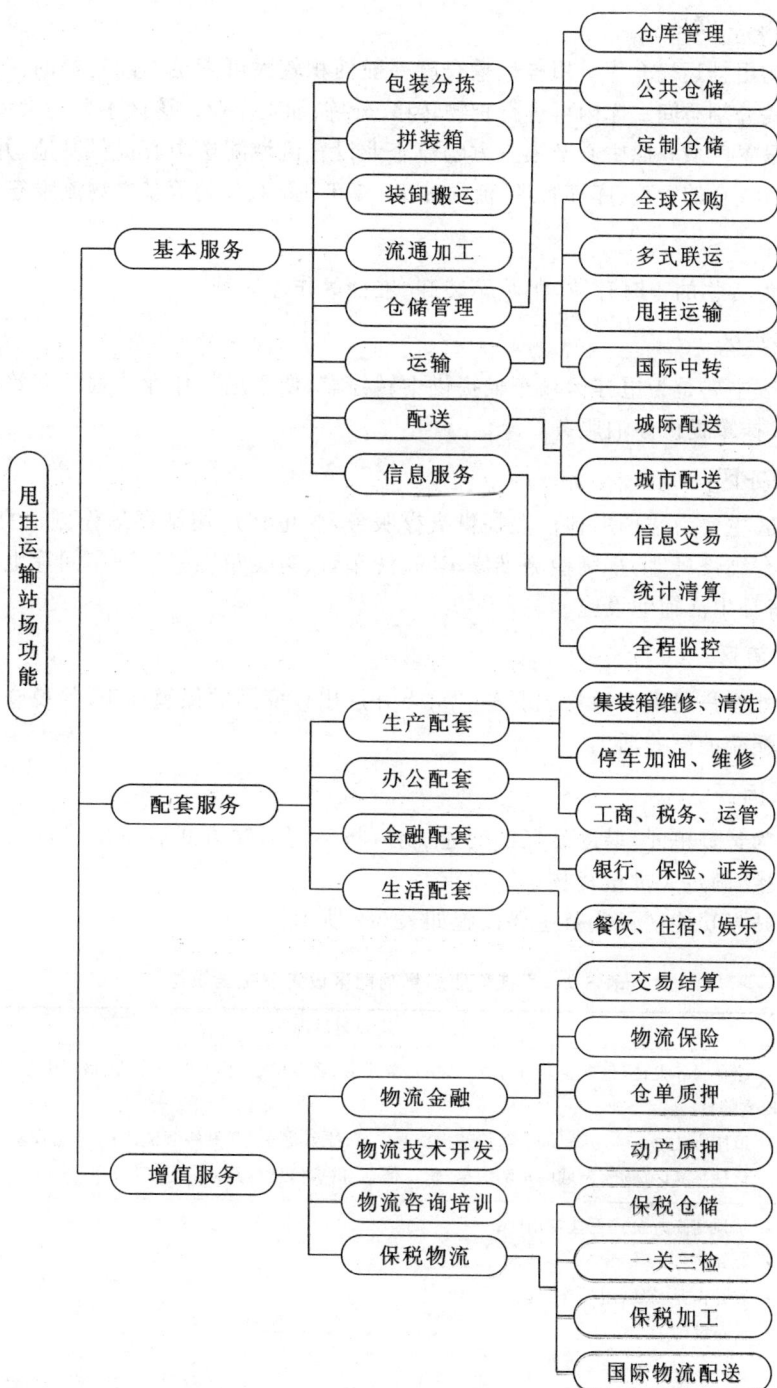

图 5-9　甩挂运输站场功能设计

信息服务。商务办公区,设有站场运营管理中心、财务结算中心、客服中心、物业管理中心等。其他设施包括知名品牌物流企业和物流关联企业区域营运中心或管理中心、研发中心、物流咨询培训中心等,提供高端商务服务。

2. 甩挂运输仓储区

主要设施为甩挂运输仓库。甩挂运输仓库一般面积较大可满足不同货物的存储要求,可进一步划分区域或分割空间。库内可进行货物转移、分拣、加工作业。该区主要为大型工业企业及商贸流通企业设置区域仓储中心及第三方物流企业设置区域配送中心提供基地,并充分运用优势,开展区域配送、仓储管理、库存管理、流通加工、装卸、搬运、包装等基本物流服务。

3. 堆存区

该区主要为货物的零时存放,集装箱装卸、堆存等作业区域。

4. 甩挂停车区

甩挂停车区主要是为甩挂运输车辆提供中转停靠,便于甩挂作业流程的有效衔接,为摘挂的牵引车、重载挂车提供停泊服务。

5. 配套服务区

配套服务区主要为站场甩挂作业提供支撑服务,为甩挂运输站场运作创造良好的作业环境。该区布置有维修场地、车辆检测维修车间、洗车台、集装箱维修清理车间等生产辅助设施,以及餐饮、住宿等生活辅助设施。

6. 保税物流区

面向国内外客户提供保税物流服务。重点开展出口商品的保税加工、保税仓储、保税中转服务以及其他配套的商务活动等。

7. 多式联运区

以集装箱为运输单元,借助站场的交通优势,将不同运输方式有机地组合在一起,实现水陆空的无缝衔接,满足大批量货物运输需求。

甩挂作业站场功能区设置及主要设施如表 5-2 所示。

表 5-2　甩挂作业站场功能区设置及主要设施

功能区	主要建设内容
综合办公区	· 综合服务大楼(包含企业自有办公室、财务中心、客服中心、物业管理中心、培训中心、资料室、器材室、接待室等); · 甩挂信息中心(牵引车 GPS 监控及指挥调度室、挂车动态监管和视频监控室、仓储管理信息系统中心); · 信息交易区(物流领域的车辆信息、货运信息、供求信息等其他信息交易)
甩挂运输仓储区	· 带顶棚高月台式甩挂专用库; · 装卸平台; · 装卸作业场地(甩挂作业区); · 公路设施
堆存区	· 堆存场地; · 公路设施; · 装卸设备; · 集装箱拆装箱设施
甩挂停车区	· 停车设施; · 视频监控设施; · 公路设施

功能区	主要建设内容
配套服务区	· 维修场地； · 维修设施； · 维修车间； · 生产辅助设施（如门禁管理区、场区公路、警卫室、地磅房、配电房、绿化及景观等）； · 餐厅等餐饮服务设施； · 司乘公寓等住宿设施
多式联运区	· 流通加工库； · 装卸作业场地； · 公路设施； · 车源中心（停车场）； · 箱源中心（集装箱堆场）； · 集并中心（集装箱装拆箱库）
保税物流区	· 带顶棚高月台式各类保税仓库； · 装卸平台； · 装卸作业场地； · 公路设施

第五节　站场平面布局

一、平面布局原则

甩挂运输站场平面布置的基本出发点是要有系统的观点和整合的观点，兼顾各方面要求，合理布局，追求整体效果。一般应遵循以下原则：

（1）以基本业务为中心。甩挂运输站场平面布置首先应以基本业务为中心，满足基本业务流程的要求。基本业务是站场的主体，与它有密切联系的其他各种业务部门要尽可能与它有方便的联系通道。

（2）符合流程要求。甩挂运输站场的业务流程往往要在车流、货流、人流等的交叉运行条件下展开，各种设施设备的布置应符合甩挂运输工艺流程的要求，保证流程的顺畅。

（3）最优化。甩挂运输站场的业务过程是一个有机整体，在满足流程要求的前提下，要尽可能寻求场内车流的最小交通量的布置方案，充分利用科学合理的运输组织模式，提高运输效率，同时充分利用各种并不规则的站场建设用地。

（4）适应发展的需要。为了适应站场未来发展的需要，在进行设施布置时，必须考虑预留出必要的扩展空间。当然，留有一定的发展空间不应是盲目的，而应在科学的战略和规划指导下进行。此外，发展空间在现状和未来的布局和功能设置上可采用置换的方式实现。

二、平面布局方法

平面布局就是为了满足某一目标，对各功能区进行空间位置合理规划的过程。区域平面

布局的方法有很多种,常用方法可总结为以下几类:

1. 传统图解方式

(1) 摆样法

这是一种较早的平面布局方法,它将不同布局区域按一定比例制成样片,在同一比例的平面图纸上表示区域设施的组成、设备或活动,通过对相关性的分析,对样片进行调整得到较好的布局方案。这种方法适宜于简单的系统布局,当情况复杂时需要花费较多的时间,因此不宜采用。

(2) 图解法

这种方法产生于 20 世纪 50 年代,常见的有运输行程图、简化布置规划法和螺线规划法等。这种方法的优点是将摆样法与数学模型相结合,但是目前使用较少。

2. 数学模型法

运用运筹学、系统工程中的模型优化技术,如线性规划、随机规划、多目标规划、运输问题、排队论等,研究最优布局方案,通过数学模型提高系统布置的精确性和效率。但是用数学模型解决布局问题有两大困难点:一是当问题的条件过于复杂时,数学模型很难得到符合实际要求的准确结果;二是布局设计最终希望得到布局图,但是用数学模型得不到。利用数学模型和 CAD 相结合的系统布局软件是解决问题的较好方法之一。

3. 计算机辅助设计法

(1) 自动布置设计程序法(ALDEP)

ALDEP 是基于凑合法的布置设计的算法。它的工作原理是按照物流系统作业单位之间的密切程度等级进行平面布置。ALDEP 是一个构造程序,等于从一张空白的设计纸开始,从众多的候选作业单位中,随机挑选一个作业单位到空白的设计图中,然后根据与其最密切的关系再选取下一个作业单位。这个过程直到所有高密切程度的作业单位摆放完毕。然后再选择密切程度稍差的作业单位进行摆放,直到应该摆放的所有作业单位都摆放完毕为止。

(2) 计算机化关系布局规划法(CORELAP)

和 ALDEP 一样,这种构造算法也是根据作业单位间的密切程度来选择和摆放作业单位。CORELAP 用长方形的作业单位进行构造布置。根据对作业单位密切程度的权重赋值,从非常重要到不重要分别赋值 6 到 1,用以计算各作业单位总密切程度等级 TCR。TCR 表示一个作业单位与另一个作业单位之间的彼此可接受性。CORELAP 也是从一张白纸开始,先将TCR 最大值的作业单位 1 放在纸上,然后扫描各作业单位密切程度表,将与 1 有密切关系的作业单位再放在边上,接着再选择其他有密切关系的作业单位摆放,直到应该摆放的作业单位都摆放完毕。与 ALDEP 方法不同的是,CORELAP 使用了摆放等级和边界长度参数。前者根据准备放上去的新作业单位和已在图上的将分享共同边界的相邻作业单位的权重等级之和来决定选择何者。权重等级由用户自己规定,比如绝对密切的关系的权为 200,非常密切的权为 100,密切的关系权为 50,一般的关系权为 10,不密切的权为 0,还有负的密切关系,权为—200。

(3) 定量布局程序法(CRAFT)

和基于密切程度等级的 ALDEP 和 CORELAP 相反,CRAFT 使用物流信息或从制表上累加而得出的作业单位物流强度。为此,CRAFT 被称为定量布置程序,而前两个方法被称为定性布置程序。CRAFT 是一种改进程序。这意味着 CRAFT 接受一项初始布置设计并用顺序方式成对交换作业单位的位置,试图做出改进。几个设计方案相互比较时,CRAFT用物品搬移或运输成本作为评价标准,运输成本用移动距离的线性函数来表示。

(4) 多层设施定量布置程序法(MULTIPLE)

MULTIPLE 是 CRAFT 的改进型。它可以用于多层楼房设施布置设计,也可以用于单层仓库设计。与 CRAFT一样,MULTIPLE 使用物流量信息、目标函数和搜索程序。MULTIPLE 用优化程序产生改进的布置方案。和 CRAFT 不同,它没有在非邻接作业单位之间设置不能交换的限制,所以允许任何作业单位位置做双向交换。MULTIPLE 的主要特征是采用空间填充曲线,用于构造布置以及用以表示作业单位布置的空间。除此之外,MULTIPLE 在求解过程中没有什么重要改进。

4. 系统布局规划设计法(SLP)

SLP 法是平面布局中最具代表性的一种布局方法。由于最初的布局方法都是定性的设计方法,因此,设计结果常常与需求相距甚远,造成资源的浪费,而 SLP 法的提出使布局设计由定性阶段发展到定量阶段。它以大量的图表分析和图形模型为手段,把量的概念引入设计分析的全过程,通过引入量化的关系等级的概念,建立各个作业单元之间的物流相关性和非物流相关性图表,从而构成布置设计的模型。它是目前布局设计的主流方法。

SLP 的基本出发点是用量化的作业单位相互关系密切程度来评定各作业单位之间的相关程度。所以,采用 SLP 法进行平面布局的首要工作是对各作业单位之间的相互关系作分析(包括物流相互关系及非物流相互关系)。相互关系密切程度由高到低分别用字母 A、E、I、O、U、X 和相应的 4、3、2、1、0、−1 数值表示,如表5-3所示。也可顺便列出导致不同关系的原因,将物流与非物流相互关系进行综合,得到作业单位 i 与其他作业单位 j 之间的关系密切程度 CR_{ij},并分别求出各作业单位总的关系密切程度 $TCR_i = \sum_{j=1}^{n} CR_{ij}$。在计算 CR_{ij} 时要确定物流关系和非物流关系的权重。一般认为,物流关系与非物流关系之间的比重介于 1:3～3:1。当比值小于 1:3时,说明物流因素对布局的影响非常小,布局时只考虑非物流的相互关系即可;当比值大于 3:1时,说明物流关系占主导地位,布置时只需要考虑物流相互关系的影响。鉴于其生产作业的性质,在站场功能区的布置中,物流关系与非物流关系的相对重要性比值一般取 $m:n=3:1$。汇总所有作业单位的综合接近程度值 TCR_i,得到作业单元综合关系表。根据作业单元综合关系表中各作业单元的综合接近程度安排各作业单位的位置,先行布置 TCR_i 最高的作业单位,然后布置与该部门相互关系为 A 级的部门,然后是 E 级部门……依次布置所有部门,最终得到一张根据相互关系密切程度布置的作业单元位置相关图。

表 5-3 SLP 法中对相互关系密切程度的描述

关系密切程度分类					
密切程度	绝对	特别	密切	一般	不密切	不考虑
代号	A	E	I	O	U	X
分值	4	3	2	1	0	−1
关系密切原因					
代号	1	2	3	4	5	6
关系密切原因	作业流程连续	公用设备和人员	监督管理	人员文件联系	环境卫生	物流作业

第六节 案例分析

某甩挂运输站场,占地面积 33000 m²,选址于国家级经济技术开发区内,临近港口及 3 条高速公路,辐射范围广,发展空间大,具有较强的区位优势和建成一流现代甩挂运输站场的条件。站场周边集聚着一大批重大临港产业项目,依托开发区内较为成熟的临港产业集群,配套产业优势明显,发展临港工业配套服务业的空间大,便利度高。

站场具有甩挂作业功能、仓储物流配送功能、车辆停放及监管功能和配套服务功能。依据站场功能,按不同的属性类别归并和整合,将站场功能区划分为装卸作业区、堆存区、仓储区、停车区、综合办公区和生活服务区等。

本布局方案基于 SLP 基本思想,根据已划分出的功能区和站场作业流程情况,研究各功能区之间的相互关系。根据各功能区之间相互关系的密切程度决定各功能区之间距离的远近,绘制出相应的位置关系图,进而得出可行的布局方案。

一、SLP 功能区相关性分析

采用 SLP 进行平面布局的首要工作是对各作业功能区之间的相互关系做出分析。各功能区之间的关系包括物流和非物流的相关关系,其关系分析主要通过各功能区之间的关系等级表来体现。主要考虑因素有作业流程的连续性、作业相关度、管理的便利性、人员联系的便捷性和环境安全因素等。关系密切程度由高至低分别用 A、E、I、O、U、X 字母及相应的分值给出相应的评价。作业相关等级如表 5-3 所示,各功能区之间原始关系等级如图 5-10 所示。

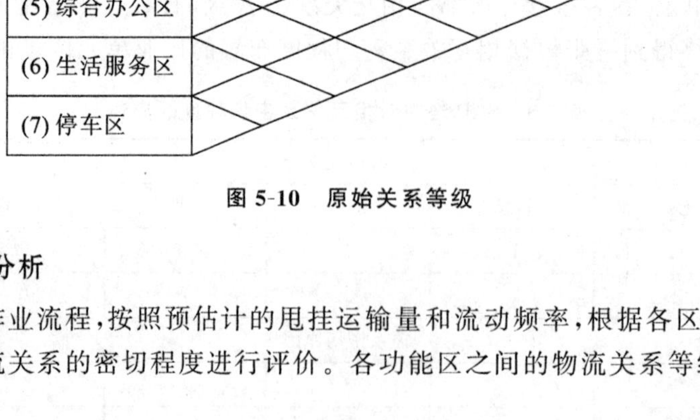

图 5-10 原始关系等级

1. 物流关系分析

结合站场的作业流程,按照预估计的甩挂运输量和流动频率,根据各区之间的联系强度,对各功能区的物流关系的密切程度进行评价。各功能区之间的物流关系等级和赋值如图5-11和图 5-12 所示。

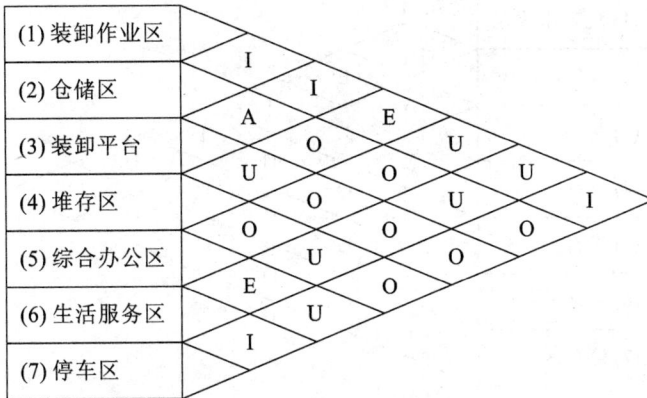

图 5-11　功能区间物流关系等级

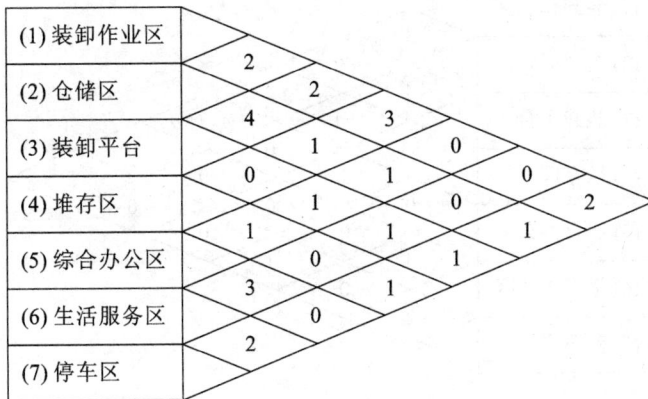

图 5-12　功能区间物流关系等级赋值

2. 非物流关系分析

甩挂运输站场布局优化的目标不仅要实现站场内部物流顺畅,还要使组织和管理便利,人员、信息的流动顺畅。因此除各功能区之间物流关系,环境关系和管理关系等非物流因素也会影响功能区之间的关系。非物流关系主要考虑因素有:

(1) 功能区相关程度。由于甩挂作业的需要,各功能区之间形成的关系密切程度,比如作业性质相似度、流程顺序及是否可共用作业空间设备等。

(2) 环境关系。考虑操作环境和安全需要而保持的关系,包括两类:一是货物安全,包括防火、防潮、防盗等因素;二是人员安全,包括作业安全、工作环境改善等。

(3) 管理关系。主要包括甩挂作业管理和甩挂组织管理两方面。甩挂作业管理是指对甩挂作业操作管理和业务之间联系的管理。甩挂组织管理是指建立在甩挂站场各组织部门之间的管理及进行相互监督。

(4) 其他特殊原因。这里是指针对某些特殊需要或者考虑满足某些客户特殊要求而使某些功能区之间靠近或者远离。

根据以上因素,采用相互关系图表进行描述。各区之间的非物流关系等级和赋值如图5-13和图5-14所示。

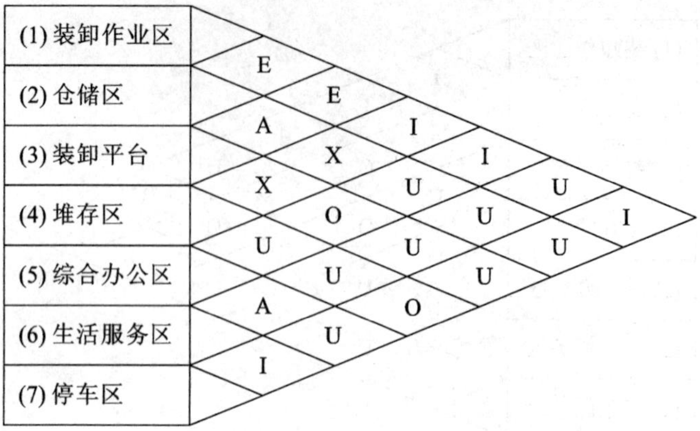

图 5-13　功能区间非物流关系等级

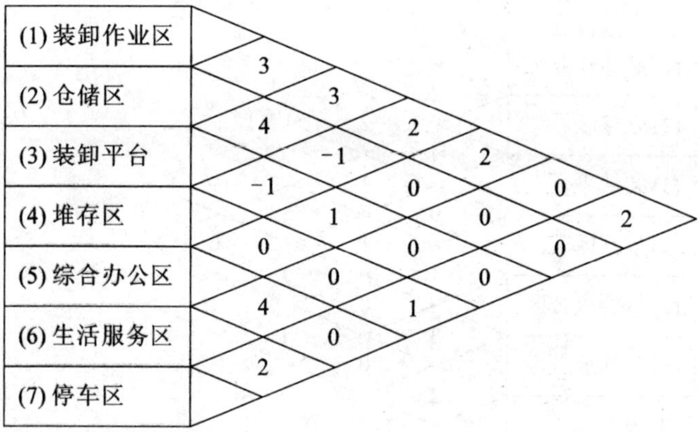

图 5-14　功能区间非物流关系等级赋值

3. 综合关系

根据功能区间物流关系等级和非物流关系等级，按加权法来计算功能区的综合相互关系。一般物流与非物流之间的比重介于 1:3～3:1 之间。介于本站场布局物流关系占有相对重要的位置，因此本站场物流与非物流之间加权比值选定为 3:1。则各功能区之间的综合物流关系赋值和等级如图 5-15 和图 5-16 所示。

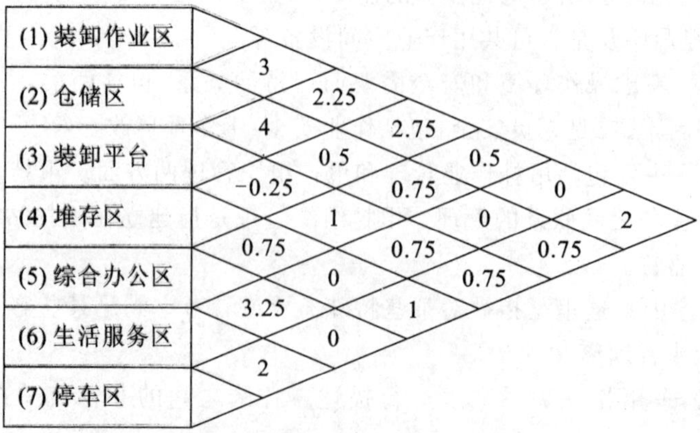

图 5-15　各功能区综合关系分值

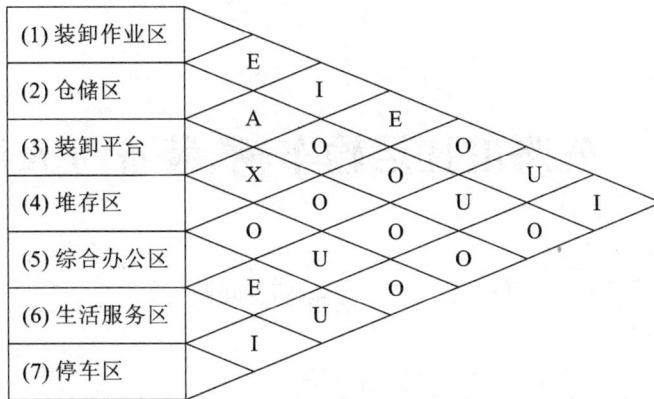

图 5-16　各功能区综合关系等级

二、SLP 布置设计

甩挂运输站场的平面布置从各功能区间综合相互关系密切程度出发,安排各功能区之间的相对位置。关系密切程度高的功能区之间距离近,关系密切程度低的功能区之间距离远。在平面布置时,据各区域综合相互关系级别高低按顺序先后来确定不同级别功能区的位置,而同一级别的功能区按综合接近程度的分值高低顺序进行布置。

按照所述关系图布局方法,运用 SLP 方法对各功能区进行布局,得出各功能分区之间的逻辑关系。首先,选出与其他功能区关联度最为紧密的功能区,在这里首先布局仓储区,然后在与仓储区具有 A 关系的其他功能区中选择与其他功能区关联度最大的一个,可见装卸平台为第二个布局块。以此类推,总是选择与已有布局块和未布局块具有最大关联的功能区,直至所有的功能区块全部完成布局。

最终平面图如图 5-17 所示。

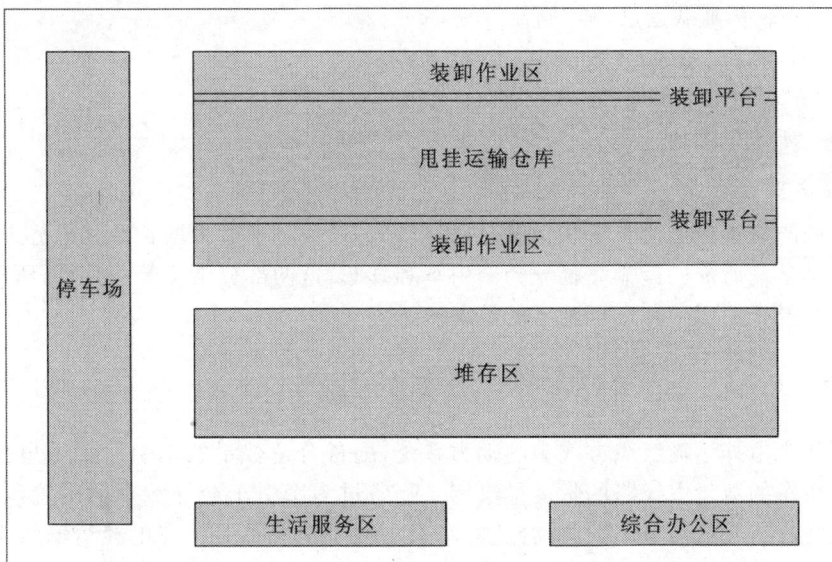

图 5-17　SLP 布局方案图

第六章　公路甩挂运输车辆、装备与人员配置

第一节　运输车辆配置

一、车辆配置方法

线路运力的合理配置是道路资源优化配置的关键内容。在实际执行过程中,运营车辆始终要面对十分复杂的道路行车环境,同时还要面临诸如天气变化、货物流量波动、交通事故等异常情况。因此,会出现由于运力冗余量不足而导致的车辆配备系统不稳定等问题。车辆的合理配置是一个关乎企业线路发展的重要问题。国内外关于车辆配置的方法主要有货运周转量法和同比例增长法。

1. 货运周转量法

根据调查或预测所得到的企业货物周转量以及其他一些相关系数计算企业所需车辆数。

$$W = \frac{Ma}{Vhmkn} \tag{6-1}$$

式中　M——企业货物周转量,吨千米;

　　　a——季节不均衡系数;

　　　V——车辆运营速度,千米/小时;

　　　h——车辆每日工作时间,小时;

　　　m——车辆标准载运量,吨/辆;

　　　k——日均满载系数;

　　　n——车辆利用率,%;

　　　W——所需车辆数,辆。

2. 同比例增长法

车辆增长与货运量的增长密切相关,可根据车辆增长和货运量增长及其趋势进行计算。

由于甩挂运输所需的运输车辆分为牵引车和挂车,这两部分不能等同计算,所以本书按牵引车和挂车分类介绍每一种车辆配置的情况。

二、牵引车配置

牵引车作为甩挂运输组织方式中的动力系统,配备合适数量的牵引车关乎甩挂运输优势的发挥。牵引车的数量由线路的货运量决定。配备过多牵引车会导致车辆闲置,若配备过少又不能满足货物运输的需求。因此,合适的牵引车数量至关重要。在甩挂运输组织方式比较成熟的阶段,牵引车和挂车可以在所有的甩挂运输站场进站作业,也就是运力配置要考虑全部线路的情况而不是只考虑单个线路,即需要统筹考虑所有线路的货运量来统一安排。而在甩

挂运输试点阶段,由于管理上缺乏足够的经验、信息系统尚不完善和管理人员不足,企业通常的做法是按照不同的线路分别进行牵引车和挂车的配置。

牵引车配车数量采用式(6-2)计算。

$$N = \sum N_i \tag{6-2}$$

式中　N——企业所需牵引车配置总数;

　　　N_i——第 i 条线路的配车数;

　　　i——第 i 条线路。

第 i 条线路 N_i 牵引车配置采用式(6-3)计算:

$$N_i = \frac{D_i}{Q_i \cdot T_i \cdot d_i \cdot \eta_1 \cdot \eta_2} \tag{6-3}$$

式中　N_i——某一具体线路牵引车配车数量,辆;

　　　D_i——特征年具体线路单向最大货运量,吨/年;

　　　Q_i——牵引车运行天数,天/年,一般不超过 330 天;

　　　T_i——牵引车运行次数,次/天;

　　　d_i——挂车核定载重吨数,吨/辆;

　　　η_1——吨位利用率,%。

　　　η_2——里程利用率,%。

挂车核定载重吨数以国家牵引车车辆出场标准 30 吨为准,吨位利用率以每条线路的具体数据为准。由于现处于甩挂运输的试点推广阶段,此方法存在一定的局限性,随着甩挂运输的推广,牵引车的计算方法也会不断地更新改进,从而更好地达到甩挂运输发展的要求,使得甩挂运输运行效率更高。

三、挂车配置

甩挂运输实质就是牵引车和挂车分开运作的运输方式,其关键核心是通过一车多挂的方式来提高货物的装卸与运输效率,从而减少货物装卸等待时间,缩减货物运输成本,达到货物的高效运输。在甩挂运输模式中,设置合理的挂车数量十分关键。如果挂车数量不足,牵引车会增加等待挂车的时间,进而影响甩挂运输的效率。如果挂车数量过剩,挂车非作业时间增加,会增加购置挂车的成本。通常来讲,挂车数量的确定与车辆在途运行时间、装卸时间以及该线路投入牵引车车辆数关系密切。

某条线路的挂车配比数量具体可根据式(6-4)测算。

$$N_{2i} = N_{1i} + N_{ai} + N_{bi} + \cdots N_{ni} \tag{6-4}$$

式中　N_{2i}——第 i 条线路配置挂车数量;

　　　N_{1i}——第 i 条线路配置牵引车车辆数;

　　　N_{ai}——第 i 条线路 a 端站场预留挂车数量;

　　　N_{bi}——第 i 条线路 b 端站场预留挂车数量;

　　　N_{ni}——第 i 条线路 n 端站场预留挂车数量。

$$N_{ai} = \text{INT}\left(\frac{T_{ai}}{T_{1i}} - 0.001\right) + 1$$

式中　T_{ai}——第 i 条线路 a 端站场中装卸时间,小时。

$$N_{bi} = \text{INT}\left(\frac{T_{bi}}{T_{1i}} - 0.001\right) + 1$$

式中　T_{bi}——第 i 条线路 b 端站场中装卸时间,小时。

$$N_{ni} = \text{INT}\left(\frac{T_{ni}}{T_{1i}} - 0.001\right) + 1$$

式中　T_{ni}——第 i 条线路 n 端站场中装卸时间,小时。

$$T_{1i} = \frac{T_{2i} \times 2}{N_{1i} \times r_i}$$

式中　T_{1i}——第 i 条线路上两牵引车发车间距时间,小时;

　　　T_{2i}——第 i 条线路单趟在途运行时间与进站趟检时间之和,小时;

　　　N_{1i}——第 i 条线路配置牵引车车辆数,辆;

　　　r_i——第 i 条线路上两牵引车发车间距时间调节系数,一般取 1.0～1.2。

通过分线路计算每条线路所需挂车数量得出企业所需的总挂车数量。挂车数量是否合理是甩挂运输高效运行的关键所在。因此,挂车的数量需要根据线路的货物运输量不断调整从而达到最佳的数量。

第二节　作业人员配置

一、司机

作为车辆的动力驾驶者,司机配置需要考虑的最重要的因素是不能产生疲劳驾驶。在行车中,疲劳驾驶易使司机困倦瞌睡、四肢无力、反应迟钝,不能及时发现路面交通情况并采取准确的驾驶操控措施,极易发生交通事故。《道路交通安全法实施条例》第六十二条规定:不得连续驾驶机动车超过 4 小时未停车休息或者停车休息时间少于 20 分钟。因此,应按线路距离不同来配置司机,按车辆每小时行驶 60 千米计算,线路单向距离少于 240 千米,每辆牵引车配置一名驾驶员,超过 240 千米应配置两名驾驶员。

二、装卸人员

装卸人员的配置既要保证货物能及时装卸,又要考虑费用的最小化。装卸人员的科学管理与编组是实现快速高效装卸的前提与基础。按照车辆的载货量将车辆分为小型车辆、中型车辆、大型车辆三种。具体的划分标准为:载货量小于等于 5 吨的车辆为小型车辆,大于 5 吨但小于等于 10 吨的为中型车辆,大于 10 吨小于 40 吨的车辆为大型车辆。装卸人员从 1 人逐步增加到 10 人,一次给小、中、大型车辆装车的装车效率,如表 6-1 所示。

表 6-1　小、中、大型车辆的装车效率

人数	装车效率(吨/小时·人)		
	小型车辆	中型车辆	大型车辆
1	0	0	0
2	0.32	0.29	0.20
3	0.84	0.43	0.38

人数	装车效率（吨/小时·人）		
	小型车辆	中型车辆	大型车辆
4	1.32	0.89	0.52
5	1.49	1.41	0.72
6	1.50	1.48	1.11
7	1.50	1.49	1.35
8	—	1.49	1.41
9	—	—	1.43
10	—	—	1.48

根据数据表绘制出的小、中、大型车辆的装车效率如图 6-1 所示。

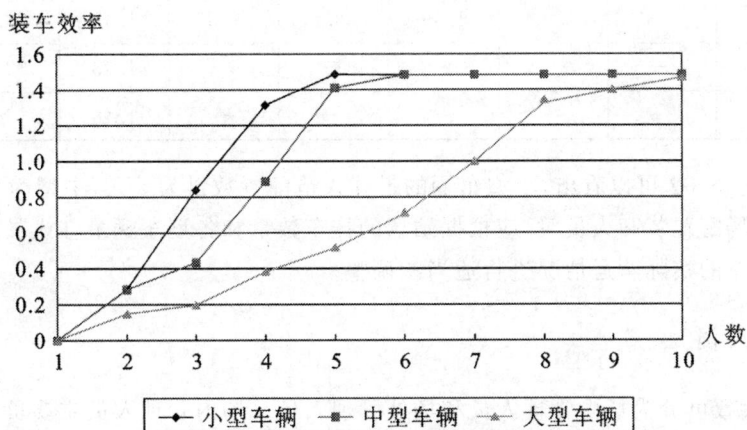

图 6-1　小、中、大车辆的装车效率

由图 6-1 可见，三种车辆的装车效率具有共同的特征，效率先缓慢增长，然后急速增加，而后又缓慢增长，最后进入一个平台后停止增长。根据装车效率的增长情况将图形划分为如下三个阶段：

（1）效率缓慢上升阶段：这个阶段的特点是人数少，效率低，效率随着人数的增加而增加，但增长速度很小，即边际效率偏低；

（2）效率急剧上升阶段：这个阶段的特点是随着人员的增加而急剧增长，边际效率最高；

（3）效率趋于平台阶段：这个阶段的特点是效率随着人员的增加而趋于平稳，即人员增加，效率不再提升，边际效率为零。

根据以上分析，可以初步确定装卸工人每个编组的人员数量应当位于第二阶段。

为确定具体的装卸人员数量，将利用效率费用来进一步确定具体的人员数量，计算方法如下：

$$效率费用 = \frac{费用指数}{效率指数}$$

$$效率指数 = 装车效率$$

$$费用指数 = \left(\frac{人员数量 \times 日工资}{1000} \right) \times 360$$

表 6-2　小、中、大型车辆的效率费用

人数	小型车辆			中型车辆			大型车辆		
	效率指数	费用指数	效率费用	效率指数	费用指数	效率费用	效率指数	费用指数	效率费用
1	0	—	—	0	—	—	0	—	—
2	0.32	7.2	22.50	0.29	7.2	24.83	0.20	7.2	36.00
3	0.84	10.8	12.86	0.43	10.8	25.12	0.38	10.8	28.42
4	1.32	14.4	10.91	0.89	14.4	16.18	0.52	14.4	27.69
5	1.49	18	12.08	1.41	18	12.77	0.72	18	25.00
6	1.5	21.6	14.40	1.48	21.6	14.59	1.11	21.6	19.46
7	1.5	25.2	16.80	1.49	25.2	16.91	1.35	25.2	18.67
8	—	—	—	1.49	28.8	19.33	1.41	28.8	20.43
9							1.43	32.4	22.66
10							1.48	36	24.32

从效率费用表 6-2 可以看出,小型车辆的最佳人员配置数量为 4 人,中型为 5 人,大型为 7 人。因此,在站场配置装卸人员时,应根据站场的挂车数量和各型车辆最佳人员配置数量来配置,并可根据企业的实际营运情况进行适当的调整。

三、管理人员

管理人员大致可分为场内管理人员和场外管理人员。场内管理人员主要负责站场设备检查、维修、保养,对场内从事工作人员的管理。场外管理人员主要负责线路的营运和司机的在途运输,进行安全运行检查。通常情况下,管理人员可按驾驶员和装卸人员的总数的一定比例计提,一般按 $\frac{1}{10} \sim \frac{1}{30}$ 计算。

第三节　甩挂运输装备配置

一、甩挂运输装备配置原则

因为物流装备价值高,一次性投资较大,在进行物流装备配备时,必须进行有效的数据测算和合理的规划。物流装备的配备是企业决策的核心内容与关键点,也是设备购入后设备管理的重点。正确地购买物流装备并进行合理的配置,能够使企业在有限的资金投入下得到最大的经济效益。物流装备在配置时应遵循如下原则:

1. 系统化原则

系统化原则,简而言之就是在进行物流装备购买、选择、配置时采用系统的观点和系统的方法。为了使物流系统达到最大效益,需将各个装备之间、物流装备与人之间有机地结合起来，然后详细地对物流装备各个环节进行深入分析测算，用系统化的方法，从全局与整体出发进行分析，对物流装备配置的位置，设备的类型进行确定，并对各个物流环节进行合理优化。

在企业物流系统中，用系统观点的方法解决物流装备配置和选择问题，是提高企业资源的利用率，实现最合理投资的重要手段。按系统化原则配置与选择物流装备，不仅要求物流装备与整个系统相适应，各物流装备之间相匹配，而且还要求全面、系统分析物流装备单机的性能，进而进行综合评价，做出决策。

2. 适用性原则

适用性包含适应性和实用性两方面。简而言之，适用性就是物流装备能够满足作业需求的能力。适用性原则要求准备配置的物流装备应该满足以下几个条件：便于进行操作使用，能够在各种不同的工作环境中工作，更重要的是能与整个物流系统的发展需要相适应。因此，首先应明确物流装备的必要功能是什么，根据具体的作业任务来确定需要什么样的物流装备，做到物流装备与作业配套，发挥各物流装备的效能。例如，叉车的功能就是拆码垛及短距离运输，它一般适用于普通货物装卸作业。所以在配置与选择物流装备时应根据物流作业特点，找到必要功能，选择相应的物流装备。这样，物流装备才有针对性，才能充分发挥其功能。只有充分考虑使用要求，去选择物流装备的功能，才能充分体现物流装备的适用性，获得较大的投资效益。

3. 技术先进性原则

技术先进性是指企业所配置的物流装备体现着当时社会所能达到的科学技术水平，必须是与时俱进的。技术先进性应该从自动化、智能化、环保化、操作是否便利、是否应用当前的新技术等方面进行考察。因而，技术的先进性也是相对而言的，相对于过去先进，相对于当下或许已经落后。尽管物流装备的先进性能够反映站场的技术水平，但还是必须以适用性和满足企业作业效率，获得最大化的经济效益目的为前提，坚决反对盲目引进先进装备，绝对不能脱离实际需要与企业人员素质单纯地追求先进装备。

4. 低成本原则

低成本一方面是指购买物流装备的一次性投入较低，另一方面也要求装备的使用费用较低，维修保养费用合理，物流装备的整个寿命周期成本低。因为研发新技术新装备往往要投入大量的资金与人力，所以任何一种新研发并代表当下技术先进性的装备成本价值都较高，这可能与物流装备的技术先进性相矛盾。但是如果物流企业确实需要购买先进装备来改善物流系统，提升物流作业能力，也必须从先进装备的使用经济性上进行全面的考虑和权衡，再做出合理的决策。因此，低成本是衡量装备技术可行性的重要依据，这就要求企业在购置先进装备时必须做好成本分析。

物流装备成本费用主要有原始费用和运行费用两大部分。原始费用是购置装备发生的一切费用，它包括装备购置价格、运输费、安装调试费、备品备件购置费、人员培训费等；运行费用是维持装备正常运转所发生的费用，它包括间接或直接劳动费用、服务与保养费用、能源消耗费用、维修费用变等。在配置和选择装备时，需要同时考虑这两部分费用支出。然而，在实际中，许多时候往往只注意了物流装备的原始费用，而忽略了物流装备的运行费用，结果造成物流装备整个寿命周期费用变高，投资增大。有些物流装备原始费用比较低，但其能源消耗量大、故障率高、维修费用高而导致了运行成本很高。相反，尽管有的物流装备初始成本高，但其性能好、耗能少、磨损少,不易损害,维修费用较低,平均下来每月或者每天的使用费用较低。因此,物流装备的成本投入是否合理,不能片面地从购买价格看,还应该考查日常运行费用,选择整个寿命周期里费用最低的物流装备,才能达到目的。

5. 可靠性和安全性原则

可靠性指的是物流装备在其功能和时间上的稳定性以及持久性,它要求物流装备必须在设定的时间内完成相应的工作。显而易见,物流装备的可靠性与物流装备的经济性有着密切的关系。物流装备的可靠性能够减少维修费用支出,能够减少因为设备突然故障造成生产线停滞而带来的损失。但不能仅单纯地追求设备的可靠性而去忽略设备的日常维修与保养,应定期对物流装备进行维护检查才能使物流装备的可靠度达到最高。

安全性是物流装备采购的否决项,它是指物流装备在使用过程中对操作者或者对周边环境带来的影响。如果物流装备对工作人员的人身存在威胁,则绝对不能购买。装备的安全性主要通过装备的自动控制能力,对失误操作的防护、警示和反应能力来体现。

在重视环境保护和员工人身安全的今天,可靠性和安全性已经越来越被人们重视,成为衡量装备好坏的重要标志之一。在进行物流装备购买时,必须考虑安全性和可靠性原则。

6. 一机多用性原则

一机多用是指一种物流装备具有多种不同的功能,可以适应多种物流作业环节。随着物流作业环节的逐渐细化,如果每一个环节都配置一个单用途的专一设备,将会有巨大的设备保有量。这首先不利于装备的管理,其次是用起来也不方便。如果配备能够一机多用的装备,不仅能够减少物流作业环节更换装备的时间,减少站场装备的拥有数量,而且装备的利用率必将得到较大的提高,作业也会非常有效率,进而能够实现低投入、高回报的目标。如叉车具有装卸和搬运两种功能,正是这点使其得到极为广泛的应用;再如多用途门座起重机,可实现集装箱吊具、吊钩、抓斗多种取物装卸作业,用途广泛,适用于装卸集装箱货物、钢材和超长超大重件等杂货,以及煤和砂石等散装货物。在配置与选择物流装备时,应尽量优先考虑一机多用的物流装备。

7. 环保性原则

在选用物流装备时,应优先选择对环境污染小、耗能低的绿色节能产品。

二、甩挂运输装备配置影响因素

1. 设备的作业量

作业量是表示设备实际工作量的指标,是影响设备保有量最直接的因素。无论何种设备配置方案,都应该以完成规定的作业量为前提,再来考虑其他相关指标的优化。同时,作业量也受到吞吐量、操作系数、场地布局和作业距离的影响。

吞吐量反映了企业在区域经济和社会发展中的地位,也是企业设施和经营管理水平的综合性反映。一般情况下,由于受到季节、市场等因素的影响,企业的月吞吐量存在一定的波动性。通过对企业吞吐量的预测,可以确定企业的最大通过能力,从而确定各种物流装备的配置数量。

操作系数是操作量与装卸自然吨的比值。物流装备的起运量由操作吨决定,不同的货物对装卸工艺的要求各不相同,车到车、车到仓库等之间不同的工艺造成了操作吨的巨大差异。操作系数低的站场,直接换装比重高,货损少,完成换装作业所消耗资源少。

场地布局对物流装备的工作效率有着很大的影响。企业各功能区布局紧凑合理,货物运输距离短,设备的工作效率肯定较高。反之,则会带来很多不必要的倒载、中转和搬运,增加不必要的操作过程,设备工作效率偏低,从而影响到设备的合理配置。

装卸搬运设备就其搬运功能而言,多是企业内部的短途运输,速度一般在 20～30 km/h。企业内部的水平搬运作业,具体采用哪种搬运设备合适,要根据企业的具体条件而定,其中搬运距离因素影响较大。实践证明,不同的搬运距离所考虑选择的搬运设备一般也不同,100 m距离内使用电动式搬运设备,100～200 m 距离内使用内燃式搬运设备,200～500 m 距离内使用牵引挂车较好。

2. 设备的役龄

设备从投入使用直至报废的整个时间区间称为设备的工作寿命,也称更新周期或者折旧期。由于设备的寿命在不同的情况下有不同的含义,现代设备的寿命一般包括三种,自然寿命、技术寿命和经济寿命。

(1) 设备的自然寿命

设备的自然寿命,又称物质寿命。它是指设备从投入使用开始,直到因物质磨损而不能继续使用、报废为止所经历的全部时间。它主要由设备的有形磨损所决定。当设备磨损到一定程度时,维修费用不断增加将使设备达到经济上的不合理使用阶段,因此,设备的自然寿命不能成为设备更新的估算依据。

(2) 设备的技术寿命

技术寿命是指设备从开始使用到因技术落后而被淘汰所经历的时间。它主要由设备的无形磨损所决定,一般比自然寿命短,而且科学技术进步越快,技术寿命越短。由此在进行设备配置时必须考虑设备技术寿命期限的变化特点及其使用的制约和影响。

(3) 设备的经济寿命

设备的经济寿命是指设备从投入使用开始到因继续使用在经济上不合理而被更新所经历的时间,也可以说是指从设备开始使用到其年平均使用成本最低年份的延续时间长短。它由维护费用的提高和使用价值的降低所决定。

3. 设备的完好率与利用率

设备的完好率与利用率是衡量站场设备作业水平的重要指标,在很大程度上反映了设备配置的合理与否。完好率反映的是物流装备的技术良好性,主要受站场设备管理水平的影响。而利用率反映的则是物流装备的投资效果、利用效率,可以体现设备系统功能的投入和设备性能的发挥状况。完好率的计算式如下:

$$完好率 = \frac{设备完好台时}{设备日历台时} \times 经济系数 \times 100\%$$

其中:

$$设备完好台时 = 设备日历台时 - 设备在修和保养台时$$

由此可以发现,设备完好率的高低取决于设备的在修和保养台时。而设备的在修和保养台时又取决于站场的维修质量和速度。为了提高维修服务质量就必须付出一定的经济代价,

而经济系数很好地反映了这一关系的存在,其计算式为:

$$经济系数 = \frac{设备原值}{设备原值 + 维修费}$$

利用率的计算式如下:

$$利用率 = \frac{设备工作台时}{设备日历台时} \times 经济系数 \times 100\%$$

其中:

设备工作台时=设备日历台时-设备停产台时(包括设备完好状态下的停产台时和在修、保养下的停产台时,不包括节假日的停产台时)

由此可以发现,设备利用率的高低取决于停产台时的多少,而与实际创造的价值无关,这样就隐藏着"劳而无功"、"大材小用"或"出工不出活"的现象,而经济系数很好地反映了这些因素的存在,其计算式为:

$$经济系数 = \frac{实际收入}{实际支出}$$

此系数取值大于1时,表示为盈利;小于1时,表示为亏损。

4. 设备的运营成本

设备运营成本的划分方式有多种,按形态可以分为固定成本和变动成本。其中,固定成本包括设备的折旧费、大修理基金、工人工资与福利费、保险费等,该部分成本的特征是初始投入大,且多为一次性。变动成本主要包括维修保养费、运行材料费、燃料动力费等,该部分成本随着生产经营的进行逐渐投入,单次投资小,且具有连续性。

从设备寿命周期的角度讲,为了提高设备使用的技术经济性,站场应该从设备购置开始就具备决策的科学性。对站场而言,设备资源的投资巨大,如果初始决策不佳,将有可能影响到站场的正常运转或者造成不必要的资金浪费。从经济性的角度讲,设备的运营成本是站场经营成本的主要组成部分,是影响站场利润、物流装备保有量的重要因素。简单地说,设备的运营成本可以看作单台设备的使用成本与设备保有量的乘积,有效地进行成本控制,可以在降低设备保有量和提高设备利用率的同时,降低总运营成本,从而增加站场利润,提高站场的经济效益。

5. 设备的作业能力

设备的作业能力是指设备在单位时间内所能完成的作业量,是设备能力水平发挥的重要体现。保证设备的作业能力是保证站场运作效率的前提,同时也是站场应对需求不确定性或突发状况、提升客户服务水平的有效途径。简单理解,设备的作业能力可以看作单台设备的作业能力与设备保有量的乘积,因此,提高设备作业能力最直接的方法就是增加设备的保有量或者更换作业能力更高的设备类型。与此同时,设备的运营成本也随之增加,这就需要在作业能力和运营成本之间找到一个权衡点,使得在保证站场设备作业能力需求的情况下尽量降低设备的运营成本。

三、甩挂运输装备配置方法

目前,对物流装备的研究主要集中在设备选型、设备投资决策、设备维修管理、设备影响因素分析等方面,而在物流装备配置数量方面的研究相对较少。当前物流装备配置理论中比较常用的方法有二项分布法和基本概算法。

1. 二项分布法

二项分布法是目前物流装备配置理论中确定设备配置数量比较成熟的一种方法，即根据完好率和最佳出勤台数来确定设备的配置数量。其主要思路是将设备的出勤作业解释为两个方面：一是完成某种作业所需的出勤台数，二是设备在要求的作业时间内不出现故障的能力。假设站场拥有某类物流设备 n 台，其完好率为 k，则设备能出勤的完好台数 m 服从 n 和 k 的二项分布，其概率分布为：

$$P_n^{(m)} = C_n^m k^m (1-k)^{(n-m)} \quad (m=0,1,2,\cdots,n;0<k<1) \tag{6-5}$$

其中，$P_n^{(m)}$ 为恰好出勤 m 台完好设备的概率，而至少出勤 m 台完好设备的概率称作出勤保证率，计算如下：

$$P_m = \sum P_n^{(m)} = \sum C_n^m k^m (1-k)^{(n-m)} \quad (m=0,1,2,\cdots,n;0<k<1) \tag{6-6}$$

由式(6-6)可以在已知某种物流设备保有量 n 和完好率 k 的前提下，求出至少出勤 m 台完好设备的保证率 P_m，其数学期望 B_m 被称作设备的出勤作业能力，即：

$$B_m = m \times P_m \tag{6-7}$$

由此可见，设备的出勤作业能力由设备出勤台数和出勤保证率 P_m 决定，一个是数量的保证，一个是完成作业不出现故障的持续时间保证。而不同的 m 值有着对应的 P_m 值，因此，对 m 的所有可能取值与对应的 P_m 值一一相乘，然后取其中的最大值就可得到设备的最大出勤能力，即 $\max[B_m]$ 或 $\max[m \cdot B_m]$。最大出勤能力下的设备出勤台数称作设备的最佳出勤台数 m^*。也就是说，当设备出勤 m^* 台时，能够发挥出最大潜能，此时的出勤台数最佳。

通过以上的分析，可以知道在确定 n、k 之后，通过改变 m 可以得到一系列的 P_m 和 B_m，其中最大的 B_m 值所对应的 m 值记作最佳出勤台数 m^*。而在实际物流装备的配置规划中，设备的出勤台数不仅受 n、k 的影响，更受实际使用设备的需求影响。只有当生产情况相对稳定，出勤规律符合实际生产对设备使用的需求以及二项分布概率时，设备的数量才是设备的合理拥有量。当 n、k 在一定范围内变化时，m^* 也随之变化，由此可以计算出一系列对应的 n、k、m^* 的值。将这些互相对应的值制成表格后，反过来就可以根据要求的 k、m^*，从表中对应的位置查找得出拥有量 n，此时的 n 值就是要求出勤 m^* 台完好设备的合理拥有量。

2. 基本概算法

基本概算法是从设备的作业量和台时效率方面来确定物流装备的合理拥有量，其计算需要按货物的不同类型、吨位区间以及设备的作业量、台时产量分别进行计算。

(1) 设备的能力系数

$$V_i = (\beta\delta\rho)_i \tag{6-8}$$

式中　i——设备的类型数，$i=1,2,3,\cdots,m$；

　　　V_i——第 i 类设备的能力系数；

　　　β——超载系数，即设备平均处理一次货物的总量与额定起重量的比值；

　　　δ——设备在单位工作小时内的平均作业次数(次/小时)，由设备的运行速度、运行距离及辅助作业时间确定；

　　　ρ——时间利用系数，即设备年平均工作小时与年日历工作小时的比值。

（2）设备的配置系数

$$K = \frac{Q_c}{Q_t} \tag{6-9}$$

其中：

$$Q_c = \sum_{i=1}^{m} N_i Q_{ei} V_i \tag{6-10}$$

$$Q_t = \partial \times Q \tag{6-11}$$

式中　K——设备的配置系数，若 $K > 0.7$，则表明机械化程度高；若 $K = 0.5 \sim 0.7$，则表明机械化程度中等；若 $K < 0.5$，则表明机械化程度低；

　　　　Q_c——设备的总作业能力，吨/年；

　　　　Q_t——总物流量，吨/年；

　　　　N_i——第 i 类设备的配置数量，台；

　　　　Q_{ei}——第 i 类设备的额定起重量或载重量，吨；

　　　　Q——物流吞吐量，吨/年；

　　　　∂——货物的重复作业次数，一般取 $1 \sim 3$，若无二次作业，则 $\partial = 1$。

（3）设备需求量的概算

物流设备的总作业能力 Q_c 是指企业所有物流设备所能完成的物流量。在假设 Q_t 为已知量（预测物流量）的条件下，可以用它来大概地估算各类物流设备的配置数量 N_i。根据设备配置类型的规划，将 Q_c 分解到各类物流设备，则式（6-9）转化为式（6-12）。

$$Q_c = KQ_t = \sum_{i=1}^{m} Q_{ci} \tag{6-12}$$

$$N_i = \frac{Q_{ci}}{Q_{ei} V_i t_i} = \frac{Q_{ci}}{P_i t_i} \tag{6-13}$$

式中　Q_{ci}——第 i 类设备所承担的物流量，吨/年；

　　　　t_i——第 i 类设备年日历工作时间，小时/年，若为一班制，$t = 8 \times 280 = 2240$（小时/年）；若为两班制，$t = 2 \times 8 \times 280 = 4480$（小时/年）；

　　　　P_i——第 i 类设备的台时产量，吨/台时。

以上两种模型从不同的角度给出了物流装备配置数量的计算方法，其中二项概率分布模型在企业设备出勤规律变化不大时，具有较好的指导意义。基本概算模型从不同货种的装卸搬运工艺出发，根据作业量、作业能力来对设备配置数量进行确定，具有一定的实用价值。但两种模型都仅从技术性角度进行了考虑，而忽略对设备配置的经济性分析，具有一定的局限性。目前，已有部分学者在这方面进行了相关研究，但大多是以设备的全寿命周期成本或其他作业成本进行了单目标优化研究，或从设备配置影响因素间的关系出发进行了设备保有量的研究，却少有人从多个决策目标着手。综合考虑设备配置的影响因素，应将技术性和经济性相结合来确定物流设备的合理配置。

在实践中，对物流设备的需求计算往往按《汽车货运站（场）级别划分和建设要求》（JT/T 402—1999）中的附录 C《仓库、货场装卸机械数量计算》进行，计算式如下：

$$N_h = \frac{Q \times K_3}{J_h \times t} \tag{6-14}$$

式中　N_h——仓库或货场装卸机械数量，台；

Q——仓库或货场日均货物最大吞吐量,吨;

J_h——装卸机械工作能力,吨/小时;

K_3——不平衡系数,一般取 $1.5 \sim 1.8$;

t——日工作小时数,小时/天。

第四节 案例分析

湖北 M 企业以整车和零担运输为主,运营 4 条甩挂运输试点线路,分别从企业所在的 A 市甩挂运输站场运往广州、上海、天津、晋江四个城市。运输货类主要为家电和日化产品。根据企业甩挂运输量预测结果,以 2015 年为基准年,试点期内,各试点线路基本情况如表 6-3 所示。

表 6-3 甩挂运输各试点线路基本情况

线路名称	总里程（千米）	每牵引车每天作业次数	年总甩挂量（万吨）		年单向最大量（吨）	
			2016	2017	2016	2017
A 市—广州	1100	0.38	8.58	10.73	46339.64	57960.07
A 市—上海	1150	0.38	6.38	7.98	34457.68	43098.52
A 市—天津	1300	0.33	4.40	5.50	23763.92	29723.11
A 市—晋江	1345	0.33	2.64	3.30	14258.35	17833.87

注:每牵引车年均作业 330 天,牵引车核定载重 30 吨,往返一趟为作业一次。

一、车辆配置方案

1. 牵引车配置

(1) 2016 年甩挂运输线路牵引车配置方案

线路 1:A 市—广州

$$牵引车数量 = \frac{46339.64}{330 \times 0.38 \times 30 \times 0.92 \times 0.85} = 16 \text{辆};$$

线路 2:A 市—上海

$$牵引车数量 = \frac{34457.68}{330 \times 0.38 \times 30 \times 0.92 \times 0.85} = 12 \text{辆};$$

线路 3:A 市—天津

$$牵引车数量 = \frac{23763.92}{330 \times 0.33 \times 30 \times 0.95 \times 0.9} = 9 \text{辆};$$

线路 4:A 市—晋江

$$牵引车数量 = \frac{14258.35}{330 \times 0.33 \times 30 \times 0.95 \times 0.9} = 5 \text{辆}。$$

(2) 2017 年甩挂运输线路牵引车配置方案

线路 1:A 市—广州

$$牵引车数量 = \frac{57960.07}{330 \times 0.38 \times 30 \times 0.92 \times 0.85} = 20 \text{辆};$$

线路 2：A 市—上海

$$牵引车数量=\frac{43098.52}{330\times0.38\times30\times0.92\times0.85}=15 辆;$$

线路 3：A 市—天津

$$牵引车数量=\frac{29723.11}{330\times0.33\times30\times0.95\times0.9}=11 辆;$$

线路 4：A 市—晋江

$$牵引车数量=\frac{17833.87}{330\times0.33\times30\times0.95\times0.9}=6 辆。$$

（3）场地牵引车配置数量

根据甩挂运输作业要求，除了线路甩挂运输外，甩挂运输站场还需要一定数量的牵引车进行场地内作业，或作为车辆检测、维修等导致运力不足时的备用车辆。依据站场实际情况，企业甩挂运输站场由两块分布在不同区域的站场组成，需在各部分配置 1 台场地牵引车，共 2 辆场地牵引车。

综上所述，到 2017 年，企业甩挂运输试点线路牵引车总需求为 54 辆，牵引车总量为各条甩挂运输线路牵引车数量以及部分场地牵引车之和，如表 6-4 所示。

表 6-4　试点期各线路牵引车配置方案

线路名称	牵引车配置数量（辆）	
	2016 年	2017 年
A 市—广州	16	20
A 市—上海	12	15
A 市—天津	9	11
A 市—晋江	5	6
甩挂运输站场	1	2
合计	43	54

2. 挂车配置

根据牵引车配置数量，企业四条试点线路挂车配置如表 6-5 所示。

表 6-5　试点期不同甩挂运输线路运力配置表

线路名称	2016 年					2017 年					拖挂比
	牵引车数量	牵引车发车间隔时间	站场预留挂车（起点）	站场预留挂车（终点）	挂车数量	牵引车数量	牵引车发车间隔时间	站场预留挂车（起点）	站场预留挂车（终点）	挂车数量	
A 市—广州	16	4.8	15	16	31	20	3.8	19	19	38	1:1.9
A 市—上海	12	6.5	11	12	23	15	5.1	14	15	29	1:1.9
A 市—天津	9	10.0	8	7	15	11	8.0	10	9	19	1:1.7
A 市—晋江	5	20.0	5	4	9	6	16.0	6	5	11	1:1.7
站场	1		1	1	2	2		2	2	4	
合计	43		40	40	80	54		51	50	101	1:1.87

二、人员配置方案

企业试点线路均为运输距离超过 1000 千米的长途线路,在驾驶员的配备上,以牵引车数量为基础,按每辆牵引车 2 人配备;鉴于所有挂车不会同时装卸,装卸人员配备,以挂车数量为基础,按平均每辆挂车 0.5 人配备;参照企业用工规范和管理办法,管理人员(含领导)宜按驾驶员和装卸人员的 1/10 计算。则企业甩挂运输人员配置如表 6-6 所示。

表 6-6　企业甩挂运输人员配置计划

项目指标	单位	实施计划	
		2016 年	2017 年
牵引车数量	辆	43	54
挂车数量	辆	80	101
人员总数	人	139	175
其中:驾驶员	人	86	108
装卸人员	人	40	51
管理人员	人	13	16

三、装卸机械配置方案

根据企业甩挂运输站场货运需求预测,站场设计年度吞吐量为 120.12 万吨/年。以站场服务天数 360 天计算,站场日均货物吞吐量 3336.67 吨/天。据此计算站场所需装卸机械如表 6-7 所示。

表 6-7　装卸机械配置方案

分项	单位	参数				取值
		Q	J_h	K_3	t	
吊车	台	3336.67	240	1.5	16	1
传送带	套	3336.67	150	1.6	16	2
电动叉车	台	3336.67	50	1.6	16	7
手动叉车	台	3337.67	3	1.6	16	112

第七章　公路甩挂运输组织管理信息化

第一节　公路甩挂运输信息化概述

一、信息化的含义

信息化(Informationization)最初含义是指 ICT(信息通信技术)应用于经济社会活动的过程。随着信息化发展的不断深入,各国对信息化的理解也越来越一致。其中,比较有代表性的是 2000 年八国首脑会议(G8)"全球信息社会冲绳宪章"的提法:"由信息技术驱动的经济和社会的变革",其本质是"利用信息技术帮助社会个人和群体有效利用知识和新思想",从而建成"充分发挥人的潜力,实现其抱负的信息社会"。

1997 年 4 月,中国第一次信息化工作会议正式提出了国家信息化体系的概念。它主要包括信息资源、信息网络、信息技术应用、信息技术和产业、信息化人才、信息化政策法规和标准六个要素。后来,在此六要素体系基础上增加了信息安全保障要素,构成了七要素体系。同时,在此次会议上还将国家信息化定义为:在国家统一规划和组织下,在农业、工业、科学技术、国防及社会生活各个方面应用现代信息技术,深入开发、广泛利用信息资源,加速实现国家现代化的进程。

根据《2006—2020 国家信息化发展战略》,信息化是充分利用信息技术、开发利用信息资源、促进信息交流和知识共享、提高经济增长质量、推动社会经济发展转型的历史进程。可见,信息化是一个长期的过程,需要大量的人力、物力的投入,是社会经济、科学技术发展到一定阶段的产物,也是现代化社会发展的重要标志。

完整的信息化含义应包括四方面内容:一是信息网络体系,主要包括信息资源、信息平台、信息系统和通信网络等;二是信息产业基础,即信息技术的科学研究、信息设备的制造、软件的开发与利用、各类信息系统的集成及信息服务;三是社会支持环境,即现代工农业生产,以及管理体制、政策法律、规章制度、文化教育、思想道德等生产关系和上层建筑;四是效用积累过程,即国家的现代化水平和人们生活质量不断提高,精神文明和物质文明不断进步。

参照国家信息化的定义,公路运输信息化可以定义为:在国家及公路运输相关管理部门的统一规划和组织下,在公路运输建设、运营和管理等领域全面深入地应用信息技术,系统地将公路运输管理运营和服务中产生的相关信息采集、整理和利用,提高公路运输行业的管理水平和服务水平,加快实现公路运输现代化。

二、建设甩挂运输信息平台的必要性

甩挂运输可以提高牵引车和挂车的工作效率,在一定程度上可以节约能源。甩挂运输效益的充分发挥,必须走集约化、规模化和网络化的经营管理道路,从市场、货源、道路、站场、车

辆和信息管理等方面创造必要条件。甩挂运输的组织工作较为复杂,尤其是循环甩挂和载驳运输。两者对货源组织、装卸时效、作业条件等均有较高要求。运输企业也迫切需要建成集全球定位系统(GPS)、地理信息系统(GIS)和无线射频识别技术(RFID)等现代技术的开放式信息共享平台,以便及时掌握自身车辆的地理位置信息和实现企业间货源、车源等信息的共享,为甩挂运输的发展提供必要的技术支持。

三、甩挂运输信息平台的架构

甩挂运输信息平台是指运用现代信息技术、计算机技术及通信技术所构建的具有虚拟开放性的物流网络平台。该平台是一个综合多方因素的庞大系统,融合了物流企业信息、物流园区信息、组织甩挂的站场信息、牵引车信息、挂车信息、港口系统信息、铁路系统信息、公路系统信息、政府部门信息等众多相关单位或部门的信息,以实现各种信息资源的优化组合。如图7-1所示。

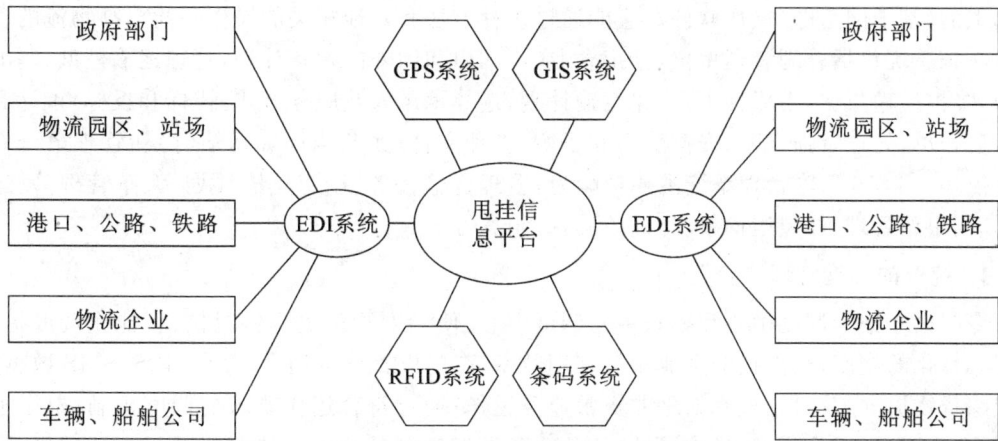

图 7-1　甩挂运输信息平台的架构

四、甩挂运输信息平台的主要功能

(1)牵引车和挂车经营单位可将GPS车载终端,RFID电子标签安装在车辆上,同时在信息平台上进行登记;

(2)牵引车拖挂车出发时,信息平台通过RFID读写器和GPS车载终端自动记录出发时间、出发地点、拖挂情况等信息,并通过GPS车载终端进行途中实时监控;

(3)车辆到达目的地后,信息平台自动记录到达时间、停放位置等信息;

(4)运输企业可通过平台实时查看车辆的地理位置和状态以及是否可供使用等信息;

(5)信息平台的建立可实现循环甩挂的智能化调度,即系统事先计算好某循环闭合回路后,通知各装卸点配备一定数量的周转集装箱或挂车,当牵引车到达一个装卸点后,甩下所带集装箱或挂车,装上预先准备好的集装箱或挂车继续行驶;

(6)信息平台具有车辆到达预警功能,即装卸点可以依靠信息平台的实时信息提前准备,预先进行货物的装卸,缩短牵引车的等待时间,提高作业效率;

（7）信息平台可以和船舶、铁路等运输系统实现联动，如在多式联运的各联结点，牵引车将挂车直接开到铁路平板车或船舶上，由铁路平板车或船舶载运至换装点，再由牵引车开上车船直接运往目的地。

物流信息化建设是现代物流企业有效经营、降低物流成本、提升服务质量的有力助推器。现代物流业整体规模逐步扩大，发展速度加快，对经济发展的影响日益深远。但就目前而言，我国物流行业信息化建设投资力度和信息处理技术的运作水平与发达国家相比还存在较大差距。

第二节　公路甩挂运输信息管理系统

一、TMS 运输管理系统

TMS 全称为"Transportation Management System"，意为运输管理系统，是一种"供应链"分组下的（基于网络的）操作软件。它能通过多种方法和其他相关的操作一起提高物流的管理能力。该系统包括管理装运单位，指定企业内、国内和国外的发货计划，管理运输模型、基准和费用，维护运输数据，生成提单，优化运输计划，选择承运人及服务方式，招标和投标，审计和支付货运账单，处理货损索赔，安排劳力和场所，管理文件（尤其当国际运输时）和管理第三方物流等模块。TMS 运输管理系统主要功能为：管理运输任务、制定运输计划、派车管理、发运管理、车辆跟踪管理、外包运输跟踪、回单确认、结算等。

1. 统一的调度管理平台

专门设立集卡调度中心和整车零担调度中心，使调度管理更具针对性；智能化调度提醒，实现人性化的调度，全面提升企业车辆利用效率；专门设置值班调度，整合 GPS、SMS 数据，实时跟踪货物流向，及时调整并处理非正常业务运作；通过符合运作要求的调度机制，根据不同区域、车型要求、报关要求、货物属性、特殊业务类型等多种角度支持调度进行合理排班；灵活的排班方式，支持订单拆分，支持外委派车处理，支持集中的派车单管理。

2. 基于网络的一体化业务

建立快速、准确的订单处理机制，网上 EC 订单处理与内部 TMS 无缝连接；统一委托受理平台和订单审核机制，保障业务数据的准确性；随时获取关键指标；委托处理差错率、委托响应效率；支持 EXCEL 等标准文档的信息读入；自定义的订单处理流程。

3. 集中化的财务管理

统一的合约管理，保证系统自动、准确地生成费用；加强收付账款管理、完善费用处理流程、备用金管理；核销支持多种对冲、应收付等核销方式；账龄分析、备用金结存情况分析；统一的财务处理流程。

4. 对新技术的充分支持

TMS 运输管理系统提供与 GPS、SMS、IC、行车记录仪、门磁、自动加油机、轮胎检测等的接口支持，全面提升企业服务能力，为客户提供更加贴心的信息服务。

5. 成本管理和预警管理

TMS 运输管理系统支持对额定费用、三大耗件库存、车辆维修以及进出库等相关成本费用的管理和预警,并且围绕经营业务,实现从维修到仓库进出库、业务到油料的全过程管理;考核单车单司机配件、轮胎、事故违章等 KPI 指标;TMS 报表模块提供整体业务运营多角度、多方位的分析报告,并使用图形化的方式进行关键指标的直观图示。

二、甩挂运输 GPS 调度管理系统

通过对所有甩挂运输车辆安装 GPS 系统和探头,甩挂运输信息指挥中心可利用语音、短信和 GPS 定位系统,对车辆的具体位置、运行线路、行车速度、停车时间及停车地点、里程统计等进行监控管理。

1. 实时查询

实时显示、查询并存储和处理每一台工作中的甩挂车辆的数据,充分节省人力物力和时间。通过 GPS 网络实现快速、实时、准确地进行挂车运输数据的传输。运输数据可以随时在数据监控中心进行查看、回放、打印等,最大限度地满足甩挂运输业务应用的需求。

2. 实时查询车辆的位置和行驶数据信息

对于所查询车辆的选择可以按单辆车或全部车辆进行,选中车辆的实时位置信息和行驶数据信息向管理中心报告。位置信息包含经纬度值,行驶状态信息包括时间、速度、方向、设备故障信息等。系统可实现所有车辆在同一幅地图上同时显示,根据车辆的位置和数量,系统自动地将地图调整到最佳比例,采用图标结合的方式,可以一目了然地查看所有车辆的实时位置和状态。

3. 实时监控车辆称重和行驶状态等信息

可按单辆车、分组或全部车辆选择,要求车载终端按照预设时间间隔连续上报车辆的行驶状态、实时位置等信息,实现对车辆的连续实时监控功能。可以以车号为判别单位,实现以日、周、月报表为统计内容的车辆称重数据的保存、查询、导出和打印功能。数据存储时间大于 180 天。

4. 历史轨迹上传及轨迹回放

车载终端上存储的历史轨迹记录可以通过无线方式按照时间段提取后存储于管理中心,轨迹点可以在电子地图上回放以重现车辆的行驶过程。

5. 报警功能

车载终端设备可以配置紧急报警开关(轻触开关或按钮),在有紧急情况,如遇劫、求助等情况发生时,驾驶人员按下按钮后车载终端会立刻向管理中心发送报警信息,管理中心接收到报警信息后能立即配合电子地图上位置信息为值班人员提供及时、完整的报警信息和处理流程。

6. 越界/超速报警

通过系统可设置车辆行驶速度的上限限制值。在行驶过程中,若系统判断当前行驶速度超出速度上限值时会立即向监控中心上报超速报警。中心系统亦可设置活动区域到车载终端并由车载终端保存该设置。在行驶过程中,系统判断车辆驶出或驶入该区域时则向监控中心上报越界报警信息。中心系统记录报警信息并配合电子地图上位置信息为值班人员提供及时、完整的报警信息和处理流程。

7. 摄像、图片传输

配有摄像头的终端可按照自动（定时拍照并上传）或被动（监控中心发送拍照命令）方式拍摄彩色图片（具有夜视功能，可设置终端定时、定居、条件触发拍摄等方式），并按照设置上传至中心。在中心就可以实时监控车内的工作情况。摄像头对准驾驶室，可以检查当班司机的驾驶操作是否违章。

8. 约束司机的不良行为

司机的不诚信行为会给企业带来一定的损失，如干私活、偷油、偷料、怠工等，而本系统为管理司机和车辆提供了智能的监管手段。

通过甩挂运输 GPS 调度管理系统可节约成本，提高用车效率，消除车辆脱线行驶、私拉乱运，驾驶员疲劳驾驶、超速行驶等安全隐患；利用安装燃油记录仪监督驾驶员倒油、卖油、超油等行为，降低营运成本，提高车辆运营效率，使安全行车更有保障；与运输管理系统对接，对牵引车进行指挥调度，实现货物的跟踪查询。

三、甩挂运输站场视频监控系统

所有视频图像通过双屏蔽视频同轴电缆传送至通信机械室，通过字符叠加与视频均衡设备对经过长距离传输的视频信号进行信号补偿与字符叠加。经叠加字符的图像包含有车站名（或站号）、区域号（或摄像机号）、日期、时间等信息。各路视频信号经视频分配设备一路输入至视频编码设备进行模数转换，以数字化的形式在网络上传输；一路输入至车站录像设备进行本地视频存储及远程录像调阅；一路输入至画面合成设备进行 4/9 画面合成后进行再分配。通过视频监控系统，对各个库区和站场实施 24 小时监控，尤其是对停车场内重载半挂车区域以及仓储区、专线作业区进行监控。通过该系统实时监控、视频录像回放功能实现各个站场的安全管理和突发事件的处置以及进出站场的车辆管理，有效增强各单体建筑内的安全防范能力。

四、订单管理系统

订单管理是对运输过程中所有运输单证的流转和客户信息进行管理，包括接单、审单、调度、配载、车次管理、车次跟踪、费用统计、安检、质量管理等业务操作。订单管理系统（OMS）是物流管理系统的一部分，通过对客户下达的订单进行管理及跟踪，动态掌握订单的进展和完成情况，提升物流过程中的作业效率，从而节省运作时间和作业成本，提高物流企业的市场竞争力。

订单管理系统的主要功能是通过统一订单提供用户整合的一站式供应链服务。订单管理以及订单跟踪管理能够使用户的物流服务得到全程的满足。订单管理系统是物流管理链条中不可或缺的部分，通过对订单的管理和分配，使仓储管理和运输管理有机地结合，稳定有效地实现物流管理中各个环节作用的充分发挥，使仓储、运输、订单成为一个有机整体，满足物流系统信息化的需求。

五、仓储管理系统

仓储管理系统是通过入库业务、出库业务、仓库调拨、库存调拨和虚仓管理等功能，综合批次管理、物料对应、库存盘点、质检管理、虚仓管理和即时库存管理等功能运用的管理系统，能有效控制并跟踪仓库业务的物流和成本管理全过程,实现完善的企业仓储信息管理。该系统可以独立执行库存操作,或与其他系统的单据和凭证等结合使用,可提供更为完整、全面的企业业务流程和财务管理信息。

六、装卸理货信息系统

针对甩挂运输专线的作业特点,开发的专业装卸理货管理信息系统,可通过采用多种网络形式以及多种手持终端实现对各环节装卸理货信息的实时采集、传输、加工、保存、处理和使用,按照不同批次,对不同货物的装卸、分拣、理货、配送等进行信息化管理,从而实现对货物信息全过程的管控,减少货物的丢失,确保专线运输的可靠性,并能制定出各类个性化装卸理货信息产品来满足客户的不同需求。

七、货运信息交易平台

通过货运信息交易平台,借助互联网将分布在不同地区的若干家物流企业连接在一起,远程进行业内信息发布和业务数据传输。通过公共网络将各地用户的订单汇总起来,由货运信息交易平台根据物流资源统一调控,通过规模化运作,达到以最低的成本为客户提供最好的服务的目标。构建无形的货运交易市场,将分散的货源信息、运力信息等集约化组织,通过撮合、信息配对,提高运输的组织化程度,为甩挂作业提供有效的货源保障和运力保障。

第三节　案例分析

某物流企业,在甩挂运输试点的过程中,为满足甩挂运输发展的需求,投资约 200 万元建设甩挂运输信息管理系统。现已完成甩挂运输站场视频监控系统、甩挂运输 GPS 调度系统(北斗调度管理系统)、GPS 车辆运行线路系统、订单管理系统、仓储管理系统、装卸理货管理系统、办公自动化 OA 系统等。图 7-2 为物流信息系统管理流程示意图,图 7-3 为 GPS 卫星定位系统示意图,图 7-4 为站场视频监控系统示意图。

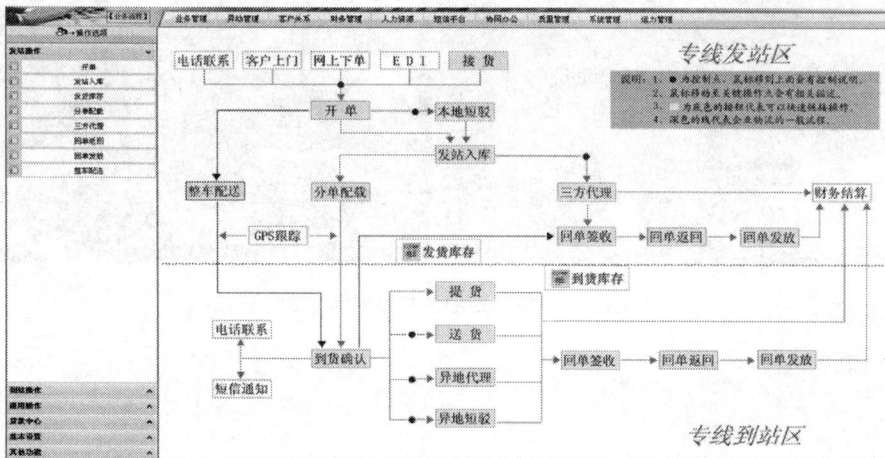

图 7-2　物流信息系统管理流程示意图

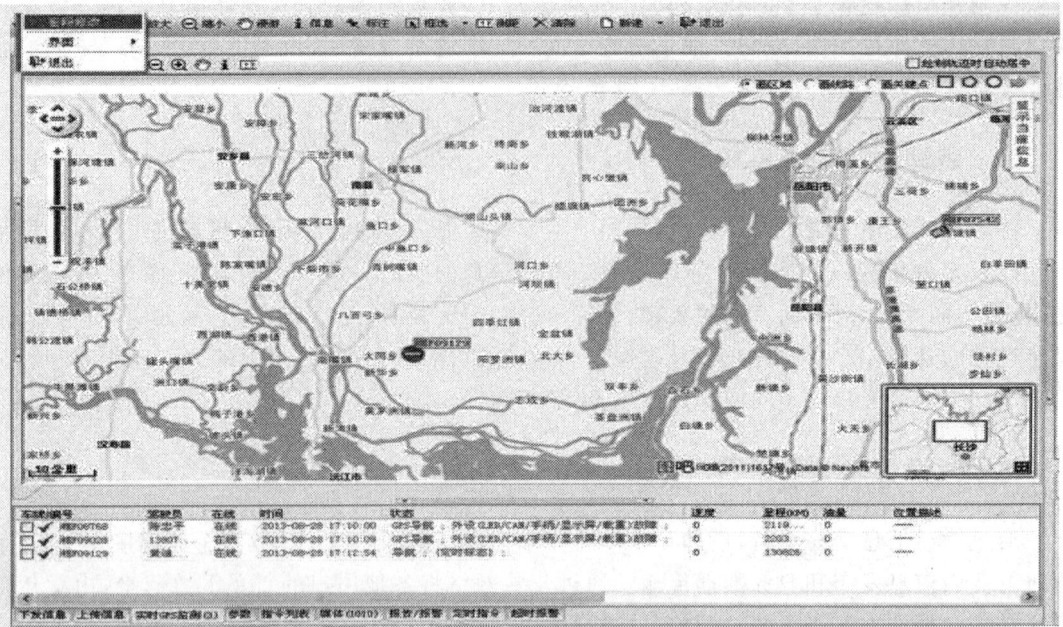

图 7-3　GPS 卫星定位系统示意图

图 7-4　站场视频监控系统示意图

第八章　公路甩挂运输效益评价

第一节　投资估算与资金筹措

一、投资估算

（一）投资估算的概念

投资估算是指在整个投资决策过程中,依据现有的资料和特定的方法,对建设项目未来发生的费用进行预测和确定的过程。由于投资估算是在许多因素未知的情况下进行的,所以,进行有效的投资估算必须具备三个条件:一是必须以已经收集的信息为依据;二是必须以信息内部以及和工程本身的客观联系和变化规律为基础;三是估算都是针对特定的拟建工程。

在我国,投资估算主要是指贯穿于决策过程的工程造价行为,其中包括项目规划阶段的投资估算、项目建议书阶段的投资估算、初步可行性研究阶段的投资估算、详细可行性研究阶段的投资估算四个阶段。在国外,如英、美等国,对一个建设项目从开发设想直至施工图设计阶段,在这期间对项目投资的预测均称之为估算。按照不同设计深度、不同技术条件和不同的估算精度,英、美等国把建设项目投资估算分为五个阶段:投资设想阶段的投资估算、投资机会研究阶段的投资估算、项目初步可行性研究阶段的投资估算、项目详细可行性研究阶段的投资估算、工程设计阶段的投资估算。

由于投资估算是对未来费用的预测和确定,所以英、美各国对其定义更符合广泛意义的估算定义,而我国则侧重从早期投资决策阶段来对其定义。根据两者的异同可知,我国投资估算与国外早期估算相对应,为统一起见,本书中所指的"投资估算"均指早期估算,即投资可行性研究阶段的投资估算。

（二）投资估算编制依据

投资估算的编制依据是指在编制投资估算时需要使用的计量、价格确定、工程计价有关参数、率值确定的一切基础资料。主要依据的基础资料有以下几个方面:

（1）国家、行业和地方政府的有关规定。

（2）工程勘察与设计文件、图纸,图示计量;拟建项目建设方案确定的各项工程建设内容及工程量;其他有关工程造价的文件。

（3）部门或行业制定的投资估算办法和估算指标;专门机构发布的建设工程造价费用构成、估算指标、计算方法,综合单价、价格指数和有关造价文件等。

（4）拟建项目所需设备、材料的市场价格;建筑、工艺及附属设备的市场价格和有关费用。

（5）政府有关部门、金融以及有关机构发布的物价指数、利率、汇率、税率等有关参数。

（6）委托人提供的其他技术经济资料。

（三）投资估算的作用

投资估算是建设前期编制项目建议书和可行性研究报告的重要组成部分，是项目决策的重要依据之一。在建设项目开发过程中，投资估算的作用有以下几点：

（1）投资估算是投资决策的依据。项目决策阶段投资估算所确定的项目建设与运营所需的资金量，是进行投资决策的依据之一。

（2）投资估算也是制定项目融资方案的依据。项目决策阶段投资估算所确定的项目建设与运营所需的资金量，是项目制定融资方案、进行资金筹措的依据。投资估算准确与否，将直接影响融资方案的可靠性，并直接影响各类资金在币种、数量和时间要求上能否满足项目建设的需要。

（3）投资估算是进行项目经济评价的基础。经济评价是对项目的效益与费用做出全面的分析评价。项目所需投资是项目费用的重要组成部分，是进行经济评价的基础。投资估算准确与否将直接影响经济评价的可靠性以及项目决策的科学性。

（4）投资估算是编制初步设计概算的依据，对项目的工程造价起到控制作用。按照项目基本建设程序，应在可行性研究报告被审定或批准后进行初步设计。经审定或批准的可行性研究报告是编制初步设计的依据。报告中所估算的投资额是编制初步设计概算的依据。因此，按照建设项目决策不同阶段所要求的内容和深度，完整、准确地进行投资估算，是建设项目决策分析必不可少的工作。

（四）投资估算影响因素

一般来说，项目信息越详细，估算的误差越低，如有些项目本身相当复杂，没有或者很少有已建类似项目资料，则易发生过高或者过低估计费用。其主要影响因素有以下几个方面：

1）宏观因素

主要是指国家宏观环境，如国家政治、经济及其他各方面因素。企业无法控制这些因素，对于企业的影响往往也十分巨大。

（1）地区工程造价指数，包括各个时期的基准利率，主要反映在人工、材料、机械等各种生产资料的价格上。通过这一指标，可以反映出不同时期工程造价的变化趋势，这也是工程项目成本管理和动态结算的重要依据之一。

（2）工程造价信息的颁布及变动，如建设部新的工程量清单计价模式、工程材料信息价的变动等，会极大地影响投资者在估算投资时的风险态度。

2）微观因素

主要为企业自身经营和管理因素。这些因素企业能够控制，通过管理者的努力还可能通过采取相关措施，来消除其对建设项目投资估算的影响。

（1）项目本身技术经济指标的可靠性。具有一定深度的项目技术经济历史资料是提高投资估算准确度的保障。这些资料是靠日积月累和采用科学的方法编制而成，随着生产力的发展要进行不断修正，使其能正确反映当前生产力水平，为指导项目服务。

（2）投资估算人员的知识经验、编制水平等。投资估算误差在所难免，估算编制人员要充分利用工程造价资料，借助专家意见，并结合自身的知识经验使投资估算尽可能准确。

（五）现行投资估算编制方法

投资估算的编制方法较多,我国目前可行性研究阶段,比较常用的几种项目投资估算方法包括生产能力估算法、生产能力指数法、比例估算法、系数估算法和指标估算法等。

1. 生产能力估算法

生产能力估算法是根据已建成的、性质类似的建设项目(或生产装置)的投资额或生产能力,以及拟建项目(或生产装置)的生产能力,做适当的调整之后得出拟建项目估算值,其计算模型如下:

$$C = \left(\frac{C_1}{Q_1}\right) Q_2 f$$

式中　C_1——已建项目的工程造价;

　　　　Q_1——已建项目的生产能力;

　　　　C——拟建项目的工程造价;

　　　　Q_2——拟建项目的生产能力;

　　　　f——总和调整系数。

该方法一般只能进行粗略的快速的估计。因为项目的时间、空间等因素的差异,往往生产能力和造价之间并不是一种线性关系,所以,在实际应用时应该有所选择。

2. 生产能力指数法

生产能力指数法与单位生产能力估算法的原理相同。但是,它将生产能力和造价之间的关系考虑为一种非线性的指数关系,相对于生产能力估算法的线性关系,在一定程度上,提高了估算的精度。其计算模型如下:

$$C = C_1 \left(\frac{Q_2}{Q_1}\right)^n f$$

式中　C_1——已建项目的工程造价;

　　　　Q_1——已建项目的生产能力;

　　　　C——拟建项目的工程造价;

　　　　Q_2——拟建项目的生产能力;

　　　　f——总和调整系数;

　　　　n——生产能力指数,$0 \leqslant n \leqslant 1$。

对于 n 的取值,当已建类似项目和拟建项目规模相差不大,比值关系在 $0.5 \sim 2$ 时,n 取 1;当已建类似项目和拟建项目规模相差不大于 50 倍,且拟建项目生产规模的扩大,仅靠增大设备规模来达到时,n 取 $0.6 \sim 0.7$;若是靠增加相同规模设备的数量来达到时,n 取 $0.8 \sim 0.9$。

该方法计算简单,速度快,往往只需知道工艺流程及规模即可,较单位生产能力估算法,精度有较大的提高。但是该方法要求估算资料可靠,条件基本相同。一般用于总承包工程估价的旁证。

3. 系数估算法

系数估算法是根据拟建项目的主体工程费或主要设备费为基数,以其他工程费占主体工程费的百分比为系数来估算项目总投资的方法。该法主要应用于设计深度不足,拟建项目与类似项目的主体工程或主要生产工艺设备比重较大,行业内相关系数等基础资料较完备的情况。系数估算法的方法较多,具有代表性的包括设备系数法、主体专业系数法、朗格系数法等。

(1) 设备或主体专业系数法。该法以拟建项目的设备费为基数,根据已建成的同类项目中建筑安装工程费和其他工程费(或建设项目中各专业工程费用)等占设备价值的百分比,求出拟建项目建筑安装工程费和其他工程费,进而求出项目总投资。其计算公式如下:

$$C = E(1 + f_1 P_1 + f_2 P_2 + f_3 P_3 + \cdots) + I$$

式中　C——拟建项目的工程造价;

　　　E——拟建项目的设备费;

　　　$P_1, P_2, P_3, \cdots$——已建项目中建筑安装工程费和其他工程费(或建设项目中各专业工程费用)等占设备价值的百分比;

　　　$f_1, f_2, f_3, \cdots$——因时间、空间等因素变化的总和调整系数;

　　　I——拟建项目的其他费用。

(2) 朗格系数法。该法以拟建项目的设备费为基数,乘以适当的系数来推算项目的建设费用。其计算公式如下:

$$C = E \times \left(1 + \sum K_i\right) \times K_C$$

式中　C——拟建项目的工程造价;

　　　E——拟建项目的主要设备费;

　　　K_i——管线、仪表、建筑物等项费用的估算系数;

　　　K_C——管理费、合同费、应急费等项费用的总估算系数。

式中,$L = \left(1 + \sum K_i\right) \times K_C$ 称为朗格系数。根据不同的项目,朗格系数有不同的取值,其包含的内容如表 8-1 所示:

表 8-1　朗格系数表

项目	固体流程		流体流程
朗格系数 L	3.1	3.65	4.74
①包括基础、设备、绝热、油漆及设备安装费	$L \times 1.43$		
②包括上述在内和配管工程费	①×1.1	①×1.25	①×1.6
③装置直接费	②×1.5		
④包括上述费用和间接费用,即总费用	③×1.31	③×1.35	③×1.38

朗格系数法较为简单,只要对各大类行业设备费中各分项所占的比重有较规律的收集,估算精度可以达到较高的水平。但是,朗格系数法由于没有考虑设备规格、材质的差异,所以在某些情况下又表现出较低的精度。

4. 比例估算法

比例估算法是根据统计资料,先求出已有同类企业主要设备占全厂建设投资的比例,然后估算出拟建项目的主要设备投资,即可以按比例求出拟建项目的建设投资。其计算模型如下:

$$C = \frac{1}{K} \sum (Q_i \times P_i)$$

式中　C——拟建项目的工程造价;

K——已建项目主要设备投资占项目总造价的比重；

Q_i——第 i 种主要设备的数量；

P_i——第 i 种主要设备的单价。

5. 指标估算法

指标估算法是把拟建项目以单项工程或单位工程，按建设内容纵向划分为各个主要生产设施、辅助及公用设施、行政及福利设施以及各项其他基本建设费用，按费用性质横向划分为建筑工程、设备购置、安装工程等，根据各种具体的投资估算指标，进行各单位工程或单项工程投资的估算，在此基础上汇集编制成拟建建设项目各种单项工程费用和拟建项目的工程费用投资估算。再按相关规定估算工程建设其他费用、预备费、建设期贷款利息等，形成拟建建设项目总投资估算。

实际工作中，可行性研究阶段建设项目投资估算原则上应采用指标估算法。

（六）甩挂运输项目投资估算

甩挂运输项目投资估算总额是指纳入中央财政补贴范围内的车辆装备、甩挂运输站场建设（改造）、甩挂运输信息系统建设（改造）三个方面的全部费用。

1. 车辆装备投入

车辆装备指甩挂运输中所需要的各类型牵引车和挂车，其投资总额可用下列公式计算：

$$V = \sum V_{牵} + \sum V_{挂}$$

式中　$V_{牵}$——牵引车投入额，计算公式为：$V_{牵}$ ＝单价×数量；

　　　$V_{挂}$——挂车投入额，计算公式为：$V_{挂}$ ＝单价×数量。

依据类别的不同，牵引车单价从 30 万至 80 万不等，进口车辆较国产车辆贵。挂车也根据类型的不同，单价差异较大。牵引车与挂车数量可分为更新和新购两部分。其中新增数量可根据企业甩挂运输货量计算（参见第五章第一节运力配置），更新数量由企业根据自有甩挂运输车辆状况决定。

为推进公路甩挂运输发展，提升道路货物运输效率，促进道路运输行业节能减排，根据《甩挂运输试点工作实施方案》（交运发［2010］562 号）的有关要求，交通运输部组织遴选了三批甩挂运输推荐车型。2012 年 1 月发布第一批甩挂运输推荐车型，11 家车辆生产企业的 10 个牵引车车型和 6 个半挂车车型入选。2013 年 1 月发布了第二批甩挂运输推荐车型，17 家牵引车企业的 29 个牵引车车型和 23 家半挂车企业的 30 个半挂车车型榜上有名。其中，备受货运企业关注的 LNG（液化天然气）牵引车也有 5 个车型入选。2015 年 1 月发布第三批甩挂运输推荐车型。根据交通运输部、财政部相关规定，中央财政补贴专项资金原则上只支持纳入企业试点实施方案的、列入交通运输部甩挂运输推荐车型范围的牵引车和挂车的购置。

2. 甩挂运输站场建设（改造）

甩挂运输站场建设或改造费用是指按甩挂运输站场所在地区现行建筑和设备等的价格水平计算的各部分建设内容费用总和。计算公式如下：

$$K = \sum_{i=1}^{n} K_i \qquad i = 1, 2, 3, \cdots, n$$

式中　K_i——甩挂运输站场建设第 i 部分建设费用，计算公式为：K_i ＝单价×数量。

甩挂运输站场各部分建设数量根据站场平面布局决定。

根据交通运输部、财政部相关规定,专项资金只支持纳入企业试点实施方案的甩挂运输站场建设和改造。重点包括:货运站场内适合挂车作业的装卸平台、甩挂作业仓储设施;满足汽车列车摘挂和回转要求、可供甩挂车辆中转需要的作业场地及场区道路;甩挂作业必要的装卸设备、标准化托盘和辅助设施等。

3. 甩挂运输信息系统建设(改造)

甩挂运输信息系统建设或改造费用指按企业所在地区现行信息系统开发的价格水平计算的各部分新建和改造内容费用总和。计算公式如下:

$$I = \sum_{i=1}^{n} I_i \qquad i = 1, 2, 3, \cdots, n$$

式中　　I_i——第 i 种信息系统的新建和改造费用。

根据交通运输部、财政部相关规定,专项资金只支持纳入企业试点实施方案的甩挂运输管理信息系统建设和改造。重点包括:车辆智能调度系统、作业站场管理信息系统、运输组织与订单管理系统、甩挂运行实时监控系统等。

二、资金筹措

1. 资金筹措内容与种类

资金筹措是指企业通过各种渠道和采用不同方式及时、适量地筹集生产经营和投资必需资金的行为。资金筹措可以分为两大类,即内部资金筹措与外部资金筹措。

所谓内部资金筹措就是动用企业积累的财力,具体来说就是把企业的公积金(留存收益)作为筹措资金的来源。所谓外部资金筹措就是向企业外的经济主体筹措资金。

外部资金筹措的主要渠道有:

(1)向金融机构筹措资金,例如从银行借贷,从信托投资公司、保险公司等处获得资金等。

(2)向非金融机构筹措资金,例如通过商业信用方式获得往来工商企业的短期资金来源,向设备租赁公司租赁相关生产设备获得中长期资金来源等。

(3)在金融市场上发行有价证券。股份公司利用公开市场机制,发行有价证券筹集资金,是一种在经济上与战略上有双重意义的选择。

从经济角度来讲,发行有价证券可以直接面对投资大众,最大限度地利用社会闲散资金,并利用广大投资者之间的购买竞争来有效地降低筹资成本。

从战略角度来讲,发行有价证券又可以提高发行者的知名度,形成筹资企业的多样化负债结构,以避免单一化负债结构下债权人对债务人经济活动的垄断性干预,还可以利用广大债权人对债务还本付息的关心来获得各方面的有效信息。

(4)国家补贴。是指企业从政府无偿取得货币性资产或非货币性资产,但不包括政府作为企业所有者投入的资本。我国目前主要国家补贴包括财政贴息、研究开发补贴、政策性补贴。

2. 甩挂运输资金筹措

在甩挂运输试点项目中,企业除内部资金筹措外,外部资金筹措一般采用银行贷款方式。此外,根据交通运输部、财政部《车辆购置税收入补助地方资金管理暂行办法》第十二条,试点企业还可获得国家补助资金。但该国家补助资金采取"以奖代补"方式,属事后补贴,该部分资金需由企业先行垫付,待验收合格后,再由财政部、交通运输部据实给予资金补助。

关于资金补助详细条款,文件规定如下:

根据项目的不同类别和实际情况,适用定额补助或比例补助。每个项目补助总额原则上不高于 1000 万元。

(1) 项目总投资额超过 1 亿元(含 1 亿元)的,采用定额补助。其中甩挂作业站场按照 500 万/个的标准进行补助;管理信息系统按照 50 万/套的标准进行补助;牵引车和挂车分别按照 4 万/台和 1.5 万/台的标准进行补助。

(2) 项目总投资额小于 1 亿元的,采用比例补助。甩挂作业站场建设或改造、牵引车购置更新、管理信息系统建设或改造按照投资总额的 10%给予补助,挂车购置更新按照投资总额的 20%给予补助。

第二节　经济效益评价

一、经济效益概述

1. 经济效益的含义

经济效益是通过商品和劳动的对外交换所取得的社会劳动节约,即以尽量少的劳动耗费取得尽量多的经营成果,或者以同等的劳动耗费取得更多的经营成果。经济效益是资金占用、成本支出与有用生产成果之间的比较。所谓经济效益好,就是资金占用少,成本支出少,有用成果多。

从经济效益的定义可知,经济效益是有用成果与劳动耗费的比较关系,或简称所得与所费的关系,即:

$$经济效益 = f(所得,所费)$$

也就是说,将所得与所费进行比较和关联研究的任何表达式都属于经济效益的范畴,但其中只有两三种表示法是经济效益的基本表达式。即:

$$纯(或净)经济效益 = 所得 - 所费$$

$$经济效率 = \frac{所得}{所费}$$

$$纯(或净)经济效率 = \frac{所得 - 所费}{所费}$$

2. 经济效益的种类

由于使用范围不同,看问题的角度不同和观察效益的视野不同,因而出现了不同形态、不同种类的经济效益。一般来讲,经济效益可按以下方法进行分类:

(1) 按部门分类

按部门经济效益可分为工业经济效益、农业经济效益、建筑业经济效益、运输业经济效益和商业经济效益。其中工业经济效益又细分为化工经济效益、冶金经济效益、能源经济效益、轻工经济效益、纺织经济效益、电子工业经济效益、机械工业经济效益等;农业经济效益又细分为种植业经济效益、林业经济效益、畜牧业经济效益、渔业经济效益等；建筑业经济效益又细分为工业建筑经济效益、民用建筑经济效益等；运输业经济效益，又细分为铁路运输经济效益、水路运输经济效益、公路运输经济效益、航空运输经济效益等；商业经济效益，又细分为服务业经济效益、饮食经济效益等。

（2）按层次分类

按不同层次经济效益可分为宏观经济效益、中观经济效益和微观经济效益。宏观经济效益一般是指全社会的经济效益、整个国民经济的经济效益。宏观经济效益是社会再生产全过程的经济效益，是社会生产、分配、交换、消费等整个经济活动的经济效益，而不仅仅是生产领域或分配领域的经济效益。微观经济效益一般是指一个企业、一个单位的经济效益，以及一个项目的经济效益。它是宏观经济效益的基础，没有好的微观经济效益，便不可能有好的宏观经济效益。中观经济效益是介于宏观与微观之间的地区、部门（多指跨地区、跨部门）的经济效益。显然，宏观、中观、微观都是相对而言的，并没有一个严格的量的界限与统一的标准。

（3）按受益面分类

按受益面经济效益可分为直接经济效益与间接经济效益。直接经济效益一般是指企业内部经济效益和直接受益部门、单位的经济效益的总和。除直接受益部门的经济效益外，其他均可称为间接经济效益。

（4）按时间分类

按时间长短经济效益可分为近期经济效益、中期经济效益和远期经济效益。近期一般指2～3 年、3～5 年，中期一般指 5～15 年，远期一般指 15 年以上。当然这种时间划分并不是绝对的，这种分类方法也是人为的、习惯的分类方法。然而在研究分析经济效益时，特别是在对各种技术方案、技术措施、技术政策进行决策时，不仅必须考虑这个时间因素，而且也必须协调好近期、中期和远期的经济效益。

（5）按评价标准分类

按评价标准经济效益可分为国民经济效益与企业经济效益。国民经济效益是指某项实践活动或某工程建设项目给整个国民经济带来的效益；企业经济效益是指该实践活动给企业带来的效益。这种分类方法对我国经济效益评价，特别是对技术引进经济效益的评价有重要意义。这是因为，国民经济效益是我国经济效益评价的最高准则。当国民经济效益与企业经济效益发生矛盾时，企业经济效益应服从国民经济效益。

（6）按决策要求分类

按决策要求经济效益可分为事前经济效益、事中经济效益、事后经济效益和跟踪经济效益。事前经济效益是指投资决策前估算的经济效益，是评价各种技术方案和技术实践活动的科学依据；事中经济效益是指生产建设过程中或设计施工过程中的经济效益，是评价现有生产要素及其利用状况的重要标准，也是评价该项建设、该项施工投资效益好坏，或是否追加投资的合理界限；事后经济效益是指建成投产后的经济效益，是评价该项生产经济活动经济效益的重要步骤和手段；跟踪经济效益是指对建成投产后项目的经济效益情况跟踪若干年，观察其稳定程度与变化情况，从而对投资与投资运行的全部情况进行经验总结，探求投资决策、项目建设施工与管理的客观规律。

上述各类型的经济效益，虽各有特点和用途，但在各类实践活动中，又都有"产出与投入"、

"成果与消耗"、"所得与所费"的共性。因此,在经济效益的表示方法上、评价标准上以及指标与指标体系的设计上,都可相互通用、相互补充和相互借鉴。

3. 经济效益的意义

第一,提高经济效益,意味着生产更多产品和劳务,从而有利于人民不断增长的物质和文化生活需要的满足。

第二,提高经济效益,意味着增加盈利和国家收入,增加资金积累,从而有利于国民经济和社会的发展。

第三,提高经济效益,意味着提高投资效益和资源利用效益,从而有利于缓解中国人口多与资源相对不足、资金短缺的矛盾,提高经济增长的速度。

二、经济效益评价

经济效益评价是在投资估算的基础上,对生产成本、收入、税金、利润、贷款偿还年限、资金利润率和内部效益率等进行计算后,对项目是否可行做出的结论。

1. 经济效益评价指标

经济效益分析和评价指标有三类,即:生产经营成果的指标、消耗及消耗效果指标、资金占用及占用效果指标。每类指标包括若干具体指标和相对值指标。

(1)生产经营成果指标。包括:资产报酬率、所有者权益报酬率、销售利润率、销售收入及其增长率、税前利润及其增长率、税金及其增长率、人均销售收入及其增长率、人均税前利润及其增长率、人均税金及其增长率等。

(2)消耗及消耗效果指标。包括:销售利润率、成本利润率、产品单位成本、单位产品人工成本率、单位产品材料成本率、单位产品费用成本率等。

(3)资金占用及占用效果指标。包括:总资产周转率、固定资产周转率、资产报酬率、存货周转率、应收账款周转率等。

2. 经济效益评价原则

(1)技术与经济相结合的评价原则;

(2)定性分析和定量分析相结合的评价原则;

(3)财务分析和国民经济分析相结合的评价原则;

(4)经济效益、社会效益和环境效益相统一的评价原则。

3. 经济效益评价方法

经济效益评价时以比较法为基础评价方法,一般以企业经济效益现状与各种标准进行比较。通常进行五种比较:

(1)现实指标与上一年同期实际水平相比较;

(2)与历史最高水平相比较;

(3)与同行业的平均水平相比较;

(4)与同行业先进水平相比较;

(5)与国际同行业先进水平相比较。

上述由低到高一共五个档次,在实际工作中应结合起来评价。

三、甩挂运输经济效益评价

1. 甩挂运输经济效益的体现

甩挂运输的经济性是指在实施甩挂运输的整个过程中,通过采用各种技术与方法降低各运输及相关环节费用的总和,它主要包括运输效率和运输成本。其定量计算可通过与普通的公路运输组织方式的比较来进行。

（1）运输效率

运输效率是指运输活动中所消耗的劳动量与所获得的劳动效果的比率,即要素投入与有效产出的比率。采用甩挂运输方式后运输效率的提升主要体现在由于减少了牵引车的装卸等待时间,将有效减少牵引车的使用数量,增加单车载重行驶里程以及完成的总周转量。一般而言,甩挂模式下单车周转量可达到 300～800 万吨千米,较传统模式上升 60%～100%。

（2）运输成本

运输成本是指单位运输产品分摊的运输费用支出,或称单位运输产品成本。运输成本所包括的支出范围一般有:办理货物运输的费用;运输准备工作和车、船运行中的费用;运输生产单位固定资产的折旧费和维持保养费用;运输生产单位的间接生产费、服务费和管理费。甩挂运输中经济效益评价采用的是单位周转量的运输成本。一般而言,传统模式下单车平均运输成本大概为 0.3～0.35 元/吨千米,甩挂模式下大概在 0.25～0.3 元/吨千米,甩挂模式可较传统模式下降 10%～15%。

2. 甩挂运输经济效益影响因素

甩挂运输的发展是运输需求不断发展变化的产物,但它并不适用于所有的运输场合,其经济效益的实现受多种因素的影响,主要包括运输效率和营运成本。

就运输效率而言,一方面,甩挂运输依托具备良好兼容性和可扩展性的车辆。这些车辆在载重量和技术速度上明显优于传统货车;另一方面,甩挂运输依托先进、科学的组织管理方式最大限度地加速牵引车的周转,提高牵引车的使用效率,减少空车行驶和货物装卸时间,加快货物中转以缓解库存压力,从而大大提高了运输效率。

就营运成本而言,甩挂运输采用的是一辆牵引车对应多辆挂车,故可以减少牵引车的购置数量。而挂车的价格低廉,从而减少了车辆的购置成本,车辆维修等费用。甩挂运输的应用不仅节约了运输工具的购买,而且减少了驾驶员的雇用数,从而降低人员工资费用和与人员有关的管理费用等其他支出。由于甩挂运输需要在较高组织化程度的条件下进行,故而推动了甩挂运输企业向集约化、规模化方向发展,进而压缩了运输站场成本,实现了规模效益。

3. 甩挂运输经济效益测算

甩挂运输经济效益测算主要对传统运输模式和甩挂运输模式下的运输效率、运输成本等指标进行对比分析。

1）运输效率

运输效率主要评价指标包括:单车年总行程、单车年载重行驶里程、单车完成周转量等。计算公式如下:

$$单车年总行程＝年运营天数×每天作业次数×线路平均长度$$
$$单车年载重行驶里程＝单车年总行程×里程利用率$$

$$单车完成周转量＝单车年载重行驶里程×车辆吨位×吨位利用率$$

$$每天作业次数＝\frac{车辆每天工作总时间}{（运行时间＋两端装卸时间×2）×2}$$

甩挂模式下，单车年日均行驶里程一般不超过 1000 千米，年运行时间不超过 330 天，或据实确定。

其中，一线两点和一线多点模式下，牵引车往返一趟算作业一次；循环模式下，牵引车循环一趟算作业一次；网络甩挂模式下线路里程按一线两点累计计算，牵引车作业次数参照一线两点计算。每月作业次数由牵引车每天作业次数决定。

$$里程利用率＝\frac{载货行程}{总行程}×100\%$$

或根据实际情况而定，传统模式下一般为 0.7～0.85，甩挂模式下为 0.8～0.95。

$$吨位利用率＝\frac{实际载货吨位}{标记载货吨位}×100\%$$

或根据实际情况而定，通常在 0.7～0.9，传统模式下一般较甩挂模式下略高。

2) 运输成本

单位周转量的运输成本主要评价指标包括：折旧费、燃油费、修理费、保险费、工资、通行费、税金、管理成本及其他等。计算公式如下：

$$C=\frac{\sum_{i=1}^{n}C_i}{Q}\qquad i=1,2,3,\cdots,n$$

式中　C——单位运输成本，元/吨千米；

　　　C_i——折旧费、燃油费、修理费等相关年度费用，万元；

　　　Q——单车年完成周转量，吨千米。

（1）折旧费：通常按资产原来成本的固定百分比来计算，该金额须定期记入支出账内或从总收入中扣除，以弥补该资产的贬值。甩挂运输中，单车平均价格为牵引车加挂车价格，若拖挂比为 1∶N，则单车价格＝牵引车＋N×挂车。采用平均年限折旧法按照 5 年计提折旧，残值率取 10%。

（2）燃油费：运输过程中车辆消耗的燃油数量与燃油价格的乘积。传统模式下牵引车百千米油耗一般为 34～40 升，甩挂模式下牵引车百千米油耗一般为 36～42 升。燃油（柴油）价格按现行市场价格计算。

$$单车年总油耗＝\frac{单车年行驶里程（千米）}{100}×百千米油耗（升/百千米）$$

$$单车年燃油费＝单车年总油耗（升）×燃油单价（元/升）$$

（3）修理费：传统模式下为 1 辆牵引车和 1 辆挂车的年均费用，甩挂模式下依据配置挂车数量的不同而有所增加。以拖挂比为 1∶N 计算。

$$年维修费用＝牵引车维修费＋N×挂车维修费$$

（4）保险费：主要包括第三责任险、货险、驾驶员意外伤害险和机动车险等。传统模式下为 1 辆牵引车和 1 辆挂车的年均保险费用，甩挂模式下依据配置挂车数量的不同而有所增加。

（5）工资：按企业所在地区现行工资价格决定。传统模式下单车一般配备 1 名驾驶员，甩挂模式下依据企业具体要求决定，中长途运输线路单车一般配备 2～3 名驾驶员。

$$驾驶员工资＝单车配备驾驶员人数×人均年薪$$

（6）税金：以单车营业收入为基础计算。实施营业税改增值税的地区，按照新的规定，计算税金。

（7）通行费：目前全国高速公路基本采用计重收费方式，基本费率参照各省具体收费标准。

$$年通行费＝年周转量×通行费标准$$

（8）管理费用：单车年管理费用分摊，依据企业实际情况而定。一般情况下，传统模式下为1辆牵引车和1辆挂车的年均管理费用，甩挂模式下依据配置挂车数量的不同而有所增加。

（9）其他费用：保证甩挂运输顺利进行的其他费用。包括货损货差及随车工具配置等费用，依据企业实际情况而定。

第三节　社会效益评价

一、社会效益的内涵

社会效益一般是指项目对社会整体利益和社会全面发展的适应程度和影响结果，包括对政治、经济、文化、环境等多个方面的作用和效果。社会效益是相对于经济效益而言的，经济效益是指获得的利润回报，社会效益具有丰富的内涵，即：

（1）社会效益指项目是建立在有利于社会整体利益的基础上的，它的影响对象是社会整体利益，即公共利益是否得到满足。公共利益是对社会个体利益的整合和抽象。公共利益并不是个体利益的简单相加，而是当绝大多数的个人利益基于某项行为得到了满足和改善时，就可以认为这样一项行为具有公共利益的性质，它具有社会效益。这应当符合"帕累托改进理念"，即执行一个项目的结果是至少使一部分社会成员的情形变得更好，同时没有任何社会成员的情形会因此变得更糟，以增加社会福利。例如，征收土地修建一座大桥，改善城市道路系统，修建经济适用房、养老院、医院等应当视为具有社会效益的政府投资。

（2）社会效益指项目以促进社会全面发展为根本目标，是广义的社会效益。通常，社会发展目标应包括政治、经济、文化、卫生、教育、国防等各个社会生活领域。因此，项目的社会效益一般要求从社会的宏观角度来考察项目存在给社会带来的贡献和影响。它不仅涉及社会的经济效益，与经济活动有关的宏观社会效益、环境生态效益等，还包括更广泛的属于纯粹社会效果的非经济社会效益。而且有些社会发展目标所体现的社会效益与影响具有相当的长期性，例如项目对居民健康、寿命的影响，对生态与自然环境的影响，对居民文化生活、人口素质的影响等。

具体而言，不同行业对社会效益有不同认识。就交通运输行业来说，社会效益指交通运输行业能源消耗减少和碳排放降低。

二、社会效益评价

社会效益评价是以国家各项社会政策为基础，对项目实现国家和地方社会发展目标所做贡献和产生的影响及其与社会相互适应性所做的系统分析评估。通常，社会发展目标应包括经济、政治、文化、艺术、教育、卫生、安全、国防、环境等各个社会生活领域的目标。而投资项目要实现的社会发展目标主要是指经济增长速度、收入公平分配、自力更生能力、劳动就业程度、科技进步及其他社会变革等,其中最主要、最根本的还是经济增长和收入公平分配的目标。

1. 社会效益评价的特点

(1)宏观性。社会效益评价从人的全面发展和社会可持续发展等视角来考察、分析和评价项目实施全过程中各类社会因素、社会现象和社会问题,追求的是社会发展效果,具有很强的宏观性。

(2)抽象性。社会效益评价与经济效益评价有许多不同,其很多指标往往难以量化,通常采用定性方法为主或者采用多目标的定性与定量方法相结合,价值形态指标与非价值形态指标相结合。

(3)长期性。政府投资项目一般投资规模大,建设周期长。社会效益评价贯穿于项目周期的各个环节和过程,而且要关注近期和远期与项目运行有关的各种社会发展目标,持续时间相对较长。

(4)外部性。外部性是指某一经济活动对社会产生的积极或消极影响。

因此,评价政府投资项目的社会效益时,不仅要考虑该项活动的直接结果,同时还要考虑各种间接结果;不仅要考虑是否满足社会共同需要,还要考虑是否产生"负外部性"。

2. 社会效益评价与国民经济评价的区别

社会效益评价与国民经济评价之间既相互联系,又有区别,各有其特点,其区别如下:

(1)评价目的不同

社会效益评价的目的是分析项目对人类文明进步、社会经济发展以及环境保护的贡献与影响,是从社会角度衡量项目的优劣。国民经济评价的目的可以说是财务评价的补充与完善,它用理想的影子价格替代了并非均衡价格的市场价格,是从比财务评价更为公正的角度衡量项目的优劣。

(2)评价方法指标不同

国民经济评价以定量描述为主,难以直接量化的部分可以采用系数法间接量化,定性描述较少。评价指标以价值形态为主,以货币作为度量尺度。而社会效益评价在目前的技术条件下,指标难以量化,社会效益评价一般以定性描述为主,在评价指标方面,虽然有采用价值形态的评价指标,但更多的则是采用非价值形态的评价指标。

(3)主体对象不同

进行国民经济评价时,是站在国民经济全局的角度,评价项目建设给整个国民经济发展目标所提供的增量效益和增量贡献。它所考虑的是项目的国民经济效益对国家机器和全体人民整体利益的影响。社会效益评价要考虑项目对经济法人和国家机器利益的影响,但更主要的是考虑项目对自然人利益的影响和对区域经济发展的影响;既要考虑项目对自然人的生存、发展、健康等影响,也要考虑项目对区域产业结构、经济增长方式、资源利用、人才素质等问题的影响。

3. 社会效益评价指标

社会效益评价的指标体系是综合反映项目本身和社会、经济、环境所构成的复杂系统的不同属性的指标,是按隶属关系、层次原则有序组成的集合。根据项目社会效益评价涉及的内容,可将其内容归纳为社会环境影响、社会经济影响、自然环境影响三类,并将这些影响的因素加以系统分析和合理综合,建立社会效益评价的分层指标体系。

(1)社会环境影响评价指标。主要是从社会政治、社会技术进步、项目的就业分配效果等社会宏观方面的影响来设置的指标。包括就业分配效果、提升物流水平、缓解交通压力等。

(2)社会经济影响评价指标。主要是从宏观经济角度分析项目对该地区的经济影响。包括带动相关产业、降低社会生产成本、土地增值效益等。

(3)自然环境影响评价指标。主要是从能源的节省和对环境的污染这两个方面来评价项目所创造的社会效益。

4. 社会效益评价方法

(1)定量与定性分析法

定量分析方法是指运用统一的量纲、一定的计算公式及判别标准(参数),通过数量演算反映评价结果的方法。一般来说,数量化的评价结果比较直观,但对于社会效益评价来说,大量的、复杂的社会因素都要进行定量计算,难度较大。因此,对于难于采用定量分析的因素可以采用定性分析的方法。定性分析方法基本上是采用文字描述,说明事物的性质。但定性分析与定量分析的区别也不是绝对的,定性分析在需要与可能的情况下,应尽量采用直接或间接的数据,以便更准确地说明问题的性质或结论。

(2)有无对比分析方法

有无对比分析法是指有项目情况与无项目情况的对比分析。它是社会效益评价中较常采用的分析评价方法,通过有无对比分析,可以确定拟建项目引起的社会变化,亦即各种社会效益和影响的性质和程度,从而判断项目存在的社会风险和社会可行性。

(3)综合分析评价方法

前两种社会效益评价的方法,只是对单项社会效益指标进行分析评价,至于这些单项指标之间的联系及对项目总目标的共同影响却无法分析,从而有可能使得项目社会效益评价结论具有片面性,影响了项目的决策。综合分析评价方法很好地解决了这一问题。社会效益评价的综合评价是在单项指标分析评价的基础上,进行综合分析,以求得项目的综合社会效益和影响,以利于项目决策。该方法应用数理统计学、运筹学、决策学、系统工程学等方法,通过建立数学模型将定性指标定量化,已成为项目社会效益综合评价的重要手段。常用的综合分析评价方法可归纳为两大类,一类是矩阵分析总结法,一类是多目标综合分析评价法。

三、甩挂运输社会效益评价

1. 甩挂运输社会效益体现

甩挂运输的社会效益体现在实施甩挂运输的整个过程中,通过采用各种技术与方法促使企业达成节能减排的目标。它主要包括降低能源消耗和减少碳排放。其定量计算可通过与普通的公路运输组织方式的比较来进行。

(1)能源消耗

能源消耗指货运车辆运输过程中所消耗的燃油量。主要评价指标为百吨千米油耗,即货运车辆在运输过程中每完成100吨千米周转量所消耗的燃油量,单位为升/百吨千米。一般情况下以2升/百吨千米为界,传统模式下不低于2升/百吨千米,甩挂模式不高于2升/百吨千米。一般而言,甩挂模式下的百吨千米油耗的节能效果都在20%以内。

（2）碳排放

碳排放是关于温室气体排放的一个总称或简称。温室气体中最主要的气体是二氧化碳，故通常将碳排放简单地理解为二氧化碳排放。二氧化碳排放量是指在生产、运输、使用及回收该产品时所产生的平均温室气体排放量。由于甩挂运输车辆使用的是柴油，因此实际测算中以柴油的二氧化碳排放量为评价指标。

2. 甩挂运输社会效益测算

甩挂运输社会效益的测算主要是以单车为分析对象，对传统模式和甩挂模式下能源消耗和碳排放进行对比分析。

（1）能源消耗

能源消耗评价指标主要包括：百吨千米油耗、百吨千米燃油节约量、线路燃油节约量、线路节约标准煤等。

单车年百吨千米燃油消耗计算公式如下：

$$Q_i = \frac{L_i \times q_i}{N_i}$$

式中　　Q_i——线路 i 单车年百吨千米平均油耗，升/百吨千米；

　　　　L_i——线路 i 单车年行驶总里程，车千米；

　　　　q_i——线路 i 单车年百千米平均油耗，升/百千米；

　　　　N_i——线路 i 单车年货运周转量，吨千米。

单车百吨千米燃油节约量＝单车百吨千米油耗量（甩挂模式）－单车百吨千米油耗量（传统模式）

线路燃油节约量＝单车百吨千米节约量×单车年周转量（甩挂模式）×试点线路牵引车数量

线路共节约标煤＝试点线路燃油节约量（万升）×12.5（吨/万升）

线路燃油成本＝线路燃油节约量（升）×当前燃油价格（元/升）

（2）碳排放

总减排量按照线路的减排量计算，为各线路减排量之和。线路减排量计算公式如下：

线路减少二氧化碳排放量＝线路燃油节约量（升）×2.72（千克/升）

第四节　案例分析

湖北 A 企业为全国甩挂运输试点企业，运营 4 条甩挂运输试点线路，分别为省内网络甩挂线路、循环甩挂线路 B 市—南昌—合肥和 B 市—济南—天津，以及一线两点线路 B 市—广州。运输货物以日用百货、烟草、汽车零配件等为主。

一、投资估算与资金筹措

1. 投资估算

综合企业甩挂运输试点在甩挂运输站场、车辆装备和信息系统等方面的投入，需投入资金总额约为 9809.22 万元，如表 8-2 所示。

表 8-2　试点项目资金需求

相关指标	单位	数量	单位成本(万元)	资金投入(万元)
牵引车数量	辆	15	30	450
挂车数量	辆	26	12	312
甩挂作业站场建设(改造)	—			
其中:甩挂装卸平台	平方米	3240	0.06	194.40
甩挂仓储设施(普通仓库)	平方米	20520	0.11	2257.20
甩挂仓储设施(烟草仓库)	平方米	23760	0.17	4039.20
装卸作业场地	平方米	21600	0.03	648.00
场区公路	平方米	48227.585	0.02	964.55
停车场地	平方米	10440	0.025	261.00
堆场	平方米	16762.3	0.03	502.87
标准化托盘	个	2000	0.015	30
甩挂运输信息系统	套	1	150	150
合计				9809.22

2. 资金筹措

(1) 国家补助资金

根据财政部、交通运输部相关政策的要求,对于符合条件的甩挂运输站场建设改造、车辆更新购置、信息系统建设改造,中央财政可给予相应的资金补贴。本项目可纳入补贴范围的投资总计为 9809.22 万元。由于投资额小于 1 个亿,采用比例补助方式。甩挂运输站场建设或改造、牵引车购置更新、管理信息系统建设或改造按投资总额的 10% 给予补助,挂车购置更新按照投资总额的 20% 给予补助,每个项目补助总额不高于 1000 万元。中央财政补助项目及金额明细如表 8-3 所示。

表 8-3　中央财政补助项目及金额明细

	具体投入项目	数量(平方米、个、台、套)	单价(万元/平方米、个、台、套)	投入金额(万元)	补助额度
车辆更新购置	牵引车	15	30	450	10%
	挂车	26	12	312	20%
	小计			762	107.4
甩挂运输站场建设	普通仓库	20520	0.11	2257.2	
	烟草仓库	23760	0.17	4039.2	
	装卸平台	3240	0.06	194.4	
	装卸作业场地	21600	0.03	648	
	甩挂作业停车场	10440	0.025	261	10%
	堆场	16762.3	0.03	502.87	
	场区内道路及路面	48227.59	0.02	964.55	
	标准化托盘	2000	0.015	30	
	小计			8897.22	889.72

续表 8-3

具体投入项目		数量(平方米、个、台、套)	单价(万元/平方米、个、台、套)	投入金额(万元)	补助额度
甩挂运输管理信息系统建设	TMS 运输管理系统(含订单管理系统)	1	20	20	10%
	甩挂运输 GPS 调度管理系统	1	30	30	
	甩挂运输站场视频监控系统	1	70	70	
	仓储管理信息系统	1	15	15	
	装卸理货管理信息系统	1	15	15	
小计				150	15
总计				9809.22	1012.12

据测算,A 企业甩挂运输试点项目可获得中央财政补贴 1000 万。

(2) 企业自筹

充分发挥市场资源配置作用,由建设方 A 企业投资 5309.22 万元,保证项目建设资金需求。

(3) 银行贷款

申请银行贷款 3500 万元,解决资金不足问题。

根据以上资金来源分析,甩挂项目资金来源计划如表 8-4 所示。

表 8-4　资金来源计划

资金来源	项目建设期	
	资金(万元)	比例(%)
总投资	9809.22	100.00
企业投入资金	5309.22	54.13
国家补助资金	1000.00	10.19
银行贷款资金	3500.00	35.68

注:国家补助资金采取以奖代补的方式,该补助资金由企业先行垫付,待验收合格后,再据实给予补贴。

二、经济效益评价

1. 运输效率

采用甩挂运输方式后运输效率的提升主要体现在由于减少了牵引车的装卸等待时间,从而有效减少牵引车的使用数量,增加单车载重行驶里程以及完成的总周转量。从数据分析来看,试点线路运输效率对比(表 8-5)如下:

线路 1:省内网络甩挂线

传统模式:牵引车平均每月往返作业 20 次,单车年总行程＝20×335×2×12＝160800 千米;以平均里程利用率 80% 计算,牵引车单车年载重行驶里程＝160800×80%＝128640 千米;以传统运输模式车辆吨位利用率为 75% 计算,单车完成周转量＝30 吨×128640 千米×75%＝2894400 吨千米;

甩挂模式:牵引车平均每月往返作业 26 次,单车年总行程＝26×335×2×12＝209040 千米;以平均里程利用率 90％计算,牵引车单车年载重行驶里程＝209040×90％＝188136 千米;以甩挂运输模式车辆吨位利用率为 90％计算,单车完成周转量＝30 吨×188136 千米×90％＝5079672 吨千米。

从以上分析可以看出,采用甩挂模式,牵引车单车年总行程提高了 30％,单车载重行驶里程上升了 46％,单车完成周转量提高了 76％。

线路 2:B 市—南昌—合肥

传统模式:牵引车平均每月往返作业 13 次,单车年总行程＝13×858×2×12＝267696 千米;以传统单车运输模式车辆里程利用率为 76％计算,牵引车单车年载重行驶里程＝267696×76％＝203449 千米;以传统运输模式车辆吨位利用率为 85％计算,单车完成周转量＝30 吨×203449 千米×85％＝5187948 吨千米;

甩挂模式:牵引车平均每月往返作业 17 次,单车年总行程＝17×858×2×12＝350064 千米;以平均里程利用率 90％计算,牵引车单车年载重行驶里程＝350064×90％＝315057.6 千米;以甩挂运输模式车辆吨位利用率为 90％计算,单车完成周转量＝30 吨×315057.6 千米×90％＝8506555 吨千米。

从以上分析可以看出,采用甩挂模式,牵引车单车年总行程提高了 31％,单车载重行驶里程上升了 55％,单车完成周转量提高了 64％。

线路 3:B 市—济南—天津

传统模式:牵引车平均每月往返作业 7 次,单车年总行程＝7×1248×2×12＝209664 千米;以传统单车运输模式车辆里程利用率为 78％计算,牵引车单车年载重行驶里程＝209664×78％＝163537.9 千米;以传统运输模式车辆吨位利用率为 83％计算,单车完成周转量＝30 吨×163537.9 千米×83％＝4072094 吨千米;

甩挂模式:牵引车平均每月往返作业 10 次,单车年总行程＝10×1248×2×12＝299520 千米;以平均里程利用率 85％计算,牵引车单车年载重行驶里程＝299520×85％＝254592 千米;以甩挂运输模式车辆吨位利用率为 90％计算,单车完成周转量＝30 吨×254592 千米×90％＝6873984 吨千米。

从以上分析可以看出,采用甩挂模式,牵引车单车年总行程提高了 43％,单车载重行驶里程上升了 56％,单车完成周转量提高了 69％。

线路 4:B 市—广州

传统模式:牵引车平均每月往返作业 8 次,单车年总行程＝8×1011×2×12＝194112 千米;以传统单车运输模式车辆里程利用率为 75％计算,牵引车单车年载重行驶里程＝194112×75％＝145584 千米;以传统运输模式车辆吨位利用率为 80％计算,单车完成周转量＝30 吨×145584 千米×80％＝3494016 吨千米;

甩挂模式:牵引车平均每月往返作业 11 次,单车年总行程＝11×1011×2×12＝266904 千米;以平均里程利用率 85％计算,牵引车单车年载重行驶里程＝266904×85％＝226868.4 千米;以甩挂运输模式车辆吨位利用率为 85％计算,单车完成周转量＝30 吨×226868.4 千米×85％＝5785144 吨千米。

从以上分析可以看出,采用甩挂模式,牵引车单车年总行程提高了 38％,单车载重行驶里程上升了 56％,单车完成周转量提高了 66％。

综上分析,试点线路牵引车单车年平均总行程 281382 千米,比传统模式下提升了 35％;由于合理组织货源,牵引车单车年均周转量 6561339 吨千米,较传统模式下提升了 68％。

表 8-5　试点线路运输效率对比分析

线路名称	运输方式	车辆吨位	单车年总行程(车千米)	单车年载重行驶里程(重车千米)	单车完成周转量(吨千米)
省内网络甩挂线	传统模式	30	160800	128640	2894400
	甩挂模式	30	209040	188136	5079672
	增减量		48240	59496	2185272
	增减率		30％	46％	76％
B市—南昌—合肥	传统模式	30	267696	203449	5187948
	甩挂模式	30	350064	315058	8506555
	增减量		82368	111609	3318607
	增减率		31％	55％	64％
B市—济南—天津	传统模式	30	209664	163538	4072094
	甩挂模式	30	299520	254592	6873984
	增减量		89856	91054	2801890
	增减率		43％	56％	69％
B市—广州	传统模式	30	194112	145584	3494016
	甩挂模式	30	266904	226868	5785144
	增减量		72792	81284	2291128
	增减率		38％	56％	66％
综合分析	传统模式	30	208068	160303	3912115
	甩挂模式	30	281382	246164	6561339
	增减量		73314	85861	2649224
	增减率		35％	54％	68％

2. 运输成本

（1）折旧费

传统模式下,单车平均价格 42 万元(含 1 挂),按 5 年折旧,残值 10％,按照平均年限折旧法,每年折旧费为 7.56 万元/年。

甩挂模式下,单车平均价格 56.04 万元(含 2.21 挂),按 5 年折旧,残值 10％,按照平均年限折旧法,折旧费为 10.17 万元/年。

（2）燃油费

传统模式下百千米油耗为 40 升,甩挂模式下百千米油耗为 42 升,2013 年 5 月湖北柴油价格按 6.99 元/升计算。

（3）修理费

传统模式下,单车修理、轮胎费用全年 1.86 万元(含 1 主 1 挂)。

甩挂模式下,单车修理、轮胎费用全年 3.23 万元(含 1 主 2.21 挂)。

（4）保险费

传统模式下,单车全年保险费约 4.12 万元(第三责任险、货险、驾驶员意外伤害险和机动车险,1 主 1 挂)。

甩挂模式下,单车全年保险费为 5.77 万元(拖挂比 1:2.21)。

（5）工资

传统模式下，一车1人制，1人×4000元/月×12月＝4.8万元。

甩挂模式下，按平均一车1.6人计算，1.6人×4000元/月×12月＝7.68万元。

（6）通行费

湖北省目前高速公路采用计重收费的方式，基本费率为0.088元/吨千米，车货总重量小于或等于10吨的车辆按基本费率计收；10吨至40吨的车辆从基本费率线性递减到基本费率的一半。

（7）税金

根据企业情况，每吨运费收取900元，营改增抵扣后税金按营业收入的5.73％缴纳。

（8）管理分摊

传统模式下，单车年均摊销管理费用3.6万元。

甩挂模式下，单车年均摊销管理费用4.8万元。

（9）其他费用（货损货差、随车工具等）：

传统模式下，单车年平均0.5万元；

甩挂模式下，单车年平均0.5万元。

（10）运输成本

线路1：省内网络甩挂线

传统模式下：

$$运输成本 = \frac{7.56+44.96+1.86+4.12+4.8+17.37+12.74+3.6+0.5}{2894400} \times 10000 =$$

0.337元/吨千米。

甩挂模式下：

$$运输成本 = \frac{10.17+61.37+3.23+5.77+7.68+30.48+22.35+4.8+0.5}{5079672} \times 10000 =$$

0.288元/吨千米。

以试点期结束线路使用13辆牵引车计算，年均节约运输成本321.82万元。

线路2：B市—南昌—合肥

传统模式下：

$$运输成本 = \frac{7.56+74.85+1.86+4.12+4.8+31.13+22.83+3.6+0.5}{5187948} \times 10000 =$$

0.292元/吨千米。

甩挂模式下：

$$运输成本 = \frac{10.17+102.77+3.23+5.77+7.68+51.04+37.43+4.8+0.5}{8506555} \times 10000 =$$

0.263元/吨千米。

以试点期结束线路使用6辆牵引车计算，年均节约运输成本147.52万元。

线路3：B市—济南—天津

传统模式下：

$$运输成本 = \frac{7.56+58.62+1.86+4.12+4.8+24.43+17.92+3.6+0.5}{4072094} \times 10000 =$$

0.303元/吨千米。

甩挂模式下：

$$运输成本 = \frac{10.17+87.93+3.23+5.77+7.68+41.24+30.25+4.8+0.5}{6873984} \times 10000 =$$

0.279元/吨千米。

以试点期结束线路使用6辆牵引车计算，年均节约运输成本100.46万元。

线路4：B市—广州

传统模式下：

$$运输成本 = \frac{7.56+54.27+1.86+4.12+4.8+20.96+15.37+3.6+0.5}{3494016} \times 10000 =$$

0.324元/吨千米。

甩挂模式下：

$$运输成本 = \frac{10.17+78.36+3.23+5.77+7.68+34.71+25.45+4.8+0.5}{5785144} \times 10000 =$$

0.295元/吨千米。

以试点期结束线路使用6辆牵引车计算，年均节约运输成本98.99万元。

通过以上计算可以看出，从单位运输成本看，甩挂模式下线路运输成本平均节约了0.033元/吨千米，下降了10%。试点期结束4条试点线路共可节约运输成本668.79万元。单位运输成本详细分析如表8-6所示。

表8-6　单位运输成本详细分析

运输方式	省内网络甩挂线	B市—南昌—合肥	B市—济南—天津	B市—广州	综合分析
传统模式	0.337	0.292	0.303	0.324	0.314
甩挂模式	0.288	0.263	0.279	0.295	0.281
增减率	−14%	−10%	−8%	−9%	−10%

三、社会效益评价

1. 能源消耗

车辆在采用甩挂运输模式时并不能提高单车的运营效率和降低单车油耗及排放指标，主要是通过集约化的组织模式，减少车辆的空驶，从而带来单位周转量能耗的下降，使企业整体运营效率提高、成本大幅减少以及运输利润大幅上升。

线路1：省内网络甩挂线

传统模式下：

$$单车百吨千米油耗 = \frac{\frac{160800}{100} \times 40 \times 100}{2894400} = 2.22\ 升/百吨千米$$

甩挂模式下：

$$单车百吨千米油耗 = \frac{\frac{209040}{100} \times 42 \times 100}{5079672} = 1.73\ 升/百吨千米$$

单车平均里程利用率从传统模式下的 80％提高到 90％,带来了 22％的百吨千米油耗减少。以单车完成周转量 5079672 吨千米计算,单车每年可节约燃油 25084.8 升。按照线路试点期结束计划使用 13 辆牵引车计算,每年可节约燃油 326102 升,节约燃油成本 $\frac{326102\ \text{升} \times 6.99\ \text{元/升}}{10000} = 227.95$ 万元,节约标准煤 $\frac{326102 \times 12.5}{10000} = 407.63$ 吨。

线路 2:B 市—南昌—合肥

传统模式下:

$$单车百吨千米油耗 = \frac{\frac{267696}{100} \times 40 \times 100}{5187948} = 2.06\ \text{升/百吨千米}$$

甩挂模式下:

$$单车百吨千米油耗 = \frac{\frac{350064}{100} \times 42 \times 100}{8506555} = 1.73\ \text{升/百吨千米}$$

单车平均里程利用率从传统模式下的 76％提高到 90％,带来了 16％的百吨千米油耗减少。以单车完成周转量 8506555 吨千米计算,单车每年可节约燃油 28547 升。按照线路试点期结束计划使用 6 辆牵引车计算,每年可节约燃油 171282 升,节约燃油成本 $\frac{171282\ \text{升} \times 6.99\ \text{元/升}}{10000} = 119.73$ 万元,节约标准煤 $\frac{171282 \times 12.5}{10000} = 214.1$ 吨。

线路 3:B 市—济南—天津

传统模式下:

$$单车百吨千米油耗 = \frac{\frac{209664}{100} \times 40 \times 100}{4072094} = 2.06\ \text{升/百吨千米}$$

甩挂模式下:

$$单车百吨千米油耗 = \frac{\frac{299520}{100} \times 42 \times 100}{6873984} = 1.83\ \text{升/百吨千米}$$

单车平均里程利用率从传统模式下的 78％提高到 85％,带来了 11％的百吨千米油耗减少。以单车完成周转量 6873984 吨千米计算,单车每年可节约燃油 15772.68 升。按照线路试点期结束计划使用 6 辆牵引车计算,每年可节约燃油 94636 升,节约燃油成本 $\frac{94636\ \text{升} \times 6.99\ \text{元/升}}{10000} = 66.15$ 万元,节约标准煤 $\frac{94636 \times 12.5}{10000} = 118.3$ 吨。

线路 4:B 市—广州

传统模式下:

$$单车百吨千米油耗 = \frac{\frac{194112}{100} \times 40 \times 100}{3494016} = 2.22\ \text{升/百吨千米}$$

甩挂模式下:

$$单车百吨千米油耗 = \frac{\frac{266904}{100} \times 42 \times 100}{5785144} = 1.94\ \text{升/百吨千米}$$

单车平均里程利用率从传统模式下的 75％提高到 85％,带来了 13％的百吨千米油耗减少。以单车完成周转量 5785144 吨千米计算，单车每年可节约燃油 16459.08 升。按照线路试点期结束计划使用 6 辆牵引车计算，每年可节约燃油 98754.5 升，节约燃油成本 $\dfrac{98754.5\ \text{升} \times 6.99\ \text{元/升}}{10000} = 69.03$ 万元，节约标准煤 $\dfrac{98754.5 \times 12.5}{10000} = 123.44$ 吨。

通过以上计算可以看出，从百吨千米油耗看，甩挂运输方式平均节约了 0.336 升/百吨千米，下降了 16%。试点期结束 4 条线路共可节约燃油 69.08 万升，节约燃油成本 482.85 万元，节约标准煤 863.47 吨。平均单车燃油及排放对比分析如表 8-7 所示。

表 8-7　平均单车燃油及排放对比分析

线路名称	运输方式	总行驶里程（车千米）	年运输量（吨千米）	年总耗油量（升）	百千米油耗（升/百千米）	百吨千米油耗（升/百吨千米）
省内网络甩挂线	传统模式	160800	2894400	64320	40	2.22
	甩挂模式	209040	5079672	87797	42	1.73
	增减量	48240	2185272	23477	2	−0.49
	增减率	30%	76%	37%	5%	−22%
B市—南昌—合肥	传统模式	267696	5187948	107078	40	2.06
	甩挂模式	350064	8506555	147027	42	1.73
	增减量	82368	3318607	39948	2	−0.34
	增减率	31%	64%	37%	5%	−16%
B市—济南—天津	传统模式	209664	4072094	83866	40	2.06
	甩挂模式	299520	6873984	125798	42	1.83
	增减量	89856	2801890	41933	2	−0.23
	增减率	43%	69%	50%	5%	−11%
B市—广州	传统模式	194112	3494016	77645	40	2.22
	甩挂模式	266904	5785144	112100	42	1.94
	增减量	72792	2291128	34455	2	−0.28
	增减率	38%	66%	44%	5%	−13%
综合分析	传统模式	208068	3912115	83227	40	2.14
	甩挂模式	281382	6561339	118180	42	1.81
	增减量	73314	2649224	34953	2	−0.336
	增减率	35%	68%	42%	5%	−16%

2. 碳排放

根据相关统计指标，每升柴油的二氧化碳排放量为 2.72 千克/升。则减少二氧化碳排放 = 试点线路燃油节约量（升）×2.72（千克/升）。

线路 1：省内网络甩挂线

试点期结束，线路 1 可实现减少二氧化碳排放 $= \dfrac{326102 \times 2.72}{1000} = 887$ 吨。

线路 2：B 市—南昌—合肥

试点期结束，线路 2 可实现减少二氧化碳排放 $= \dfrac{171282 \times 2.72}{1000} = 465.89$ 吨。

线路 3：B 市—济南—天津

试点期结束，线路 3 可实现减少二氧化碳排放 $= \dfrac{94636 \times 2.72}{1000} = 257.41$ 吨。

线路 4：B 市—广州

试点期结束，线路 4 可实现减少二氧化碳排放 $= \dfrac{98754.5 \times 2.72}{1000} = 268.61$ 吨。

则试点期结束，企业 4 条甩挂运输试点线路共可实现总减排 1878.91 吨。

第九章　公路甩挂运输项目风险评估

第一节　项目风险概念与特点

一、项目风险的定义

风险是一个具有极其深刻而又广泛含义的概念,以往的研究对于风险还没有公认的标准化的定义。1901年,美国的威雷特在其博士论文《风险与保险的经济理论》中,首次给出风险的定义,指出"风险是关于不愿发生的事件发生的不确定性之客观体现"。这个定义强调了风险的客观性及其本质属性上的"不确定性"。1921年,美国经济学家芝加哥学派创始人奈特教授在其名著《风险、不确定性和利润》中区分了风险和不确定性。奈特认为,风险是"可测定的不确定性",而"不可测定的不确定性"才是真正意义上的不确定性。1964年,美国明尼苏达大学的C. A. 小威廉教授和R. M. 汉斯教授在其《风险管理与保险》中也分析了风险和不确定性问题。他们认为风险是客观的状态,而不确定性却是认识风险者的主观判断。1983年,日本学者武井勋在其著作《风险理论》中,总结了历史上以往的观点,归纳了风险定义本身应具有3个基本因素,即:(1)风险与不确定性有差异;(2)风险是客观存在的;(3)风险可以被测算。在此基础上,武井勋提出风险的新定义:"风险是在特定环境和特定期间内自然存在的导致经济损失的变化。"姜青舫和陈方正把行动主体的偏好也加入对风险的界定中,从而得到的风险定义是:以特定利益为目标的行动过程中,若存在与初衷利益相悖的可能损失即潜在损失,则由该潜在损失所引致的对行动主体造成危害的事态,便称作该项行动所面对的风险,简称该项行动风险。

可见现有风险定义均较为类似,只是度量风险的角度有所不同。本书中的风险指在一定环境下和一定限期内客观存在的、影响预期目标实现的各种不确定性。相应地,在项目实现其目标的经营活动中,会遇到各种不确定性事件,这些事件发生的概率及其影响程度是无法事先预知的,这些事件对经营活动产生影响,从而影响项目目标实现的不确定性,就是项目风险。

二、项目风险产生原因

风险主要由不确定活动或事件造成,而活动或事件的确定或不确定是由信息的完备与否决定的,即风险是由于人们无法充分认识客观事物及其未来的发展变化而引起的。因此,从理论上讲,风险的这种信息的不完备性是无法完全克服的,其原因主要在于:

1. 人们认识客观事物的能力有局限性

随着科学技术的发展,人们认识世界的能力在不断提高。然而,世界上的任何事物均有其属性,对这些属性,人们首先是用各种数据或信息来描述;其次是通过对这些数据或信息的分析处理,去了解和认识事物,并预测事物未来的发展和变化。但由于人们认识事物在深度和广度上均有局限性，使得这种描述和分析处理能力均是有限的。公路甩挂运输项目可视为客观事物的集合体。因此，人们对项目的认识不可避免地存在信息不完备的问题，从而造成人们对项目建设环境缺乏客观认识，对工程项目的实施过程缺乏符合实际的预见。

2. 信息本身的滞后性

从信息科学理论出发，信息的不完备性是绝对的，而完备性是相对的。这主要在于信息具有滞后性。因为，人们对客观事物的属性是用数据和信息去描述的，而这种描述仅当事物发生或形成之后才能进行，况且这种客观的描述也需要时间才能完成。因此，这种数据或信息的形成总是滞后于事物的形成或发展，这样就导致了信息的滞后现象。从这个意义上说，完全确定的事物是不存在的，对于项目实施更是如此。信息滞后性是造成信息不完备的重要原因之一。

三、项目风险特点

1. 客观性

风险的存在取决于决定风险的各种因素的存在。也就是说，不管人们是否意识到风险，只要决定风险的各种因素出现了，风险就会出现，它是不以人的意志为转移的客观实在，是人们不能拒绝与否定的。风险的客观性表明风险时时处处都存在，它是人类社会实践活动中一种普遍存在的现象。人们所能做的就是充分认识风险，不断提高对风险规律的认识，采取相应的管理措施，以尽可能降低或化解风险。

2. 不确定性

虽然风险是客观存在的，但由于人们受到各种条件的限制而无法充分认识客观事物及其未来的发展变化，不可能准确预测风险的发生，因此，风险事件的发生及其后果都具有不确定性。风险的不确定性包括风险是否发生、风险发生时间的不确定性和风险影响程度的不确定性。从总体上看，有些风险是必然要发生的，但何时发生以及风险发生后对项目的影响程度是不确定的。例如，市场风险中，市场是不断变化的，市场需求可能受到国家经济等宏观环境、行业动态等中观环境和企业声誉等微观环境、季节因素等外生变量的影响，其发生的时间及影响程度是事先无法确定的。

3. 相对性

风险的相对性，即可变性。风险性质、风险量、风险的消除以及新的风险的产生等内容都会因为时空等各种因素的变化而有所变化。风险的相对性包括了风险影响相对性、风险承受能力相对性以及风险应对措施相对性等。

4. 可测性

虽然风险具有不确定性，但这种不确定性并不是指对客观事物变化的全然不知。个别风险的发生是偶然的，不可预知的，但通过对大量风险的观察可发现，风险往往呈现出明显的规律性。根据历史资料，利用概率论和数理统计方法可测算风险事故发生的概率及其损失程度，并可构造出损失分布的模型，为风险估测奠定基础。例如，在人寿保险中，根据精算原理，利用对各年龄段人群的长期观察得到的大量死亡记录，可测算出各年龄段人口的死亡率，进而运用死亡率计算人寿保险的保险费率。

5. 危害性

风险的危害性,是指风险引致的所有可能损失,即潜在损失对行为主体造成的威胁。这种威胁致使行为人焦虑、恐惧,并由此而导致行动选择的非理性和资源配置的低效性。本书认为危害性是风险的本质属性。

第二节　项目风险识别

项目风险识别是指找出影响项目目标顺利实现的主要风险因素,并识别出这些风险究竟有哪些基本特征,可能会影响到项目的哪些方面。

项目风险识别是贯穿于项目实施全过程的项目风险管理工作。它不是一次性行为,而是有规律地贯穿整个项目。风险识别包括识别内在风险及外在风险。内在风险指项目工作组能加以控制和影响的风险,如工程建设和成本估计等。外在风险指超出项目工作组可控力和影响力之外的风险,如市场风险和经济政策等。

一、风险因素识别方法

风险识别应根据项目的特点选用适当的方法。常用的方法有头脑风暴法、德尔菲法、情景分析法、问卷调查法、层次分析法等。

1. 头脑风暴法(Brainstorming)

头脑风暴法,也称集体思考法,是以专家的创造性思维来索取未来信息的一种直观预测和识别方法。此法由美国人奥斯本于1939年首创,从20世纪50年代起就得到了广泛应用。头脑风暴法一般在一个专家小组内进行,以"宏观智能结构"为基础,通过专家会议,发挥专家的创造性思维来获取未来信息。这就要求主持专家会议的人在会议开始时的发言中能激起专家们的思维"灵感",促使专家们感到急需回答会议提出的问题,通过专家之间的信息交流和相互启发,从而诱发专家们产生"思维共振",以达到互相补充并产生"组合效应",获取更多的未来信息,使预测和识别的结果更准确。我国20世纪70年代末开始引入头脑风暴法,并受到广泛的重视和采用。

2. 德尔菲法(Delphi method)

德尔菲法又称专家咨询法,它是20世纪50年代初美国兰德企业(Rand Corporation)研究美国受前苏联核袭击风险时提出的,并在世界上快速地盛行起来。德尔菲法是依靠专家的直观能力对风险进行识别的方法。此方法的应用现已遍及经济、社会、工程技术等各领域。用德尔菲法进行项目风险识别的过程是由项目风险小组选定项目相关领域的专家,并与这些适当数量的专家建立直接的函询联系,通过函询收集专家意见,然后加以综合整理,再匿名反馈给各位专家,再次征询意见。这样反复经过四至五轮,逐步使专家的意见趋向一致,作为最后识别的根据。

3. 情景分析法(Scenarios analysis)

情景分析法由美国SHELL企业的科研人员Pierr Wark于1972年提出。它是根据发展趋势的多样性,通过对系统内外相关问题的系统分析,设计出多种可能的未来前景,然后用类似于撰写电影剧本的手法,对系统发展态势作出自始至终的情景和画面的描述。当一个项目持续的时间较长时,往往要考虑各种技术、经济和社会因素的影响,可用情景分析法来预测和识别关键风险因素及其影响程度。情景分析法主要对以下情况有效:提醒决策者注意某种措施或政策可能引起的风险或危机性的后果;建议需要进行监视的风险范围;研究某些关键性因素对未来过程的影响;提醒人们注意某种技术的发展会给人们带来哪些风险。20世纪70年代中期以来,情景分析法在国外得到了广泛应用,并产生了目标展开法、空隙填补法、未来分析法等具体应用方法。一些大型跨国企业在对一些大型项目进行风险预测和识别时都相继采用了情景分析法。因操作过程比较复杂,情景分析法在我国的具体应用还不多见。

二、甩挂运输风险识别

按来源划分,甩挂运输风险因素包括经济政策风险、财务风险、工程建设风险、市场风险、环境风险、技术风险、客户风险、资金风险、配套风险和协作风险等。其中,主要风险因素如下:

1. 经济政策风险

经济政策风险是指在建设期或经营期内,由于所处的经济环境和经济条件的变化,致使实际的经济效益与预期的经济效益相背离。对经济环境和经济条件,应从宏观和微观两个角度进行考察。宏观经济环境与经济条件的变化,是指国家经济制度的变革、经济法规和经济政策的修改、产业政策的调整及经济发展速度的波动等。

在经济快速发展的大背景下,甩挂运输项目符合《国务院办公厅关于促进物流业健康发展政策措施的意见》(国办发[2011]38号)和《国务院办公厅关于进一步促进道路运输行业健康稳定发展的通知》(国办发[2011]63号)等文件精神,得到了财政部、交通运输部及各地政府的资金及政策扶持。因此,甩挂运输项目经济政策风险极低。

2. 财务风险

财务风险是指不同的资本结构对项目投资者的收益产生的不确定影响。财务风险来源于项目资金利润率和借入资金利息率差额上的不确定因素,以及借入资金与自有资金的比例的大小。借入资金比例越大,风险程度越大;反之则越小。

对甩挂运输项目来说,财务风险主要体现在项目实施之前,包括投资风险和融资风险。投资风险内容涉及工程量和工期。由于甩挂运输站场项目建设期较长,一般在两年左右,故存在原材料价格上涨、征地移民、建设资金供给等影响工期进而影响项目收益率的不可控风险。融资风险主要涉及银行贷款利息问题,银行贷款较多易导致利息偿付压力较大,加大企业融资成本。

3. 工程建设风险

建筑工程项目周期长、规模大、涉及范围广、风险因素数量多且种类繁杂致使其在全寿命周期内面临的风险多种多样,而且大量风险因素内在关系错综复杂,并与外界交叉影响。工程建设风险主要分为技术和环境方面的风险,包括地质地基条件、水文气象条件、施工准备、项目设计变更或图纸供应不及时、是否符合技术规范和施工技术协调等。

4. 市场风险

市场风险是指由于某种全局性的因素引起的投资收益的可能变动。这些因素来自企业外部,企业无法控制和回避。例如,随着潜在进入者与行内现有竞争对手两种竞争力量的逐步加剧,我国物流行业呈现营运主体多、小、散、乱,市场竞争较为激烈且处于无序状态的特点。因此物流企业为了生存及竞争的需要,会采取"价格战"策略打击竞争对手,因而引起企业产品价格波动,进而影响企业收益。

市场风险主要表现在市场成长低于预期,市场发育缓慢,或市场开拓不力,市场销售不畅,资费不断下降等,以至于业务收入达不到预期的目标。市场风险一般来自三个方面:一是市场需求总量的实际情况与预测值发生偏离;二是市场竞争能力或者竞争对手发生重大变化,竞争对手采取的竞争策略和措施影响了项目的运营;三是实际资费水平与预测价格发生较大偏离。

第三节　项目风险分析方法

风险分析是对识别出的风险及其特征进行明确的定义描述,分析和描述风险发生可能性的高低、风险发生的条件。风险分析方法主要包括定性分析法和定量分析法。

一、定性分析方法

1. 主观评分法

主观评分法主要是利用专家的经验等隐性知识,直观判断项目中每一个风险并赋予相应的权重,如0～10之间的一个数。这是一种最常用、最简单,也是最容易应用的一种方法。在项目风险评价过程中,首先要识别出和评价对象相关的风险因素、风险事件或发生风险的环节,列出风险评价表。其次请有经验的专家对可能出现的风险因素或风险事件的重要性进行评价,赋予0～10之间相应的权重值,其中0代表没有风险,10代表风险最大。然后把各个风险的权值加起来,同风险评价基准进行分析比较,综合得出风险水平。

2. 层次分析法

层次分析法是美国匹兹堡大学教授 T. L. Saaty 于 20 世纪 70 年代提出的一种用于解决多目标复杂问题的定性与定量相结合的决策分析方法。其基本思想是:首先,根据问题的性质和要达到的目标,将问题分解成不同的组成因素,按照各因素之间的相互影响和隶属关系将其分层聚类组合,形成一个递阶的、有层次结构的模型;然后,对模型中每一层次因素的相对重要性,依据人们对客观现实的判断给予定量表示,再利用数学方法确定每一层全部因素相对重要性的权重值;最后,通过综合计算各层次相对重要性的权重值,得到最底层(方案层)相对于最高层(总目标)重要性次序的组合权重值,以此作为评价和方案选择的依据。在风险分析中,层次分析法将人们的思维过程和客观判断数学化,简化了工作量计算,有助于决策者保持其思维过程和决策原则的一致性。

层次分析法在确定各层次不同因素相对于上一层各因素重要性权数时,利用了两两比较的方法。两两比较的结果如表9-1所示。

表 9-1　权重量化表

元素 i 相对 j	同等重要	介于中间	稍微重要	介于中间	明显重要	介于中间	强烈重要	介于中间	极端重要
量化值	1	2	3	4	5	6	7	8	9

上述各数的倒数则表示元素 j 与 i 元素相比较的结果。通常用 a_{ij} 来表示 i 元素与 j 元素相对重要度之比。它们具有下述关系（即为反对称阵）：

$$a_{ij} = \frac{1}{a_{ji}}, a_{ii} = 1 \qquad i,j = 1,2,3,\cdots,n$$

根据两两比较的标度，可具体地确定各层次不同因素的重要性权数。首先，从评价准则层来看，评价者从评价目标的角度，将该层因素的重要性两两相比，得到的结果写在判断矩阵中，用 A 表示。其次，从方案层来看，从评价准则层的角度出发，对该层因素重要性进行两两比较，得到的结果组成判断矩阵 A_i。然后，计算出判断矩阵 A 和 A_i 的特征向量。A 和 A_i 的特征向量分别用 W 和 W_i 表示，根据 W 特征向量的数值，评价者从评价目标的角度，可以判断准则层两两比较的结果孰重孰轻。同理，根据 W_i 特征向量的数值，评价者也可以得出方案层相对于每一个准则比较的结果。

二、定量分析方法

1. 决策树法

决策树法是一种运用概率与图论中的树对决策中的不同方案进行比较，从而获得最优方案的风险型决策方法。

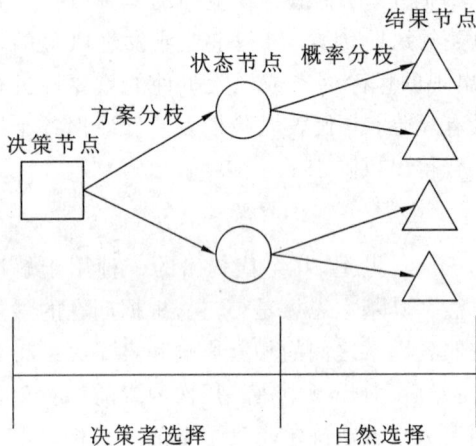

图 9-1　决策树结构

决策树法因其结构而得名。决策树的结构较简单，是以方块或圆圈为节点，用直线连接节点而形成的一种树枝形状的结构（图 9-1）。一般包括以下几部分：

（1）□——决策节点，从这里引出的分枝叫方案分枝，分枝数量与方案数量相同。决策节点表明从它引出的方案要进行分析和决策，在分枝上需注明方案名称。

（2）○——状态节点，也称之为机会节点。从它引出的分枝称为状态分枝或概率分枝，在每一分枝上注明自然状态名称及其出现的概率。

（3）△——结果节点，将不同方案在各种自然状态下所取得的结果标注在结果节点的右端。

决策树法利用树枝形状的图像模型来表述项目风险评价问题。项目风险评价可直接在决策树上进行，其评价准则可以是收益期望值、效用期望值或其他指标值。用决策树法进行风险评价的主要步骤为：首先绘制决策树，即按问题所给信息，由左至右的顺序绘制出决策树；其次计算方案的损益期望值，并将结果标注在相应的状态结点的上端；最后对损益期望值进行比较，并选取最优的期望值填在决策结点上，相应的方案即为最优方案。

决策树法是被广泛采用的一种风险决策方法。它具有明确、直观、易于解决复杂风险决策问题的特点。但这种方法没有考虑资金的时间价值。

2. 模糊评价法

模糊评价法是一种基于模糊数学的综合评价方法。该法根据模糊数学的隶属度理论把定性评价转化为定量评价,即利用模糊数学原理,建立相对标准和切实可行的数学模型,对影响风险的诸多风险因素进行综合考虑,从每一个因素对风险的影响大小(或影响程度)以及就每一个因素风险所处的现状来进行全面评价,得出风险的评价结果。它具有结果清晰和系统性强的特点,能较好地解决模糊的、难以量化的问题,适合各种非确定性问题的解决。

模糊评价方法,基本步骤如下:

(1) 构建模糊综合评价指标体系。模糊综合评价指标体系是进行综合评价的基础,评价指标的选取是否适宜,将直接影响综合评价的准确性。进行评价指标的构建应广泛涉猎与该评价指标系统行业资料或者相关的法律法规。建立评价指标集,定义主因素层指标集为 $X=(X_1,X_2,\cdots,X_m,)$,定义子因素层指标集为 $X_k=(X_{k1},X_{k2},\cdots,X_{km})$。

(2) 构建评语集。$W=(W_1,W_2,\cdots,W_g)$,g 为评语的等级,如评语可取优、良、中、差。

(3) 构建权重向量。通过主观评分法或者层次分析法构建权重向量。主因素层指标集 X 相应的权重集为 $A=(A_1,A_2,\cdots,A_m)$,子因素层指标集 X_k 相应的权重集为 $A_k=(A_{k1},A_{k2},\cdots,A_{km})$。

(4) 构建评价矩阵。建立适合的隶属函数从而构建评价矩阵。

设从 X_k 到 W 的模糊评价矩阵为:

$$R_k=\begin{bmatrix} r_{11} & r_{12} & \cdots & r_{1g} \\ r_{21} & r_{22} & \cdots & r_{2g} \\ \vdots & \vdots & \ddots & \vdots \\ r_{n1} & r_{n2} & \cdots & r_{ng} \end{bmatrix}$$

其中 r_{ij} 表示子因素层指标 X_{ki} 对于第 j 级评语 W_j 的隶属度。r_{ij} 的值按如下方法确定:对专家评分结果进行统计整理,得到对于指标 X_{ki} 有 W_{i1} 个 W_1 级评语,W_{i2} 个 W_2 级评语,W_{ig} 个 W_g 级评语,则 $r_{ij}=\dfrac{W_{ij}}{\sum\limits_{j=1}^{g}W_{ij}}$

(5) 评价矩阵和权重的合成。采用适合的合成因子对其进行合成,并对结果向量进行解释。

先对各子因素层指标 X_{ki} 的评价矩阵 R_k 做模糊矩阵运算。得到主因素层指标 X_k 对于评语集 W 的隶属向量 B,则 $B_k=A_k\circ R_k=(b_{k1},b_{k2},\cdots,b_{kg})$,其中 $b_{k1}=\bigvee\limits_{i=1}^{n}(a_{ki}\bigwedge\limits_{j=1}^{g}r_{ij})$,因此,主因素层中各指标的隶属向量可构成一个总的评价矩阵 R,即

$$R=\begin{bmatrix} b_{11} & b_{12} & \cdots & b_{1g} \\ b_{21} & b_{22} & \cdots & b_{2g} \\ \vdots & \vdots & \ddots & \vdots \\ b_{n1} & b_{n2} & \cdots & b_{ng} \end{bmatrix}$$

再对 R 进行模糊矩阵运算,可以得到目标层对于评语集 W 的隶属向量 B,$B=A\circ R=(b_1,b_2,\cdots,b_g)$,其中 $b_i=\bigvee\limits_{i=1}^{m}(a_i\bigwedge\limits_{j=1}^{g}b_{ij})$。然后对 B 进行归一化处理,令 $\overset{\wedge}{b_j}=\dfrac{b_j}{\sum\limits_{j=1}^{n}b_j}$,得到 $\widetilde{B}=(\widetilde{b_1},\widetilde{b_2},\cdots,\widetilde{b_g})$。隶属向量 $\widetilde{B}$ 即为由模糊综合评价法所确定的总评价结果。它直接反映了评价对象所隶属的各等级标准,根据各等级的隶属度的大小,可评价项目风险的程度。

3. 概率分析法

概率分析法是通过研究各种不确定因素发生不同变动幅度的概率分布及其对项目经济效益指标的影响,对项目可行性和风险性以及方案优劣作出判断的一种不确定性分析法。该法常用于对大中型重要项目的评估和决策中,通过计算项目目标值(如净现值)的期望值及目标值大于或等于零的累计概率来测定项目风险大小,为投资者决策提供依据。

进行概率分析具体的方法主要有期望值法、效用函数法、模拟分析法以及德尔菲法等。概率分析具体步骤如下:

(1)列出各种欲考虑的不确定因素。例如销售价格、销售量、投资和经营成本等,均可作为不确定因素。需要注意的是,所选取的几个不确定因素应是互相独立的。

(2)设想各不确定因素可能发生的情况,即其数值发生变化的几种情况。

(3)分别确定各种可能发生情况产生的可能性,即概率。各不确定因素的各种可能发生情况出现的概率之和必须等于1。

(4)计算目标值的期望值。可根据方案的具体情况选择适当的方法。假若采用净现值为目标值,则一种方法是,将各年净现金流量所包含的各不确定因素在各可能情况下的数值与其概率分别相乘后再相加,得到各年净现金流量的期望值,然后求得净现值的期望值。另一种方法是直接计算净现值的期望值。

(5)求出目标值大于或等于零的累计概率。对于单个方案的概率分析应求出净现值大于或等于零的概率,由该概率值的大小可以估计方案承受风险的程度,该概率值越接近1,说明技术方案的风险越小,反之,方案的风险越大。

第四节　项目风险评价

一、风险评价定义

风险评价是依据风险对项目目标的影响程度进行风险评级。它是在项目风险因素识别和分析的基础上,通过对主要风险因素发生的可能性及风险发生后对项目目标的影响程度的分析,并通过与公认的安全指标相比较,来衡量风险的程度,确定项目的综合风险水平(等级),决定是否需要采用相应的措施的过程。

二、风险评价方法

在进行具体项目的风险评级时,可采取两种方式:一种方式是在风险因素识别和分析的基础上,直接分析判断项目风险的综合等级;另一种方式是在对单个风险因素进行风险评级的基础上,分析判断项目的综合风险等级。第二种评级方式可通过风险坐标图的形式来进行。本书着重介绍风险坐标图的操作方法。

风险坐标图是把风险发生可能性的高低、风险发生后对目标的影响程度这两个维度绘制在同一个平面上(即绘制成直角坐标系)。对风险发生可能性的高低、风险对目标影响程度的评估有定性、定量等方法。定性方法是直接用文字描述风险发生可能性的高低、风险对目标的影响程度,可分为极低、低、中等、高、极高五个等级。变量发生的可能性评估等级如表 9-2 所示,变量对目标的影响程度评估等级如表 9-3 所示。

表 9-2 变量发生的可能性评估等级

等级标号	A	B	C	D	E
等级描述	极低	低	中等	高	极高
参考描述	一般情况下不会发生	极少情况下才发生	某些情况下发生	较多情况下发生	常常会发生

表 9-3 变量对目标的影响程度评估等级

等级标号	I	II	III	IV	V
等级描述	极低	低	中等	高	极高
参考描述	可忽略的损失	轻度的损失	中度的损失	重大的损失	灾难性的损失

对风险发生可能性的高低和风险对目标影响程度进行定性或定量评估后,依据评估结果绘制风险坐标图。如:某企业对 9 项风险进行了定性评估,风险①发生的可能性为"低",风险发生后对目标的影响程度为"极低";风险⑨发生的可能性为"极低",对目标的影响程度为"高",则绘制风险坐标图如图 9-2 所示。

绘制风险坐标图的目的在于对多项风险进行直观的比较,从而确定各风险管理的优先顺序和策略。一般把坐标图划分为 A、B、C 三个区域,A 区域中的各项风险的等级相对较低,企业一般可以承担该区域中的各项风险且不再增加控制措施;B 区域中的各项风险的等级相对较高,企业需要严格控制该区域中的各项风险且专门补充制定各项控制措施;C 区域中的各项风险的等级最高,企业需要确保规避和转移该区域中的各项风险且优先安排实施各项防范措施,如图 9-3 所示。

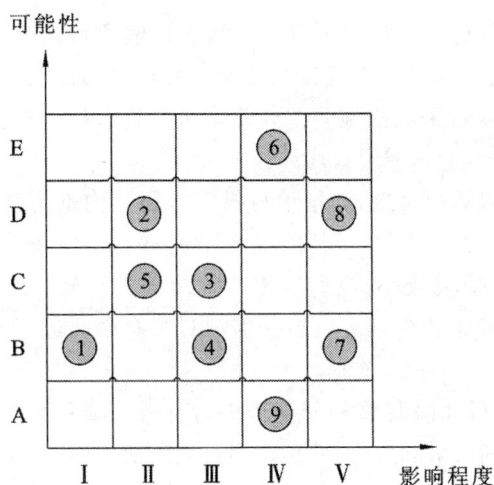

图 9-2 风险坐标图

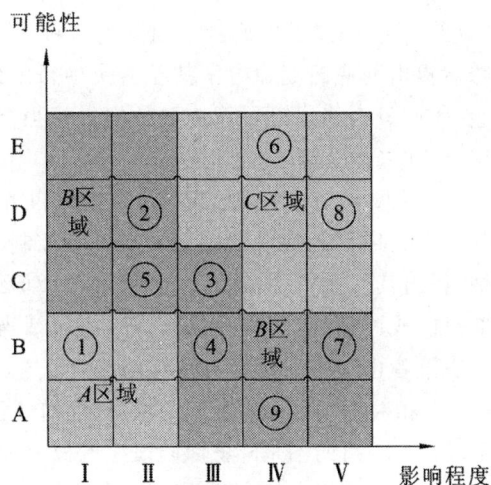

图 9-3 风险坐标和风险区域图

第五节 项目风险防范

风险防范指的是有目的、有意识地通过计划、组织、控制和检查等活动来组织防范风险损失的发生,削弱损失发生的影响程度,以获取最大的利益。风险防范措施应具有针对性、可行性和经济性。风险防范应该综合考虑项目的目标、规模和可接受的风险大小,对项目面临的风险采取适当的措施,以降低风险发生的概率和风险事故发生带来的损失程度。项目的不同风险因素可采取的风险应对策略不同,不同风险等级的项目可采取的风险应对策略也不同。在进行具体项目的风险分析时,需要根据项目的特点和该项目的主要风险因素,采取相应的风险应对措施。

一、决策阶段风险防范措施

(1) 提出多个备选方案,通过多方案的技术、经济比较,选择最优方案;

(2) 对可能存在的重大工程技术难题,提前进行必要的研究与试验;

(3) 在编制投资估算、制定建设计划和效益分析时,留有余地,谨慎决策,并在项目执行过程中实施有效监控。

二、建设或经营期风险防范措施

建设或经营期的项目风险可建议采取风险控制、风险回避、风险自留和风险转移与分担等措施:

(1) 风险控制是指采取一切可能的手段规避项目风险、消除项目风险,或采取应急措施将已经发生的风险及其可能造成的风险损失控制在最低限度或可以接受的范围内。项目风险控制必须以一定的前提假设和代价为基础。比如规避风险意味着项目决策者与此同时会失去获取高额回报的机会或者必须通过高成本的技术方案应对风险,其本质仍在于支付了大量的风险开支。此外,项目风险控制意味着除技巧之外,决策者必须有足够的经验知识、前期积累和财务支持,否则有效的项目风险控制将难以实现。

(2) 风险回避是彻底规避风险的一种做法,即断绝风险的来源。对甩挂运输项目而言,它意味着提出彻底改变原方案甚至否决项目的建议。回避风险对策意味着丧失项目可能获利的机会,因此只有当风险可能造成的损失相当严重或者采取措施防范风险代价昂贵,得不偿失的情况下,才采用风险回避对策。

(3) 风险自留也称为风险承担,是项目方主动承担风险,即指项目投资方以其内部资源来弥补损失。项目风险自留也是项目风险控制的处理手段之一,其前提在于通过对项目风险的评估,得出其发生概率较小,或者概率较大但风险损失较小,或者概率与风险损失均较大但在预期范围或可接受的范围内。此外,还包括当风险无法得到有效控制但项目很有必要进行时,项目决策者也会采取风险自留策略。

(4) 相对于项目风险控制与项目风险自留,项目风险转移和分担是更为有效的项目风险处理手段。它的目的不是降低风险发生的概率和不利后果的大小,而是借用合同或协议,在风险事故一旦发生时将损失的一部分转移到项目以外的第三方身上。比如,将项目转移给从事风险合并事务的专业保险企业或其他风险投资机构,这是一种符合市场经济规则且公平的转移手段。

第六节　案例分析

A 企业投资建设甩挂运输站场,为了对某项目投资者负责,使投资者对项目的风险和效益有全面的把握,需对项目开展风险概率分析。通过分析,研究不确定因素和风险因素对项目财务评价指标的影响,计算出项目净现值的期望值及净现值大于或等于零时的累计概率,为项目决策者提供参考依据。

通过项目面临风险因素的识别和分析,该甩挂运输站场建设项目融资风险和市场风险较大,同时也存在一定的经营风险。几种主要风险对经营企业在财务上可能形成的风险基本上可表现为固定资产投资、营业收入和经营成本变动三种风险。通过对这三种风险在当前和可预见期内情况的调查和分析,确定每种变量的概率分布,如表 9-4 所示。

表 9-4 不确定因素的概率分布

	10%	0%	−10%
固定资产投资	0.3	0.4	0.3
经营成本	0.2	0.5	0.3
营业收入	0.7	0.2	0.1

通过表 9-5 累计概率表、图 9-4 累计概率图和图 9-5 概率树计算图,可以直观地看出财务净现值大于或等于零的累计概率。

表 9-5 累计概率表

累计概率	净现值	累计概率	净现值	累计概率	净现值
0.006	−19515.82	0.119	1423.38	0.398	15088.51
0.014	−18065.68	0.131	2873.51	0.422	16538.65
0.02	−16615.55	0.14	4323.65	0.44	17988.78
0.035	−9046.22	0.17	4618.91	0.545	18284.05
0.055	−7596.08	0.21	6069.05	0.685	19734.18
0.07	−6145.95	0.24	7519.18	0.79	21184.32
0.082	−5850.68	0.282	7814.45	0.853	28753.64
0.098	−4400.55	0.338	9264.58	0.937	30203.78
0.11	−2950.41	0.38	10714.72	1	31653.91

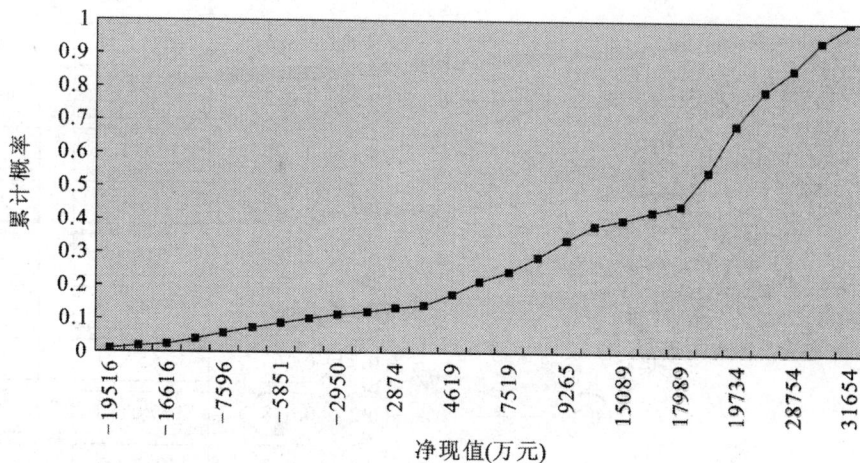

图 9-4 累计概率图

固定资产投资	经营成本	效益	发生的可能性	净现值(万元)	加权净现值(万元)
		+10% 0.7 0.042		7814.45	328.21
	0.2	0% 0.2 0.012		−5850.68	−70.21
+10%		−10% 0.1 0.006		−19515.82	−117.09
0.3		+10% 0.7 0.105		18284.05	1919.82
	0% 0.5	0% 0.2 0.03		4618.91	138.57
		−10% 0.1 0.015		−9046.22	−135.69
	−10%	+10% 0.7 0.063		28753.64	1811.48
	0.3	0% 0.2 0.018		15088.51	271.59
		−10% 0.1 0.009		1423.38	12.81
		+10% 0.7 0.056		9264.58	518.82
	0.2	0% 0.2 0.016		−4400.55	−70.41
+10%		−10% 0.1 0.008		−18065.68	−144.53
0% 0.4		+10% 0.7 0.14		19734.18	2762.79
	0% 0.5	0% 0.2 0.04		6069.05	242.76
		−10% 0.1 0.02		−7596.08	−151.92
	−10%	+10% 0.7 0.084		30203.78	2537.12
	0.3	0% 0.2 0.024		16538.65	396.93
		−10% 0.1 0.012		2873.51	34.48
		+10% 0.7 0.042		10714.72	450.02
	0.2	0% 0.2 0.012		−2950.41	−35.40
+10%		−10% 0.1 0.006		−16615.55	−99.69
−10% 0.3		+10% 0.7 0.105		21184.32	2224.35
	0% 0.5	0% 0.2 0.03		7519.18	225.58
		−10% 0.1 0.015		−6145.95	−92.19
	−10%	+10% 0.7 0.063		31653.91	1994.20
	0.3	0% 0.2 0.018		17988.78	323.80
		−10% 0.1 0.009		4323.65	38.91

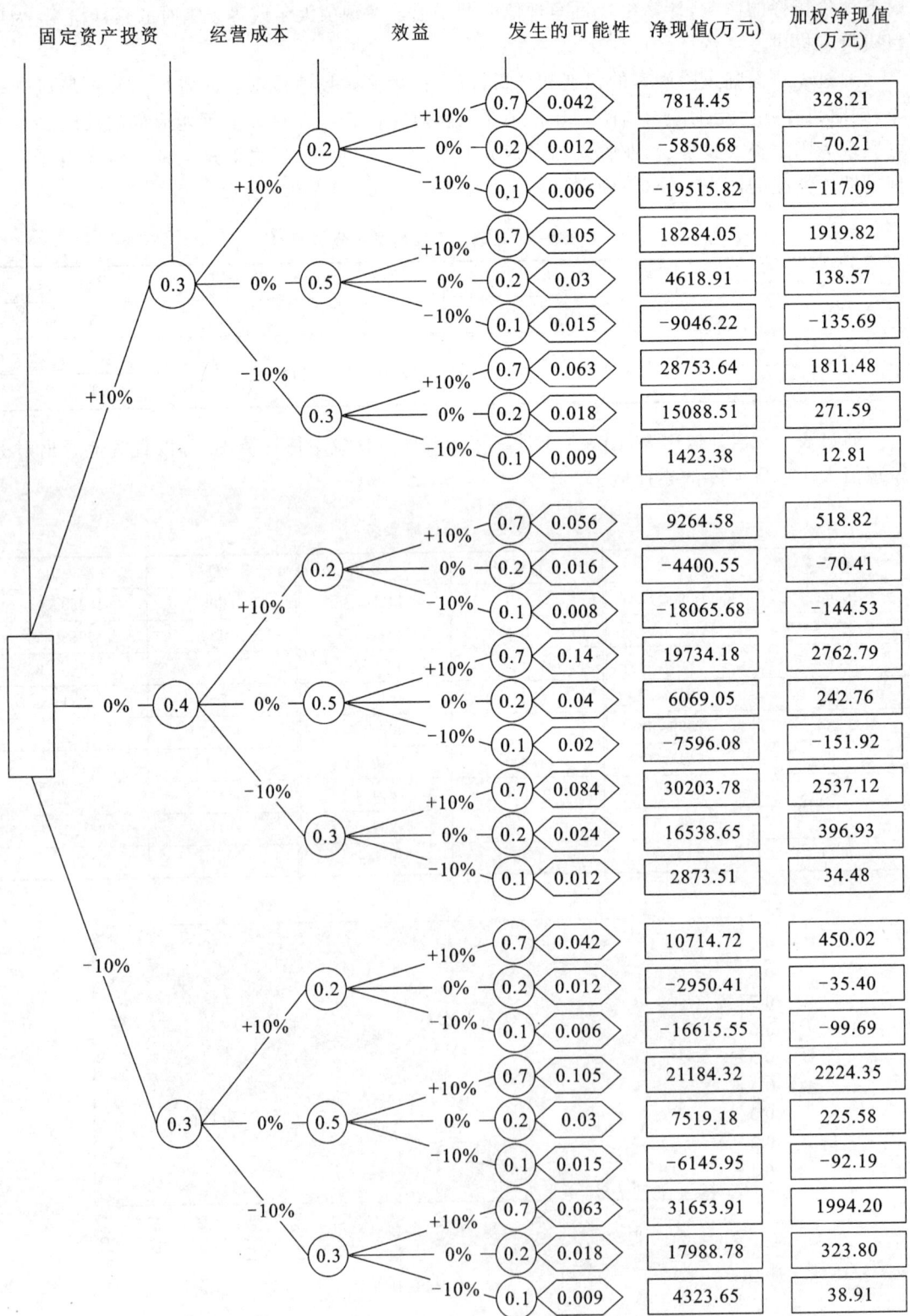

图 9-5 概率树计算图

根据表 9-5,可以求得净现值小于零的概率为:

$$P\{NPV(7\%)<0\}=0.11+\frac{(0.119-0.11)\times 2950.41}{2950.41+1423.38}=0.116$$

净现值大于或等于零的概率为:

$$P\{NPV(7\%)\geqslant 0\}=1-P\{NPV(7\%)<0\}=1-0.116=0.884$$

本项目的净现值的期望值为 15315.1 万元,净现值大于或等于零的概率为 88.4%,表明项目可行且风险较小。

第十章　公路甩挂运输联盟

第一节　甩挂运输联盟的形成和特点

一、甩挂运输联盟的形成

甩挂运输联盟指一个物流协作团队。这个团队是为实现甩挂运输的顺利开展而一起努力,满足开展甩挂运输条件的物流企业所组成的联合体,包括寻找稳定足够货源、建设基础设施和甩挂运输线路的分工合作等。联盟成员通过签订协议(或合同)的方式,依靠网络技术统一甩挂运输路线,统一货源优化和车辆调度。这样的联合体共担风险共享资源,有利于降低公路资源耗用、优化人力物力配置和减少温室气体排放,从而提升联盟利益和社会效益。

1. 甩挂运输联盟的准备措施

(1)统一车辆技术标准、统一挂车技术管理规范。为实现大范围甩挂运输,必须制定统一的甩挂运输车辆技术标准,包括牵引车标准与挂车标准。这些确定的标准应符合交通运输部推荐的车型标准。加入联盟的物流企业具体选用车型应是经过认证的甩挂运输车型。同时联盟应制定科学、合理、统一的挂车技术管理规范,包括养护作业规程、时间、作业义务人及挂车维护保养信息共享制度等。联盟还应建立统一的牵引车和挂车标志,既是方便管理人员识别和进行装卸调度作业的需要,又是对外宣传、创建联盟品牌,为联盟成员赢取更大经济效益的需要。

(2)统一服务质量标准、明确安全质量责任与赔偿标准及规则。制订统一的服务标准,培训驾驶员和其他业务人员。统一人员和车辆的标志,明确安全质量责任与赔偿标准及规则,包括进行责任划分、明确责任主体等。为促进联盟品牌建设、扩大联盟公信度,可以尝试设立联盟营运风险基金,实现联盟先行赔付,或明确由第一个与客户洽谈成交的企业先行赔付,然后再按联盟确定的规则内部追偿。

(3)制订公开合理的调运规则。甩挂运输企业联盟打破了挂车所有权与使用权之间的障碍。通过公开牵引车资源信息与货物运输需求信息,按挂车到场时间先后顺序及运输货类的匹配情况统一装卸调度,并通过信息公开透明确保公信力。

(4)制订合理的利益分配机制和挂车收益机制,确定加盟企业的挂车管理和维修的成本机制,最终确保加盟企业的收益公平。

2. 甩挂运输联盟的构建要求

(1)联盟货运信息平台。该信息平台集挂车运输、仓储配送、车辆安全管理、车辆配件和油料管理、成本核算、企业资产管理、财务核算、统计等多种功能于一体,可以将企业各分支机构、各部门统一管理实时监控起来,并及时发布企业最新指令,细化分工权限控制,规范各部门各岗位工作。系统数据库可以及时实现远程数据更新,从而实现实时在线数据查询和共享。同时,该信息平台为货运服务需求企业提供货源信息,为货运的承运方和托运方提供一定程度的中介服务。另外,该信息平台具有一定的政府政策传递功能,甩挂运输技术支持和推广功能,并能加强加盟企业的宣传力度。通过联盟货运信息平台的物流企业档案和牵引车驾驶员的档案,以及政府提供的货运企业和驾驶员的黑名单,能帮助货物托运企业选择合适的物流企业。利用加盟物流企业牵引车所携带的 GPS 装置,使得货物托运企业可以通过平台在线了解货物的运输状态和预期到达时间,以利于客户做出自己的经营决策。

(2)甩挂运输站场。甩挂运输站场负责受理加盟物流企业的站场;负责建立加盟物流企业的牵引车和挂车档案;负责接收加盟物流企业的加盟牵引车和挂车。在甩挂运输过程中,甩挂运输站场负责停靠挂车的管理、维修和定期维护。联盟根据每个甩挂运输站场受理的加盟物流企业牵引车和挂车的数量提供一定数量的推广奖励。每个站场的挂车管理收益按照挂车的周转数量计算,同时考虑用于挂车维护和维修的费用,进行最终的利润分成。此外,对加盟物流企业站场的重新改造需要注意两点:第一,甩挂作业区的宽度应根据甩挂运输车型确定,充分考虑运输车辆的长宽;第二,甩挂运输站场需要设置挂车停靠区,满足挂车停放周转的需要。

(3)联盟企业。物流企业按照入盟标准加盟,同时企业本身也成为货运信息平台的用户,在加盟的同时提交挂车给甩挂运输站场联盟。挂车由联盟统一管理和调配,牵引车和驾驶员则由加盟物流企业负责。加盟物流企业可以在货运信息平台上发布货运服务信息,利用该平台选择货源,提供运输服务并获得收益,同时有权力得到平台提供的甩挂运输技术支持。加盟物流企业必须确保所提供的牵引车满足联盟的技术要求,确保驾驶员的驾驶资质,并在更换牵引车和驾驶员的时候办理资质认证。此外,加盟物流企业可以自由选择退出联盟,但需要在提出退盟申请之后的一个固定时期内等待所属挂车调回加盟所在站场(或物流企业指定的站场)才可完成退盟。

二、甩挂运输联盟的必要性

1. 促进区域经济发展的需要

统计数据显示,近年来我国物流成本占 GDP 的比重约为 17%,显著高于发达国家同期约 9% 的水平。通过组建甩挂运输联盟,引导运输企业之间加强合作,有效整合物流资源,推进集约化经营,实现规模效应和协同效应,对国内甩挂运输发展具有引领示范作用,对提高物流效率和运输便利化,从而有效降低国内物流成本,提高经济发展效率和质量,促进国内经济社会又好又快发展具有积极意义。

2. 发展现代物流业和建设综合交通运输体系的需要

2011 年 11 月 15 日,交通运输部发布《公路运输行业“十二五”发展规划纲要》,将综合运输体系建设、现代物流业发展列为“十二五”期间现代交通运输业必须取得重大突破的关键任务。其中包括:提升货运组织化水平、服务现代物流发展、公路货运枢纽建设、公路运输站场设施建设、公路运输节能减排、公路货物甩挂运输信息平台示范工程建设等。甩挂运输公共服务平台本着“创新模式,整合资源,搭建平台”的理念,创建“平台开放,信息共享,资源优化,网络甩挂”的运输发展模式,形成服务全国的网络化甩挂运输系统,对促进综合交通运输体系建设,发展现代物流具有巨大的推动作用。

3. 建立公路运输企业公共服务平台的必然要求

公共服务平台在解决运输企业共性需求、畅通信息渠道、改善经营管理、提高发展质量、增强市场竞争力和实现创新发展等方面发挥着重要支撑作用。《国务院关于进一步促进中小企业发展的若干意见》（国发〔2009〕36号）中提出，通过引导社会投资、财政资金支持等多种方式，重点支持在轻工、纺织、交通等领域建设一批产品研发、技术推广等公共服务平台，完善中小企业信息服务网络，加快发展政策解读、技术推广、人才交流、业务培训和市场营销等重点信息服务。2010年，工业和信息化部等七部委又联合下发《关于促进中小企业公共服务平台建设的指导意见》，进一步规范了服务平台的基本条件、发展要求、功能和保障措施。建立甩挂运输联盟，是落实国务院等部委促进中小企业发展政策的重要举措，对改善公路运输企业发展环境，促进社会资源优化配置和专业化分工协作，推动共性关键技术的转移与应用，逐步形成社会化、市场化、专业化的公共甩挂运输服务体系和长效机制具有重要现实意义。

4. 提高甩挂运输整体竞争力的必然选择

从国外甩挂运输的发展经验来看，甩挂运输绝不仅仅是单个运输企业组织模式的创新，而是整个行业运输方式的变革。企业在运作过程中，一定要注重与外部企业的合作。通过强化企业与企业之间跨区域合作，可实现从单一企业内的若干条线路运作模式扩展为跨区域性网络化运作模式，从而保证甩挂作业稳定和往返货源供给充足，并通过高效的组织提升服务质量。从国内甩挂运输的发展动态上看，2012年4月以来，环渤海湾甩挂运输联盟和山东省甩挂运输联盟等甩挂运输联盟的相继成立，成为提升联盟发展空间，实现更大范围内资源整合和信息共享，进而提高联盟整体竞争力的典型范例。

5. 有助于提高站场、车辆等资源利用率

当前，各个甩挂运输试点企业各自为营，自建甩挂运输站场和线路，不可避免地存在着站场与线路重复投资建设、信息沟通不畅和挂车空驶等问题。建立甩挂运输联盟，实现联盟内"线路共建、信息共享、站场互租、挂车互换"，将有效地提高站场和线路的利用率，大幅减少重复投资建设和资源浪费，真正实现甩挂运输站场的公共服务属性。

三、甩挂运输联盟的特点

1. 独立性。参与甩挂运输联盟的企业继续保持自身的独立性，只为共同开展甩挂运输而集中力量。企业同时还在经营其他业务，与企业合并完全不同。

2. 横向性。相对纵向性而言的，参与甩挂运输联盟的企业经营业务是相似的，处于社会生产的同一环节，企业之间是完全自由竞争的关系。

3. 目的性。联盟是为了集中力量和整合共享资源，统一调度，成功开展甩挂运输。

第二节　甩挂运输联盟的模式

一、平台开放

平台开放原指软件系统通过公开其应用程序编程接口（API）或函数（function）来使外部

的程序可以增加该软件系统的功能或使用该软件系统的资源,而不需要更改该软件系统的源代码。也就是说外界可以通过开放的接口,在特定的平台上获取各自所需的功能或内容并将其提供给自己的用户。

随着 Facebook 社交网站和 Android 系统通过开放平台取得巨大的成功,全球各大互联网企业开始竞相推出自己的开放平台战略。国内外对平台开放的前景一致看好。开放平台在互联网行业兴起之后,物流、图书出版等行业也相继正式对平台商家开放。国内各个行业平台的封闭模式相继让位于开放平台,最终使平台开放成为 2011 年至今最热门的话题之一。

如今,各个行业内的大企业都意识到只有开源才能广聚人才,才能快速发展。开放平台的理念已经从互联网行业蔓延到各个行业。如同闭关锁国会使一国经济发展速度趋缓,人民生活水平降低一样,闭塞的内部发展只会让发展的步伐变慢、变迟钝。开放平台这种"开放、合作"的理念不仅仅是治国之本,其实它也是所有行业发展之基。

平台开放理念从互联网行业向其他行业延伸的过程中,其内容已发生变化,但其"开放、合作、共生、分享"的核心理念不变。平台开放理念的提出将竞争的范围扩大。竞争变为既有平台内各个企业之间的竞争又有平台之间的竞争。

甩挂运输联盟作为一个开放平台,其开放性主要体现在下列四个方面:

第一,平台对所有符合条件且有意愿加入联盟的企业开放。

甩挂运输企业联盟章程对有意愿加入本联盟的企业设定了较低的门槛,对所有满足以下三个条件的企业开放:(1)具备公路运输经营许可资质;(2)有加入本联盟的意愿;(3)管理规范、社会信誉度较好,且有甩挂运输需求。联盟正式成立运作后,可根据现实需要放松加入联盟的条件,吸引更多类型的企业加入。具体包括:(1)货源企业:有充足甩挂运输货源的生产制造企业和商业企业;(2)货运站场运营企业;(3)其他企业:甩挂车辆租赁企业、专门从事物流信息服务的第三方物流企业和货运代理企业,等等。换言之,根据形势发展需要,联盟可吸纳有利于甩挂运输发展、有利于甩挂运输企业效益提高和有利于增强甩挂运输竞争力的各类企业加入联盟。

第二,联盟遵循"退出自由"的原则,平台对已经加入联盟的企业实行自由退出机制。

平台的加入和退出开放机制保证了平台的活力和适度流动性,以吸纳大部分开展甩挂运输的优质企业。

第三,平台资源对联盟内部各个企业均等开放。

联盟内部各个企业优先享有的平台资源,包括但不限于:优先享受国家有关甩挂运输站场设施改造、车辆更新以及政府财政补贴等扶持政策;优先享受合作方的运输资源和优质服务;享有使用联盟专用名称、专用标志、专用网站,以及保险、公路通行费、挂车租赁等优惠政策的权利。

以上所有权利以及今后联盟内部拓展的更多资源由联盟内各个企业均等享有,实现联盟内部车源、货源、站场等资源的开放共享,最大限度地提高资源在联盟内部的配置效率。

第四,平台面向所有地区开放。

平台面向地区开放的目的在于不断增强联盟的竞争力,实现联盟区域的拓展、国内市场声誉的提升和区域竞争力的提升,最终提升联盟在国内甩挂运输市场的竞争力。

通过平台开放的甩挂运输企业联盟模式,联盟可实现车源、货源、站场和信息等各种资源的有效流动和合理配置。在联盟内部搭建"开放、合作、共生、分享"的平台,有利于各个企业在联盟内部充分发挥各自的优势和充分利用联盟各种资源,实现各个企业经济效益和竞争力的提升;有利于联盟的进一步发展壮大,实现联盟覆盖范围拓展,使联盟在与其他区域性甩挂运输联盟的竞争中处于有利地位;有利于扩大甩挂运输规模和范围,提高区域甩挂运输组织化程度,有效地降低物流成本,提高运输效率,为促进甩挂运输生产力显著提高、发展现代物流业、实现国家节能减排目标做出积极贡献;有利于在国内树立甩挂运输联盟平台开放的典型,促使国内其他甩挂运输联盟平台更加开放。

二、站场互租

"站场互租"这一概念来源于国际航运里的舱位互租。舱位互租是各航线经营人在维持各自原来经营航线的基础上,彼此间相互租用对方一部分舱位。这种形式可以使合作各方在保持各自航线经营包括运力在内的各种固定投入基本不变的情况下,增加班次密度,扩大服务覆盖面,从而显著提高服务质量,增强竞争力。目前的集装箱班轮运输业,几乎没有一个经营人能完全依靠自己单干来满足托运人在班期、覆盖面等方面的要求。因此,利用其他经营人的航线,互换部分舱位是在维持固定投入基本不变的条件下,提高竞争力并最终改善经营效果的一种十分重要和有效的手段。

甩挂运输站场互租是甩挂运输企业之间的跨区域合作。这种合作一方面可以实现站场、运力的互租互用,进行资源共享和整合,降低企业间的重复投入建设;另一方面可以充分发挥甩挂运输站场"社会化公共站场"的社会责任功能,提升资源利用效率。甩挂运输企业通过站场互租形式的合作将生产企业自建的仓储设施与运输企业专用于集散、中转货物的站场进行联网,从而构建起整个站场网络体系,形成全国甩挂运输服务网,以促进各类运输资源在全国范围内的共享,全面提升整个公路运输行业作业效率。

三、挂车互换

挂车互换是甩挂运输联盟企业按照既定的挂车互换协议,相互间开展挂车互换、互租和共用,实现运力资源的共享和有效整合。挂车互换首先要解决的问题是挂车各项参数的标准化,即各企业之间的挂车要具有高度的匹配性。这就要求各联盟企业在配备牵引车和挂车的时候,相互之间达成合作协议,统一购置同一型号的运力设备。其次,需解决运输收益分配和责任承担主体的问题。在甩挂运输联盟中设置统一的收益分配机制,协定各种情况下挂车互换所产生的各项规费及收益的分配方式,包括挂车的损坏、轮胎的磨损、互换期限的长短、租金收入等,明确挂车互换中挂车的责任主体。

除了挂车互换的模式之外,还可以开展挂车租赁。当企业挂车不足的时候可以进行短期的挂车租赁。当企业挂车存在闲置的时候可以将企业闲置的挂车租赁出去,这样可以实现企业资源的高效利用。如各省协商在各自区域内挑选1～2个站场,作为挂车池,将企业可用于互换与租赁的挂车集中,并在网络发布资源信息,为运输企业提供便利。

四、线路共建

线路共建是联盟企业签订协议共同确定一条运输线路并共同投入运力维持这条运输线路。协议各方在该运输线路上投入的运力资源进行共享。两家或两家以上的企业就同一条或几条运输线路上共同投入运力运营达成协议,规定各线路的班次、运输组织流程、各方投入车辆的具体数量等。采用这种方式可以使合作的每一方能以较少的投入开拓新的市场,迅速扩大运输网络规模,减小了投资风险,从而促进公路运输业的快速发展。在利益分享和风险分担问题上,联盟企业力争求同存异,根据实际需要通过签订松散型或紧密型合作协议,协商好合作的规范。

线路共建可以采用共同集货分段运输或者全程运输的方式。可以由联盟企业在联盟内部发布货源信息,由其他联盟企业来承运。或可将整条线路分成数条短途线路,以各联盟企业的自有站场为接驳点,分别由不同的联盟企业来承运,可最大化利用各联盟企业资源,提高运输效率。

五、信息互联

信息资源已在当今社会经济发展、科技进步中发挥着越来越重要的作用。而通过最低的成本获取更多更有价值的信息资源,以及最大限度地发挥信息资源的作用,服务于社会经济发展是当前研究的重点。

信息资源的获取需要一定的成本,而信息资源的价值只有通过传播和共享才会实现。信息资源是信息时代一种特殊的资源,其最主要的特征是它的共享性。信息资源的共享性不仅表现在它可以以极低的成本进行完全和信息源同样功能的复制,且并不对信息源造成任何的伤害;同时还可使信息资源在提供者与获取者交互的过程中不断增值,最终使所有的参与者都从共享中受益。

从全国现实来看,信息化水平低一直是中国物流成本偏高的主要原因之一。相关数据显示,2014 年,中国社会物流总费用与 GDP 的比率为 16.6%,比发达国家高 8 至 9 个百分点,商品的物流成本占到了物价的 20%～40%,而美国却不足 10%。国家《物流业调整和振兴规划》也明确提出要加快行业物流公共信息平台建设,并将"物流公共信息平台"作为九大工程之一。

基于信息共享的重要作用以及国内政策支持,国内已经建立了一系列物流公共信息平台。2008 年,在交通运输部指导下,以浙江省物流信息公共平台为基础,全国 16 个省份公路运输管理部门联合启动了省际物流公共信息共享平台建设。2011 年 12 月,国家交通运输物流公共信息共享平台与日本的 COLINES 和韩国的 SP-IDC 平台实现互联互通,组成全球首个国际性物流信息共享平台。预计到"十二五"期末,国家交通运输物流信息平台将整合 50 万家物流企业,软件用户超过 10 万家,实现国内 12 个港口(物流园区)和日本、韩国的港口信息系统互联,把服务网络向东盟以及其他亚洲国家延伸。

借鉴国内外先进信息互联平台建设经验,为消除信息孤岛,联盟可分两步实现信息完全互联互通,即:

第一步:通过联盟搭建的网络服务平台为加入联盟的企业提供车源、货源、线路、站场及挂车租赁等信息服务。联盟成员在建设自身的信息系统基础上,完善自身的 TMS 运输管理系统、GPS 调度管理系统、甩挂运输站场视频监控系统、仓储管理系统、订单管理系统、装卸理货信息系统和货运信息交易平台等。联盟主要负责运行由成员合作建设的"甩挂运输公共信息网",建设基于同一标准和框架下的联盟甩挂运输公共信息平台,提供联盟成员内部交流网络平台,在联盟内部重点开展车源、货源、线路、站场及挂车租赁等信息服务,形成甩挂运输信息交流协作机制,实现信息资源共享。

第二步：建立企业间、行业间以及区域间的沟通顺畅、标准统一，且能够实现联盟内各个企业物流信息服务接口对接的统一的联盟物流信息互联互通大平台。新加入联盟的企业只需要对现有接口进行改造，就可实现与平台的对接，直接获取车辆、货物和站场等状态的信息。此外，使用平台的各个货代企业及客户的业务系统也可以直接和平台建立共享连接，实现甩挂运输信息平台的融合，形成联盟内车辆、货物、设备、人员、资金等信息的完全互联互通。根据甩挂运输线路、网点发展需要，联盟内企业只需要定制"联盟物流信息互联互通大平台客户端"，而不需要设计企业内部的物流信息平台。此举将使大量的因为利润较低而不足以支撑企业独立开发信息平台的中小物流企业获得平台提供的免费应用，使得此类中小企业至少可以节省几百万的成本支出。同时，平台也加强了他们与上游企业的战略合作。

联盟内各个企业物流信息服务接口对接以及统一的联盟物流信息互联互通大平台的构建，将逐步打通供应链各环节信息的互联通道，并最终实现整个供应链上的信息畅通，将为提高区域竞争力发挥积极作用，为甩挂运输与物流一体化发展做出重要贡献。

六、经验共享

经验共享是指联盟成员通过联盟提供的内部交流网络平台，或者在联盟理事会每年举行一次的全体会议上，分享各成员自身在甩挂车辆购置、站场建设、线路计划、车辆调配以及其他方面的成功经验。这些经验可供联盟理事会参考筛选后写入联盟未来发展规划和工作方针，并可作为成功经验典范在联盟内部学习推广。

随着国内甩挂运输不断发展深入，联盟内成员在甩挂运输实践中必将产生一系列成功经验。经验共享是每年一次的联盟理事会全体会议上的重要内容。经验共享在促进联盟内部交流学习、推广先进经验和改进作业流程等方面发挥着重要作用。

第三节　甩挂运输联盟章程

一、联盟成员准入条件

申请加入甩挂运输联盟的物流企业应该符合一定的条件，譬如，较好的资产规模、信息一体化以及进行甩挂运输需要的技术设备设施，另外还需要适宜进行甩挂运输的稳定货源。甩挂运输联盟力求快速高效地实施甩挂运输，尽可能地减少因企业个体因素造成的实施障碍，保证甩挂运输联盟具备较好的示范作用和经济效益。具体的企业选择标准如下：

（1）较大的对流货源。货源是甩挂运输的基础，而不同企业拥有可对流的货源，则是实现平等合作、联合甩挂、互利共赢的先决条件。

（2）企业应对甩挂运输有所了解并具有相应的管理能力。建议联盟构建初期将中等规模的物流企业作为入盟企业首选。入盟企业应具备一定的甩挂运输知识或实践，其经营者应有互利共赢的经营理念和合作意识。在联盟构建完成后，通过有力的激励措施吸引更多的中小规模的物流企业加入该联盟。

（3）企业对所加盟的甩挂运输联盟感兴趣。兴趣来源于有利可图和无害、无风险。自身单边物流（回程货源不足）与市场竞争压力是企业寻求合作的内在驱动力，而合作带来的双边物流则可提供双赢的利益。

（4）有可供甩挂运输的作业场地。入盟企业通过将自有站场纳入到甩挂运输的站场联盟中，以保证甩挂运输挂车的装卸场地，进而确保高效地实施甩挂运输。另外，站场的提供能够便于甩挂运输路线的扩展。

（5）有可供联合甩挂运输的运载工具。如果入盟企业具有甩挂运输的车辆或相关装卸工具，则能够使其更快速地加入联盟的甩挂运输作业中，并且能够减轻企业入盟后购置相关运载工具的成本负担。

二、联盟成员的权利和义务

1. 甩挂运输联盟成员的权利

（1）对联盟业务享有专线专营、同线合营、整合发展的权利；

（2）对联盟的各项决策享有动议权、表决权；

（3）享有与联盟各方资源数据共享的权利；

（4）享有联盟各方资源支持及联盟谈判成果利益共享的权利；

（5）享有联盟内部全部优惠政策的权利；

（6）享有使用联盟标志的权利；

（7）享有入盟自愿、退盟自由的权利。

2. 甩挂运输联盟成员的义务

（1）遵守国家的法律、法规及联盟章程；

（2）依照联盟章程、规章制度依线路依范围进行内部合作与经营；

（3）执行联盟决议，维护盟员合法权益，完成联盟理事会交办的有关工作；

（4）定期向联盟理事会提交经营服务情况，确保资料真实有效；

（5）接受联盟理事会的委托，参与组织、承办有关活动；

（6）对外以联盟名义开展有关活动时，须向联盟秘书处申请，并经理事长授权同意，重大事项须经联盟成员代表大会讨论通过；

（7）联盟成员应遵守内部保密制度，防止商业秘密泄漏。

三、联盟的组织机构及职责

联盟的最高权力机构是联盟成员代表大会。代表大会下设联盟理事会，领导联盟开展各项工作。理事会设理事长和副理事长，分别负责联盟的不同业务。联盟组织机构如图 10-1 所示。

联盟成员代表大会的职责是：

（1）制定和修改章程；

（2）审议联盟成员代表大会联盟理事会工作报告；

（3）制定联盟内部分配办法、运营机制及管理制度；

（4）表决划定联盟成员的经营路线、区域范围；

（5）制定本联盟的工作方针和任务；

（6）决定其他重大事宜。

```
┌─────────────────┐
│  联盟成员代表大会  │
└────────┬────────┘
┌────────┴────────┐
│     理事会       │
└────────┬────────┘
┌────────┴────────┐
│     理事长       │
└────────┬────────┘
   ┌──────┼──────┐
┌─────┐ ┌─────┐ ┌─────┐
│副理事长│ │副理事长│ │副理事长│
└──┬──┘ └──┬──┘ └──┬──┘
┌─────┐ ┌─────┐ ┌─────┐
│质监处 │ │秘书处 │ │业务处 │
└─────┘ └─────┘ └─────┘
```

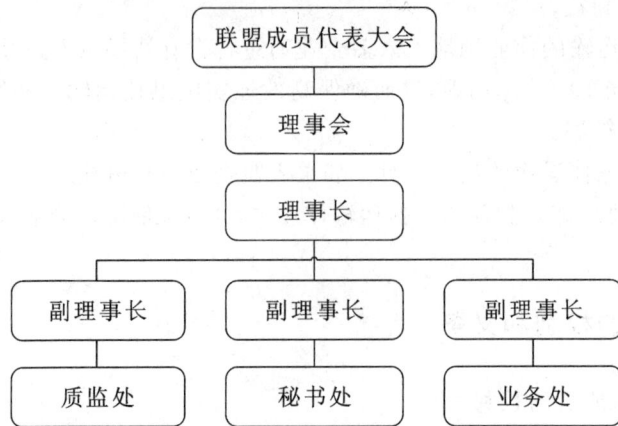

图 10-1　甩挂运输联盟组织架构示意图

第四节　案例分析

一、华中甩挂运输联盟的形成

为有效整合甩挂运输资源,提高甩挂运输质量、效益和效率,促进交通运输节能减排,来自华中湖南、江西、安徽、河南、湖北 5 省及广东、四川、重庆、云南、上海 5 省市的 39 家企业按照"政府引导、企业主体、资源共享、优势互补、互利互惠、强强联合、共谋发展"的原则,于 2013 年 10 月 28 日在武汉成立了华中甩挂运输联盟。其中,成员企业中有 24 家为交通运输部甩挂运输试点单位。湖南、江西、安徽、河南、四川、重庆、广东、上海、云南、湖北等省市交通运管物流部门和联盟企业达成了如下共识,欲合力将华中甩挂运输联盟打造成为全国甩挂运输第一联盟。

1. 勇担甩挂运输发展使命

以华中甩挂运输联盟为平台,进一步发挥交通运输在推进物流业发展中的基础作用,加快推进甩挂运输发展工作,科学布局建设甩挂运输站场,应用甩挂运输标准车型,不断提高信息化水平,加强甩挂运输企业交流合作,扩大甩挂运输比重,促进甩挂运输健康发展,为构建便捷高效、安全绿色的交通运输物流服务体系做出重要贡献。

2. 不断创优联盟发展环境

政府部门全力支持华中甩挂运输联盟发展,积极协调有关部门在土地、税收等方面对联盟成员企业提供支持。鼓励引导有实力的物流企业加入华中甩挂运输联盟。为华中甩挂运输联盟发展创造良好的环境,促进华中甩挂运输联盟的发展壮大。加强与联盟成员企业的沟通联系,及时反映企业发展需要,切实解决企业发展困难,扶持甩挂运输企业做大做强。

3. 全面开放联盟优势资源

坚决摒弃和反对地方保护主义,确保甩挂运输市场开放,给予华中甩挂运输联盟成员企业无差别待遇。所有符合入盟条件的企业均可加入华中甩挂运输联盟,联盟内各种公共资源对每个成员平等开放。华中甩挂运输联盟成员企业根据公平自愿的原则,每个成员之间共享站场、运力、信息等资源。华中甩挂运输联盟欢迎一切有利于促进联盟发展的生产制造、金融保险等企业加入联盟,开放建设华中甩挂运输联盟。

4. 严格遵循联盟诚信精神

华中甩挂运输联盟坚持以诚信为本,把诚实守信作为所遵循的首要准则。华中甩挂运输联盟坚决抵制和反对物流市场交易中一切失信行为,并支持相关管理部门对严重的失信行为给予惩处。推动华中甩挂运输联盟诚信体系建设,成员合作必须严格按照签订的协议履行承诺,服务客户、守信重诺,全力维护好华中甩挂运输联盟诚信品牌。

5. 合力推进联盟建设工作

华中甩挂运输联盟成员企业在"平台开放、场地互租、挂车互换、线路共建、信息互联、经验共享"等方面深度合作,力争华中甩挂运输联盟最终形成以武汉为中心节点、重点城市为区域节点、省际干线甩挂和省内短途甩挂接驳无缝对接,呈多点放射的甩挂运输网络,合力把华中甩挂运输联盟打造成为全国甩挂运输第一联盟。

6. 建立联盟联席会议制度

各省市运管物流部门及华中甩挂运输联盟理事会成员等单位,每年定期举行华中甩挂运输联盟联席会议,研究协调安排联盟甩挂运输发展、联盟建设计划等重要工作,解决华中甩挂运输联盟实际工作的难点和热点问题。通过联席会议制度,进一步搭建华中甩挂运输联盟成员企业与管理部门的交流平台,拓展交流内容,完善交流机制,使华中甩挂运输联盟在管理部门引导下健康成长。

二、华中甩挂运输联盟的模式

华中甩挂运输联盟内各种公共资源对每个成员平等开放,成员之间共享站场、运力、信息等资源。联盟成员企业将按"平台开放、场地互租、挂车互换、线路共建、信息互联、经验共享"等模式开展合作,以加强甩挂运输联盟成员之间的沟通与合作,提高甩挂运输运作效率和服务水平,实现产业资源整合,优化产业发展环境,形成示范效应,带动行业发展。

在华中甩挂运输联盟公约中指出,具备条件的成员企业对联盟其他成员企业开放甩挂运输站场,并提供资源组织、仓储、短驳、理货、停车、装卸、集拼、车辆维修保养、住宿等便利服务和优于当地市场价的服务价格;联盟成员企业需定期向联盟报送站场供需信息,在"华中甩挂运输公共信息平台"(暂定名)发布;支持并参与联盟组织开展的站场设备、保险等共同采购项目;对甩挂站场技术标准、运营组织、信息系统等项目开展合作交流,共同推动联盟甩挂运输站场的标准化。

其中,新杰物流集团有限公司和赤湾东方物流有限公司达成的武汉—上海干线甩挂运输业务合作项目中,明确采用以下合作模式:

1. 站场互租

双方开放各自位于武汉和上海的甩挂运输站场供对方使用,并提供停车、装卸、集拼、车辆维修保养、司机住宿等便利服务和优惠的服务价格。

2. 挂车互换

双方共同投入运力维持武汉—上海干线运输线路。在该运输线路上投入的运力资源进行共享。双方优先使用对方的车辆资源完成短途接驳甩挂业务。此外,双方的挂车资源相互共享,鉴于双方挂车费用管理标准存在差异,有关挂车互用的车辆维修、保养、轮胎磨损等细节,双方另行签订协议达成统一结算标准。双方承诺投入武汉—上海干线甩挂运输线路的车辆资源符合甩挂运输车型要求,证件、资质及保险等符合双方业务的要求。

3. 业务共享

双方可利用各自的优势,共同开发客户,设计物流服务方案,统一服务标准。为对方进行商务投标等进行支持。

4. 其他共享

双方利用在各自优势区域的人力资源,互相提供服务异常、车辆违章、保险理赔等代理处理服务。在车辆、保险、维修、轮胎、燃油等设备、设施和服务采购方面开展合作,共同采购以降低运营成本。

三、华中甩挂运输联盟章程

华中甩挂运输联盟章程(草案)

第一章　总则

第一条:综述

为推进甩挂运输模式,进一步优化道路运输服务体系,加强甩挂运输试点单位之间的沟通与合作,提高甩挂运输运作效率和服务水平,维护各方的利益,在湖北省交通运输厅的大力倡导下,建立本联盟。为明确甩挂运输联盟成员的权利和义务,特制定本章程。

第二条:宗旨及定位

(1) 联盟宗旨:推广甩挂运输模式,加强甩挂运输联盟成员之间的沟通与合作,提高甩挂运输运作效率和服务水平,实现产业资源整合,优化产业发展环境,实现节能减排、绿色物流的发展目标。

(2) 联盟定位:立足华中、面向全国,统筹试点企业资源,服务广大甩挂运输企业,致力于打造全国甩挂运输联盟示范品牌,形成影响中国道路运输市场的发展格局,并最终形成全国性的甩挂运输联盟。

第二章　基本任务和业务范围

第三条:华中甩挂运输联盟的基本任务

根据国家的法律和法规及联盟的章程,协调联盟成员之间的相互合作关系,处理与联盟有关的业务事宜,进一步优化甩挂运输服务体系,提高甩挂运输整体运作效率和服务水平,增强华中甩挂运输服务网络的市场竞争力,维护甩挂运输联盟成员的利益。

具体业务范围如下:

(1) 制定联盟的运行管理办法,建立联盟运行机制。协调联盟成员之间沟通合作,解决联盟成员之间出现的问题,抵制不正当的市场行为,预防和消除恶性竞争。

(2) 制定联盟统一市场开发方针与策略,组织联盟成员统一进行甩挂运输业务的市场开发。

(3) 制定联盟成员甩挂运输营运的管理办法,协助联盟成员解决甩挂运输合作过程中出现的问题。

（4）使用相同标志,整合联盟资源,发挥整体优势,争取更多优惠政策和条件,创造良好的市场环境,赢得客户的信任和支持。

第三章　联盟成员

第四条:联盟成员加入条件

（1）各甩挂运输试点单位企业或提请联盟成员代表大会表决通过的联盟其他参与者;

（2）自愿加入本联盟;

（3）拥护本联盟章程。

第五条:联盟成员加入程序

（1）交入会申请;

（2）填写入会登记表;

（3）由秘书处提交联盟成员代表大会表决通过;

（4）由秘书处发给联盟成员证书;

（5）第一批联盟成员加盟,填写入会登记表,签署联盟章程后,自动成为会员。

第六条:联盟成员的权利

（1）对联盟事务享有动议权;

（2）对联盟的决策享有表决权;

（3）享有与华中甩挂运输联盟资源数据共享,为客户提供全程车辆运输动态查询的权利;

（4）享有联盟各方资源支持及联盟技术小组谈判成果利益共享的权利;

（5）享有联盟内部全部优惠政策权利;

（6）享有使用联盟标志的权利;

（7）享有加盟自愿,退出自由权利。

第七条:联盟成员的义务

（1）必须遵守国家的法律、法规及联盟章程;

（2）必须依照联盟章程、联盟管理办法和联盟的规章制度与内部成员在甩挂运输业务上进行有效的合作;

（3）必须执行联盟决议,维护联盟合法权利,完成联盟的有关工作;

（4）必须向联盟如实反映与联盟相关情况,提供与联盟相关资料;

（5）必须接受联盟的委托,组织承办有关活动;

（6）对外以联盟名义开展有关活动时,必须经联盟秘书处同意;

（7）联盟成员应遵守内部保密制度,防止商业秘密泄漏。

第八条:联盟成员的退盟

（1）成员退盟,必须提前一个月,以书面的形式提出;

（2）必须办理退盟手续;

（3）必须交还联盟成员证书。

第四章　组织机构和常设机构的产生

第九条:权力机构

本联盟的最高权力机构是联盟成员代表大会。联盟成员代表大会的职权是:

（1）制定和修改章程;

（2）审议联盟成员代表大会联盟理事会工作报告；

（3）制定本联盟的工作方针和任务；

（4）决定其他重大事宜。

第十条：成员代表大会

联盟成员代表大会，每年召开一次。若遇重大事项或特殊情况，成员可向联盟秘书处提出动议，联盟秘书处依本章程第四章第十三条规定，召开临时会议。

第十一条：会议决议

联盟成员代表大会须有三分之二联盟成员代表出席方能召开，其决议须经联盟成员代表半数（不包括半数）以上同意方能生效。未到会成员，可以书面形式表决。

第十二条：联盟理事会

联盟成员代表大会设立联盟理事会。联盟理事会由十三名联盟理事会理事组成。由联盟成员代表大会，通过选举在联盟成员代表中产生，任期四年。联盟理事会设立理事长一名，副理事长三名。理事长和副理事长由联盟成员代表大会通过选举在联盟理事会理事中产生，任期四年。

第十三条：常务机构

联盟理事会是联盟成员代表大会的常务机构，在闭会期间领导本联盟开展工作，对联盟成员代表大会负责。

联盟理事会下设秘书处。秘书处对联盟理事会负责，负责处理联盟理事会的日常事务。

秘书处设秘书长一名，秘书长人选由理事长提名，理事会通过。

第十四条：联盟理事会的职责

（1）执行联盟成员代表大会决议；

（2）筹备联盟成员代表大会；

（3）向联盟成员代表大会提交年度工作报告；

（4）提议联盟成员吸收与除名，并交联盟成员代表大会表决；

（5）实施联盟内部管理和对外事务等工作；

（6）处理其他有关事项。

第五章　资产管理与使用原则

第十五条：本联盟办公经费来源

（1）联盟理事会成员单位赞助费；

（2）政府部门扶持、供应商赞助费。

第十六条：联盟经费支出

（1）出版联盟刊物及订阅必要资料费用；

（2）支付联盟秘书处的办公经费。

第十七条：联盟活动及会议开支，由联盟秘书处提出预算，提交联盟理事会讨论同意通过。通知各成员执行，费用由各成员支付。

第六章　章程的修改程序

第十八条：对本联盟章程的修改动议，须由联盟成员提议交联盟秘书处经联盟成员代表大会表决通过后生效。

第七章　终止程序及终止后的财产处理

第十九条：联盟完成宗旨或自行解散或合并等原因需要终止时，由联盟成员提出终止动议，由联盟秘书处提交联盟成员代表大会表决。

第二十条：联盟终止动议，须经联盟成员代表大会表决，同意通过才能生效。

第八章　附　则

第二十一条：本章程经 2013 年 10 月 28 日联盟成员代表大会表决通过。

第二十二条：本章程的解释权属本联盟成员代表大会。

第二十三条：本章程自联盟成员代表大会表决通过之日起生效，对联盟成员具有约束力。

第十一章　甩挂运输与多式联运发展

第一节　多式联运的内涵

一、多式联运的定义

1. 联合国关于多式联运的定义

1980 年 5 月 24 日在日内瓦举行的联合国国际联运会议上，颁布了《联合国国际货物多式联运公约》。该公约中规定，国际多式联运"是指按照多式联运合同，以至少两种不同的运输方式，由多式联运经营人将货物从一国境内接管货物的地点运至另一国境内指定交付货物的地点。为履行单一方式运输合同而进行的该合同所规定的货物接交业务，不应视为国际多式联运"。

2. 国际商会关于多式联运的定义

1991 年由联合国贸易和发展会议与国际商会在《联合运输单证统一规则》的基础上，参考《联合国国际货物多式联运公约》共同制定了《多式联运单证规则》。在这项国际规则中，没有明确定义多式联运，但是通过其多式联运合同的定义可知，该项规则中的多式联运"是指以至少通过两种不同的方式运送货物"。规则中指代的多式联运没有强调必须有多式联运经营人，更偏向于联合运输的概念。

3. 海商法关于多式联运的定义

根据我国颁布的《中华人民共和国海商法》第 102 条对于多式联运合同的定义可知，我国对于多式联运的定义是指多式联运经营人以两种以上的不同运输方式(其中一种是海上运输方式)，负责将货物从接收地运至目的地交付收货人，并收取全程的费用。

多式联运不仅仅限定于国际多式联运。我国习惯上将多式联运理解为由两种及以上的交通工具相互衔接、转运而共同完成的运输过程。

二、多式联运的特征

根据多式联运定义，多式联运呈现以下几点特征：

(1) 多式联运必须是通过两种或两种以上的运输方式完成运输，而且是不同方式的连续运输。

(2) 发货人与负责全程运输的多式联运经营人订立一份多式联运合同。

(3) 多式联运经营人需要对货物全程运输负责。

(4) 由多式联运经营人签发一份全程多式联运单据，一次付费，一次保险，通过一张单据完成全程运输。

由此可见,多式联运的主要特点就是"一次托运、一次收费、一票到底、一次保险、全程负责"。

三、多式联运的组织形式

多式联运是采用两种或两种以上不同运输方式进行联合运输的运输组织形式。多式联运中涉及的多种运输方式具体可以包括铁路、水运、公路、航空等。多式联运不同于一般的"海-海","陆-陆","空-空"等形式的联合运输,两者之间有着本质的区别。后者虽然也属于联运形式,但它是利用同一种运输工具之间的联合运输,而多式联运则是不同运输方式之间的联合运输。从实际角度出发,一般可以将多式联运分为"公铁联运"、"海陆联运"、"陆桥联运"、"海空联运"等四种主要组织形式。

(1)公铁联运,是国内地区间多式联运的重要组织形式。公路及铁路两种运输方式的联合运输,这种联运组织形式主要以长距离大容量的铁路运输为主,配合公路运输实现更大范围的服务覆盖。在具体操作中,常以集装箱为运输单元,由全程运输经营人把货物从接管货物的地点运至指定地点交付。

(2)海陆联运,是国际多式联运的主要组织形式。以海运为主体,铁路作为其向内陆的延伸。在具体操作中,常以集装箱为运输单元,首先采用铁路运输到沿海港口,再换装到海运船舶进行运输。一般在陆上运输采用的是铁路,但对于距离港口较近的地区则会选择较为灵活方便的公路运输,因此海陆联运可以包括海运-铁路联运和海运-公路联运两种组织形式。

(3)陆桥联运,严格来说也是海陆联运组织形式的一种,是采用横贯大陆的铁路或公路作为联合运输的中间"桥梁",将大陆两端的集装箱海运航线连接起来的一种连贯运输方式。它与海陆联运的不同点主要表现在衔接整个运输过程的运输方式不同。海陆联运是海运作为中间环节,衔接了两端的铁路运输;而陆桥联运是以大陆的铁路或公路作为中间环节,以此衔接两端的海运。

(4)海空联运,是由海运和空运组合的运输方式。由于海运具有价格较低的优势,而航空具有速度快的优势,二者的结合无论从效率上还是运输成本上都得到了提升。但是,海空联运并不可能完全离开陆运而直接的将海运和空运相互衔接。严格意义上来说,海空联运组织形式应该叫作海陆空联运。这种联运组织方式,具有总的运输时间比全程海运少,而整个过程中的总运输费用又比全程空运低这两个最主要的优势。

四、多式联运的分类

多式联运的整个业务流程主要是由多式联运经营人组织实施。根据多式联运组织形式的不同,可以将其分为协作式多式联运和衔接式多式联运两大类。

1. 协作式多式联运

协作式多式联运是指参加多式联运的不同运输方式的运输企业,按照统一的规章或商定的协议,共同将货物从接管货物的地点运到指定交付货物地点的运输。

协作式多式联运是我国目前主要采用的联运形式。在这种形式下的多式联运,参与联运的承运人均可受理托运人的托运申请,接收货物,签署全程运输单据,并负责自己区段的运输生产;后续承运人除负责自己区段的运输生产外,还需承担运输衔接工作;而最后承运人则需要承担货物交付以及受理收货人的货损货差的索赔。在这种体制下,参与联运的每个承运人均具有双重身份。对外而言,他们是共同承运人,其中一个承运人与发货人订立的运输合同,对每一个承运人都具有约束力;对内而言,每个承运人不但有义务完成自己区段的实际运输和有关的货运组织工作,还应根据规章或协议约定,承担风险,分配利益。

协作式多式联运又可分为协议联运和法定联运。前者是指运输企业之间事先商定、签署多式联运协议,并在实际运输过程中依据协议进行联运活动的组织形式。后者是指不同运输方式运输企业之间根据国家相关主管部门颁布的规章制度开展的多式联运。与协议联运不同的是,法定联运下参与多式联运的企业活动受到国家相关部门规章制度的规范和约束。

2. 衔接式多式联运

衔接式多式联运是指由多式联运经营人负责货物的全程运输组织业务,将货物从接管地点运到指定交付地点的运输。

衔接式联运的全程各区段之间通过多式联运经营人与实际承运人进行衔接,直到将运输货物从最后一程实际承运人手中接收并交付给收货人为止。在与发货人订立运输合同后,多式联运经营人根据双方协议,按照全程单一费率收取全程运费和各类服务费、保险费等。多式联运经营人在与各区段实际承运人订立各分运合同时,需要向实际承运人支付运费以及其他各项费用;在各衔接地点委托代理人完成衔接服务业务时,也需要向代理人支付委托代理费用。

在衔接式多式联运运输组织下,各个区段的实际承运企业所承担的业务与传统分段运输时相同,多式联运经营人承担了运输过程的衔接工作,这不但方便了货物托运人和实际承运人,也使运输的衔接工作更加顺畅,达到了运输组织工作与运输生产工作的分离。目前这种多式联运组织体制是国际货物多式联运的主要组织形式。

第二节　甩挂运输对多式联运发展的作用

一、我国多式联运发展存在的问题

作为一种高级的运输组织形式,多式联运可整合各种运输方式的优势,通过无缝衔接提高运输效率与质量。多式联运符合个性化需求对商品运输的要求,在全球化竞争中发挥着重要的作用。2013 年 6 月 6 日,《交通运输部关于交通运输推进物流业发展指导意见》中八次提到多式联运,并将其作为交通运输促进物流业发展的重中之重,提出大力创新发展先进运输组织方式,积极推进多式联运发展,加快发展甩挂运输。2014 年 9 月 12 日颁布的《物流业发展中长期规划(2014—2020 年)》中,多式联运作为提升物流效率、降低物流成本的有效途径,再次被提到物流业发展的战略高度。2015 年 7 月 21 日,交通运输部、国家发展改革委联合印发了《关于开展多式联运示范工程的通知》,共同开展多式联运示范工程建设,发挥典型示范意义和带动作用。由此可见,发展多式联运是国内物流业近期的主要任务。

改革开放以来,经过近 40 年的建设与发展,我国多式联运虽然取得一定成就,但与发达国家相比,仍存在着较大差距。这些差距主要体现在起步早发展缓慢与分工不合理不通畅两方面。

1. 起步早但发展缓慢

（1）各种运输方式集装箱化率较低。公路运输占全国货运量比重在 70％以上，2014 年达到 76％，但是公路运输是以整车和零担两种方式为主，集卡只是用在港口、车站的集疏运中，并没有大量使用在公路干线运输上。铁路货运量占全国总量不足 10％，铁路集装箱则更少，不到 5％。

（2）公铁联运、海铁联运比例较低。中国集装箱多式联运的主要形态是海公联运，约占港口集装箱集疏运量的 84％，其次是水水联运，约占 14％，海铁联运仅占 2％左右。而西方发达国家海铁联运比例高达 20％，如德国汉堡港铁路集疏运比重高达 30％，荷兰鹿特丹港铁路集疏运比重达 13％。不难看出，中国多式联运尚处于起步阶段。

（3）多式联运服务水平低下，是导致社会物流资源使用效率低，社会物流成本高的主要因素之一。

2. 分工不合理、衔接不通畅

（1）公路、铁路、水路、航空运输独立发展加快，但不均衡。"十一五"期间我国已具备了构建综合交通体系的条件，"十二五"期间是有效整合的阶段。公路、航道、港口能力已经得到充分释放，并出现产能过剩的现象。铁路能力有所缓解，但是货运系统能力并没有得到较大释放，主要集中体现在站场能力、装备能力、服务程序和管理机制等要素上没有明显改善。多式联运管理体制上多头管理问题没有改变，导致了发展不均衡。

（2）经营主体尚不明确。我国从事多式联运业务的企业很少具备门到门的服务能力，通常是通过委托方式，解决运输衔接问题。多式联运的经营范围和责任主体无法明确。主体缺失已经成为发展多式联运的障碍。

（3）重节点建设，轻网络效率。多式联运节点建设的重要载体是近年来蓬勃发展的物流园区。1998 年，我国第一个物流园区在深圳出现，到目前为止全国已经拥有物流园区超千家。然而，大部分物流园区尚未形成多式联运的运力整合，多种运输方式不能做到无缝衔接。一些以铁路集装箱中心站，或港口为核心的物流园区，将公铁联运、海铁联运作为核心服务，大大增强了多式联运节点的服务能力。但是缺乏对这些基础设施运营能力的整合，不能做到运输产品的一致性，影响了多式联运的服务效率。由于转运设施建设忽视了业务网络的驱动作用，缺乏相应的服务产品设计；园区用地忽视物流行业规律，用地性质标准模糊；误把交通枢纽等同于物流中心导致选址错误；缺乏市场定位导致同质化严重；缺乏对多式联运的设计导致园区成为"物流孤岛"等原因，我国物流园区大多不能成为多式联运网络节点。

（4）政策环境尚不配套。近年来，部委之间、地区之间的多式联运示范工程上马较多，扶持资金、政策优惠、价格补贴等刺激措施多有出台，但是政策补贴时限一到，项目即刻停止，市场价格不能继续发挥作用，价格倒挂，导致服务产品终止。多式联运提单没有形成。目前联运企业单据方式分为"一单结"、"两单结"和"多单结"；内陆口岸建设尚不满足需求；尚无行业经营者资格认定体系，缺乏行业自律行为；税收制度与"营改增"问题，以及诸多涉及物流行业的政策，也制约着多式联运的发展。

（5）信息化建设相对滞后。港航企业已经广泛应用 EDI 数据传输转换。但 EDI 在我国多式联运中尚处于推广阶段，特别是铁路信息尚不能接收 EDI 的操作。因此，海铁联运中基本的集装箱信息查询尚不能满足。铁路信息系统自成一体，不能对社会用户有权限地开放。多式联运信息平台建设已成为近年来物流信息化的热点话题，但是投入运行并产生效果的极少。相较于物流业其他领域的信息化,多式联运信息化近乎空白。

(6)货源严重不匹配造成箱源紧张。区域经济的布局决定了大量集装箱运输不能做到重去重回;季节性的波动对集装箱供给造成时段紧张;过于单一的干线运输,导致箱源调拨困难;一方面是一车难求,一箱难求,一方面是大量的排空运行;铁路的条块分割的运行组织机制加重排空现象等,导致箱货匹配成为行业难点。

(7)运行规则不统一造成效率损失。在运行规则上,铁路自成一体,对于受理流程,适箱货物规定、价格规定、清算规定都不能与市场接轨,以致节点效率低下;客户受理流程与线下服务能力远远不能满足市场要求,导致公铁联运效率较低。

二、甩挂运输对多式联运的促进作用

从甩挂运输的运行条件来看,充足的货源、标准化的运输装备、完善的信息管理系统、适宜的甩挂运输站场及其网络化布局必不可少。从货源方面看,充足的货源更强调的是往来货源的平衡,这样才能保证甩得起来。而往来平衡的货源也正是解决多式联运货源严重不匹配的必备条件。从运输装备方面看,甩挂运输已在全国推行三批标准车型,尤其是厢式挂车和集装箱挂车的推行,为不同运输方式间的顺利衔接提供了便利。从作业站场方面看,甩挂运输的发展要求站场网络化的布局,且对站场设施设备等均提出标准化与资源共享的要求,而这恰是多式联运发展所欠缺的。从信息系统方面看,甩挂运输及其联盟的发展要求建立互联互通的信息平台,便于全国范围内的车辆、货源等资源的统一调度安排,为多式联运信息化发展奠定了坚实基础。

整体而言,公路甩挂运输这种现代化的运输组织方式,可以有效地衔接多种运输方式。这种运输合作的组织模式,在转运过程中采用的是整箱搬运装卸,大大降低了铁路车辆和船舶的搬运装卸频率,提高铁路车辆和船舶的装卸效率,几乎可以完全消除货损货差。甩挂运输可以促进汽车运输与铁路运输、水路运输多式联运的发展,实现以公路甩挂运输为基础的铁路驮背运输、水运滚装运输等方式的联合运输,充分发挥铁路车辆和船舶长距离低排放的优势,减少温室气体的排放,建立循环经济运输产业。同时,甩挂运输也是构成多式联运不可或缺的一环。单纯地依靠铁路运输或是船舶运输不可能覆盖全国各地,满足整个市场需求,无论是公铁联运还是海铁联运,环节中的点对点运输都必须依靠公路运输来完成。牵引车将载好货物的半挂车拖至铁路货场或港口,牵引车与挂车分离,再吊装至铁路平车、船舶甲板或仓位上进行长途运输,到达目的地或目的港后,再由另一端的牵引车将半挂车运至堆场。

第三节　多式联运中的甩挂运输组织模式

一、公水联运

1. 货滚甩挂运输

滚装运输是指使用半挂车、集装箱或汽车等承载货物,将运输工具和货物一起开上滚装船,到达目的地之后再从滚装船上开下的运输方式。该方式适用于内河港口之间、海湾两边、海峡两岸和沿海岛屿间的短途水运。它具有较其他常规运输方式装卸效率更高、更灵活方便等特点,有利于加速船舶周转、提高港口通过能力,为客户提供门到门运输服务等优越性。将滚装运输与甩挂运输相结合形成的货滚甩挂运输是陆海联运的方式之一。由牵引车带装有货物的挂车上船,将挂车甩下后,牵引车下船,装货物的挂车系固捆扎在船舱内,船舶到达目的港口后,再由牵引车带挂车下船,运送至目的地。采用这种运输方式,牵引车不上滚装船,既解决了船上车载燃油隐患问题,又提高了滚装船安全运输水平,同时也节省了车位空间和驾驶员船上费用,降低了滚装船的运输成本。

欧洲一些滚装航线已开始运作类似的模式,即以一家大型的专业第三方物流服务商为经营主体,充分整合现有的滚装运输市场物流资源,包括配货站、货物集散中心、社会车辆等,通过与船公司和货主的充分合作,在滚装码头两端建立滚装物流中心,以货源信息共享为依托,利用标准化的车辆和甩挂的装卸技术进行陆路运输,根据货源生成地的地理分布进行滚装物流中心和腹地货物集散中心的陆上运输对接,为客户提供门到门的、高效率、低成本的区域性全程物流服务。

我国多式联运尚处于发展阶段,山东、辽宁两省率先提出通过整合海运、公路、铁路,将甩挂运输和货运滚装结合起来,利用渤海湾水运资源打造我国第一条货滚多式联运通道,形成连通华东到东北的物流大通道。2014 年 12 月 23 日,随着"长达隆"号滚装船驶离潍坊港,潍坊至营口这条渤海湾"黄金水道"正式贯通,首开中国海上绿色货滚甩挂运输通道。鲁辽陆海货滚甩挂运输大通道以潍坊港和营口港为起点,以山东、辽宁两省为中心区域,利用渤海湾水运资源,向南延伸至海峡西岸、向北延伸至哈大齐经济带,借助甩挂运输站场体系和陆路干线网络,形成纵贯我国东部地区南北方向千余千米的多式联运通路。

货滚甩挂运输,单车从始发地到目的地的具体操作流程如下:

(1) 始发地的货运站场负责货物的集结,所集结货物主要为零散货物,在货运站场进行拼箱货装车,并办理好相关运输证件。然后通过信息共享系统与货滚甩挂物流中心实现资源共享。码头货滚甩挂物流中心根据各货运站和大企业货主上传的货源信息调度牵引车运行方案,派出牵引车将货物运至码头。

(2) 牵引车拖挂重挂车到达滚装码头后,一种方式是直接将挂车拖入船舱甩下挂车离去,一种方式为将挂车甩至滚装停车场,由码头专门牵引车负责挂车进舱。牵引车离去后根据调度中心指令继续完成下一次运输任务。

(3) 完成一个滚装航次的集港工作后,货滚甩挂物流中心派出一名业务人员跟船负责挂车的押送,船舶到港后,由与始发地货滚甩挂物流中心合作的目的港货滚甩挂物流中心负责将挂车拖出滚装船,牵引车和挂车结合后从目的港出发到整箱货目的地或拆箱货站场,单个航次结束。

返程类似,只要在该航线的往返货物量相差无几,就不存在严重的空挂车调度问题。单航次流程如图 11-1 所示。

2. 短驳甩箱

集装箱运输是指以集装箱这种大型容器为载体,将货物集合组装成集装单元,以便在现代流通领域内运用大型装卸机械和大型运载车辆进行装卸、搬运作业和完成运输任务,从而更好地实现货物"门到门"运输的一种新型、高效率和高效益的运输方式。集装箱箱体采用标准化设计,将原先外形尺寸各异的货物通过集装箱实现了规格统一。由于采用了标准化的集装箱,使得运输及装卸机械的标准化得以应用,集装箱在各种运输方式之间的换装更加方便,更有利于进行多式联运。对港口集装箱进行集聚与疏散,采用的多是短驳甩箱组织模式,以钩、挂作业取代集装箱的吊装作业,进一步提高运输效率。以港口进出口集装箱为例,短驳甩箱的具体流程如下:

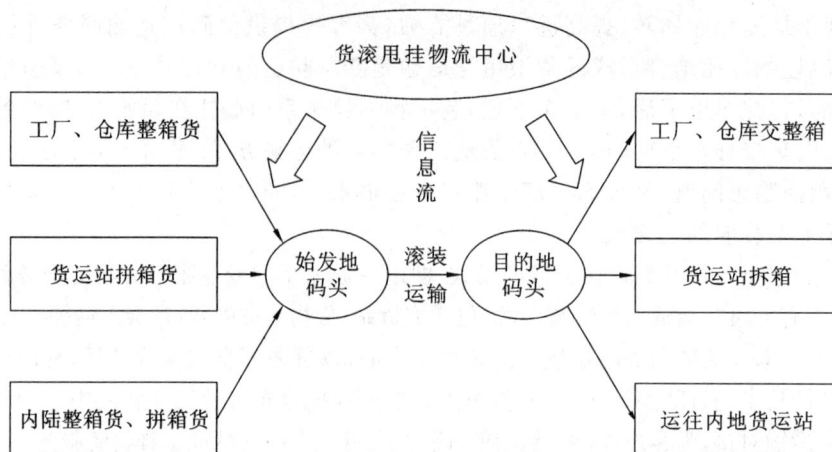

图 11-1　货滚甩挂流程图

（1）集装箱中转站先从附近企业或客户进行集货,在出口仓库 B 装载集装箱后,挂上牵引车。

（2）重箱挂车 a 经过短驳运输,到达出口重箱堆场 D,卸下重箱（甩箱）。

（3）空挂车继续前往进口重箱堆场 C,装载重箱。

（4）重箱挂车 b 经过短驳运输,进入集装箱中转站,在进口仓库 A 甩下重箱挂车 b（甩挂）。

（5）重箱挂车 b 在进口仓库 A 卸载,并用小型货车进行配送。

（6）牵引车前往出口仓库 B,进入（1）循环。

短驳甩箱运输流程如图 11-2 所示。

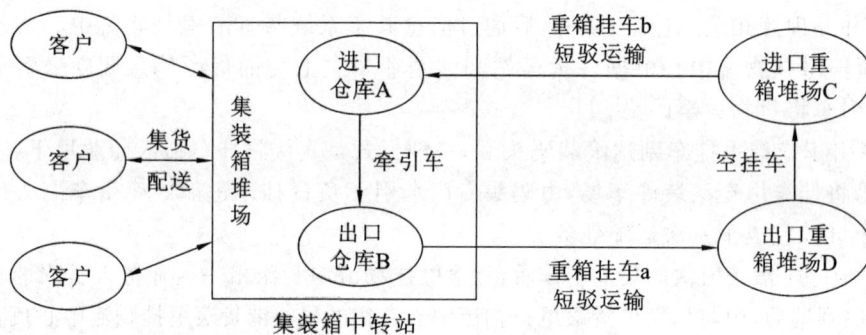

图 11-2　短驳甩箱流程图

二、公铁联运

1. 驮背运输

驮背运输是一种公路和铁路联合的运输方式,由牵引车将载有集装箱的底盘车或挂车直接开上铁路平板车,停妥摘挂后离去,集装箱底盘或挂车由铁路车辆载运至前方换装点,再由到达点的牵引车,开上火车挂上集装箱底盘车或挂车,直接运往目的地,这种形式被形象地称为驮背运输。按照实际运作方式的不同,驮背运输又可分为两种形式。

（1）传统驮背运输

传统的驮背运输主要使用的载运工具是平车。驮背式运输主要采用滚装滚卸的装卸方式,牵引车带动半挂车通过端式站台(或活动渡板)和连接板上下铁路平车。

在进行滚装滚卸作业时,调机先将编组好的空平车车列牵引至端式站台或活动渡板处,技术人员将平车上的连接板放平,使平车之间的车钩缝隙被覆盖,整个车列的车地板互相连通,便于滚装作业的进行。

铁路平车装载前期作业准备好后,站场内牵引车与存放在停车场的半挂车连挂,倒行开上端式站台或渡板的坡道,并将半挂车推入车列的最后一辆空车内。将半挂车推入平车后,牵引车司机根据装载技术人员的指令调整半挂车位置,将半挂车底盘牵引销与铁路平车上的挂车加固架顶板钩梢对齐,停稳后,牵引车与半挂车分离,半挂车牵引销插入加固架锁死,完成一辆半挂车在平车上的装载与加固工作。

牵引车离开平车车列后,下一辆挂有半挂车的牵引车可重复上述过程将半挂车推入铁路平车。如此循环往复,直至将整个驮背运输专列装载完成。

车列装载完成后,收起连接板,挂上机车,即可出发开行至终点车站。在终点车站的卸车作业与装车作业过程正好相反,列车停至端式站台后,将半挂车牵引销从加固架中解除锁闭,放下连接板,牵引车倒车开上车列,将半挂车连挂并从铁路平车上卸下,完成卸车过程。

传统驮背运输过程示意图如图 11-3 所示。

图 11-3　传统驮背运输过程示意图

(2) 挂车列车

挂车列车是一种公路和铁路两用的挂车。这种公铁两用挂车在公路上用自己的轮子挂在公路拖车后面行驶,到达火车站时,将其在公路上行驶时使用的轮子收起来,放上火车轮架,就可以在铁轨上行驶。到达目的地后,又可以还原成公路运输工具,用公路拖车将其运到客户的仓库。该方式既保留了公路卡车的运输机动灵活性,更拥有了铁路长距离、高效率货运的优越性。公铁两用挂车的实质是把两用挂车直接放到特制的转向架上,节省了铁路平车的车体。这样做的结果是节省了铁路平车的制造费用,提高了运输的有效净载荷,降低了燃料费用。此外,由于挂车与转向架的结合与分离都是平面作业,因此也省去了装卸机械设备。

挂车列车示意图如图 11-4 所示。

图 11-4　挂车列车示意图

2. 甩箱

公铁联运也同样有甩箱模式,其运作流程与公水联运的短驳甩箱运作流程类似。铁路集装箱运输中的甩箱运输如图 11-5 所示,不再做详细介绍。

图 11-5 铁路双层集装箱运输中的甩箱运输

与国内通常的甩箱模式不同,欧洲广泛使用的"甩箱运输"是货车拖挂一节或两节及以上的车厢,运送到目的地后,货车便会将随车携带的货箱甩留,再拖带其他货箱返回原地或者驶向新的目的地。这里的甩箱运输不同于前文的甩箱,与甩挂运输相比,优势更为明显。首先,甩挂运输一般情况下是一个牵引车+挂车,实行"一拖一"。而甩箱运输在法律允许的情况下可以实现"一拖 N",运输方式更加高效。其次,两者在车辆构造上有所不同。甩箱运输所使用的货箱拥有四条可折叠"支腿",箱体可以脱离车辆底盘,独立放在装卸货区,比甩挂运输更加方便、灵活。另外,甩箱运输的货物可以"先装后卸",交换作业时间可大幅缩短。同时,由于一辆车可以拖多个交换箱体,因此箱体可以按目的地划分来实现沿途甩箱运输,大大提高运输效率。尽管国内目前并没有普及甩箱运输,但是随着物流企业的转型升级,不可否认,甩箱运输将会是未来的发展方向。如图 11-6 所示。

图 11-6 甩箱运输车辆示意图

第四节 案例分析

现有长沙物流企业新开公铁水联运集装箱运输线路:长沙站场—长沙港—岳阳—长江沿线港口。此线路由长沙物流企业甩挂运输站场负责集货,由该物流企业负责将货物经湘江水路运至岳阳城陵矶港,再经长江运至长江沿线港口,便于与长江经济带沿线城市进行货运对接。整条线路公路甩挂运输部分,为长沙物流企业甩挂运输站场至长沙港堆场,为短驳甩箱运输模式,具体运输过程如图 11-7 所示。

长沙物流企业甩挂运输站场　　　长沙港堆场　　　　　　　岳阳城陵矶港　　　　　长江沿线港口

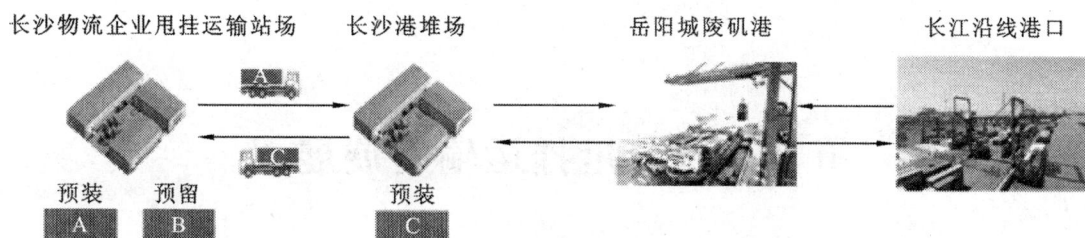

图 11-7　公铁水联运集装箱线路甩挂运输示意图

线路公路甩挂运输部分具体步骤如下：

步骤 1：在长沙物流企业甩挂运输站场预留 2 辆集装箱挂车（空箱＋平板挂车），A 挂车和 B 挂车，其中 A 挂车预先装箱需运往长沙港堆场的货物。在长沙港堆场预装空箱 C。

步骤 2：完成线路和人员安排后，牵引车挂上预先装载重箱的重挂 A（重箱 A＋平板挂车）由长沙物流企业甩挂运输站场前往长沙港堆场。到达后，卸下重箱 A，装上预先完成装箱的重箱 C 返回长沙物流企业甩挂运输站场。到达后，卸下重挂 C（重箱 C＋平板挂车），装上已完成重箱装载的重挂 B（重箱 B＋平板挂车）前往长沙港堆场，完成一次循环过程。在长沙物流企业甩挂运输站场摘下的重箱 C 由长沙物流企业甩挂运输站场重新分拣拼箱运输。

步骤 3：在长沙港堆场卸下的重箱 A，在长沙港堆场进行重新拼箱装载作业后，由物流企业经湘江水路运至岳阳城陵矶港，再经长江运至长江沿线港口城市。

第十二章 甩挂运输发展展望

第一节 公路运输的发展方向

一、公路运输需求将继续保持快速增长

交通运输行业不仅是我国国民经济发展的基石,也是国民经济发展的先导。近年来我国交通运输行业受到高度的广泛关注。公路运输是交通运输的重要组成部分,公路运输业的发展在我国运输业发展中起着不可替代的作用。近20多年来,我国公路运输业快速发展,公路运输方式在国民经济及社会发展过程中发挥着愈来愈重要的作用。我国公路运输服务方式和经营主体日益呈现多样化的趋势。我国公路基础设施建设迅速发展,公路运输能力大大提高,在国民经济增长和人民生活水平提高方面发挥着越来越重要的作用。但与日益增长的运输需求相比,公路运输仍存在着有效供给不足的问题。随着我国经济的进一步发展,公路运输需求将继续保持快速增长,国内公路运输市场发展前景广阔。在公路货运中大宗货物、初级产品所占的份额呈下降趋势,对运输服务质量和服务水平的要求日益提高。公路运输服务需要不断进行改革以满足经济社会发展的要求。

二、公路运输主要发展方向

1. 集约化与规模化

加快形成并壮大一批在管理、技术、资金和人才等方面具有突出优势的龙头骨干企业,使其成为先进运输组织方式和技术创新的先行者,成为诚信经营、规范竞争和安全、节能、环保的示范者,充分发挥其在现代公路运输业发展中的排头兵和应急运输保障中的主力军作用,能有效推进公路运输结构调整和转型升级,促进行业健康稳定发展。近年来,国务院先后出台了促进公路运输发展的一系列文件,明确提出要培育扶持骨干企业、促进行业集约发展,切实改变运输企业"小、散、弱"局面,带动行业整体转型升级。鼓励发展龙头骨干企业、促进行业集约发展,是交通运输行业深入贯彻科学发展观、落实党中央和国务院战略部署、促进行业健康稳定发展的实际行动,是加快转变发展方式、发展现代交通运输业的迫切需要。

各地公路运输管理部门积极响应国家文件要求,努力探索促进公路运输集约发展之路,摸索出了许多有价值的模式和思路。浙江通过产权化整合、行业供应链整合、网络化整合和信息化整合四种主要模式,促进货运物流行业进行资源整合,构建"大物流"发展格局,并在全省推进物流资源整合试点,对试点项目严格规范、大力扶持。江苏通过企业化改造、班线经营权服务质量招投标、线路资源整合、品牌建设等引导措施,促进公路客运线路资源不断向优势企业集中,使客运行业规模化、集约化程度不断提高。福建大力鼓励发展甩挂运输等先进运输方

式。甩挂运输试点效益已有显著体现。河南把培育龙头骨干运输企业作为核心，不断加大对骨干公路运输企业的资金扶持与政策引导力度，为企业营造优良的发展环境。山东以行业节能减排为抓手，推进公路运输运力结构调整。这些举措均取得了积极成效。在浙江、江苏、河南等地，公路运输经营主体的规模化程度不断提高，经营结构不断优化，涌现出一大批实力雄厚、服务优质、社会责任感强的龙头骨干运输企业。这些企业均较好地发挥了示范引领作用。

尽管目前国内公路运输市场运作不规范，存在很多问题，如企业粗放式经营导致营运成本过高，企业规模小而散导致的无序竞争，但是集约化、规模化将是市场竞争的必然结果，也是国民经济发展对公路运输企业的必然要求。

2. 智能化

互联网思维推动了以服务为核心的交通管理方式的创新和业务流程的再造。"互联网＋交通"开始引领智能交通的发展。智能交通并不是一个新鲜词汇，这一词汇翻译自"Intelligent Transportation System"，它代表了未来交通系统的发展方向，因此也在很多场合被简称为"ITS"。ITS 是将先进的信息技术、数据通信传输技术、电子传感技术、控制技术及计算机技术等，有效地集成运用于整个交通系统而建立的一种在大范围内、全方位发挥作用的，实时、准确、高效的综合交通运输管理系统。

随着社会经济的不断发展和交通运输量的持续增长，利用智能运输系统（ITS）来提高公路的利用率、公路交通的安全程度和公路使用的舒适性，已成为未来交通运输的发展方向。智能运输系统可提高公路交通安全水平，减少交通堵塞，提高公路网的通行能力，降低汽车运输对环境的污染，提高汽车运输生产率和经济效益。随着智能运输系统技术的发展，电子技术、信息技术、通信技术和系统工程等高科技在公路运输领域将得到广泛应用。物流运输信息管理、运输工具控制技术、运输安全技术等均将产生巨大的飞跃，从而大幅度提高公路网络的通行能力。

3. 网络化和信息化

随着"互联网＋"时代的到来，各行业都在积极寻求"互联网＋"的切入点，力争融入这个新时代。公路运输行业在新时代背景下，可通过构建全国性网络，来充分实现公路运输企业的规模优势，而信息化则是保证网络正常高效运输的必要条件。物流企业通过使用新的信息技术如大数据、电子商务、物联网、云计算、移动应用、4G 等新技术加速智慧成长。从目前的状态来看，条形码和电子标签等技术以及物流管理软件在物流行业中的应用程度不断提高，信息化应用效果成效显著。部分企业还将数据挖掘、商业智能等作为物流信息化建设的重点，为企业决策提供了信息化支撑。

交通网络化经营已成为公众出行和经济发展的必然需求。在公路运输中，高等级公路和农村公路构建的运输经济圈，以中小城市为依托，辐射周边乡镇，形成环形网络化经营，可以充分发挥公路运输的"门到门"和中短途运输优势，连起铁路所无法覆盖的小的运输节点，形成鲜明的竞争优势。

公路网络化有利于打破单一经营格局，实现多元化经营，拓宽服务领域，提高服务水平。通过先进的信息、通信、自动控制手段等高新技术，在货流集中场所增加货运站提供配套服务，通过货运站的人性化管理真正做到让企业放心，让货主放心，从而节约运营成本，提高公路运输的能力和效率。

4. 公路运输将与现代物流日益融合

物流业作为一种新的经济运行方式,已成为国民经济的重要服务部门之一。由第三方物流企业组成的新的物流服务行业,是中国经济发展新的生产力。随着公路运输需求水平的逐步提高,公路货运中小批量、多品种、高价值的货物越来越多,在运输的时间性和服务质量方面的要求越来越高。因此,公路运输企业必须提高自身的物流服务水平以满足日益提高的客户服务的要求。公路运输加速向现代物流的发展和融合,不仅是为了面对现有的国内市场的需求,同时更是为了应对经济全球化潮流所带来的压力和挑战。

5. 公路货运向快速长途重载发展

随着区域经济的发展以及公路基础设施和车辆的不断改进,中长距离公路运输需求增加,公路货运向快速、长途、重载方向发展。大吨位、重载专用运输车因高速安全、单位运输成本低而成为我国未来公路运输车辆的主力。专用车产品向重型化、专用功能强、技术含量高的方向发展。厢式运输车,罐式运输车,半挂汽车列车,集装箱专用运输车,大吨位柴油车及危险品、鲜活、冷藏等专用运输车辆将围绕提高运输效率、降低能耗、确保运输安全的大目标发展。

第二节　网络化是甩挂运输发展的方向

一、甩挂运输网络化发展现状

甩挂运输是一种先进的公路货物运输组织形式,通过减少货物装卸时间以提高车辆运营时效,减少空驶能耗、提高实载率,进而提升运输效率、降低营运成本。这种运输方式在国家的大力推行下,正逐渐得到推广和运用。网络化甩挂运输则是以网络化运输线路为基础,以高效的通信信息技术为管理手段,通过科学有效的运输组织,依托网络化的甩挂运输站场集散货源,不间断地用牵引车将装载货物的挂车"甩"在目的地站场,同时在目的地站场"挂"上其他装载货物的挂车运送到下一目的地站场,网络中的车辆在运输网络中不停地"甩"与"挂",实现货物准确、快速运达的运输组织形式。

网络甩挂运输是迄今为止组织化程度最高的组织形式,但必须以成熟的运输网络为基础。因此,目前未能在全国范围内广泛推行。公路快速货运是以高时效的货物为服务对象,以高等级公路为基础,依托网络化的货运站场体系集散货源,使用技术先进、结构合理的载货车辆,以高效的通信信息技术为管理手段,通过科学有效的运输组织,实现货物安全、准确、快速运输的现代化运输组织形式。可见,网络甩挂运输特别适合于已经具有成熟运输网络,并且网络中的货源条件稳定的公路快速货运行业。

此外,部分大型物流企业借助其成熟的运输网络、优良的站场基础、稳定的货源供应和严密的信息交互平台,能够在较大空间范围内实现复杂的甩挂运输关系网。然而,具备网络化甩挂运输条件,能够在全国范围内开展网络甩挂运输的大型物流企业屈指可数。目前仅有少数企业能够凭借自身网点优势,开展区域内的网络甩挂运输。随着甩挂运输联盟的发展,物流企业间资源的共享将极大地推进甩挂运输的网络化发展进程。

二、网络化是甩挂运输发展的必然

在公路货物运输过程中,如要充分发挥甩挂运输技术经济的优越性,必然需要网络化的甩挂运输模式支持。因为网络化甩挂运输在组织管理、货物集散、信息共享、技术开发方面综合考虑了现代企业产、供、销、仓储、加工、包装、配送等物流环节的快速有效衔接,可以适应现代物流业多式联运、立体换乘的"物流链"发展需要。也只有通过网络化甩挂运输模式,才能较大程度地降低各种运输成本和提高运输效率,进而真正实现甩挂运输技术经济的优越性。甩挂运输网络化正是适应现代物流业发展需要的运输模式,是公路货物运输现代化的必由之路,是国家公路货运业发展的方向,是甩挂运输技术经济性发挥巨大效益的客观要求和实现途径。与传统的点到点运输服务不同,网络化甩挂运输服务通过对运输资源和要素的优化整合,降低成本、提高效率、提升服务水平,是交通运输系统规模化、集约化发展到高级阶段的产物。作为现代物流业的基础载体,网络化服务水平已成为衡量货物运输现代化程度的重要指标之一。

三、甩挂运输网络化发展措施

大力推进甩挂运输的网络化发展是促进甩挂运输发展的有效方式。如何促进甩挂运输的网络化发展,可从以下方面着手:

(1)制定全国甩挂运输网络总体规划。政府部门从全国物流发展的角度,在实地调研的基础上,以各区域运输中心为依托,综合考虑不同运输之间的有效衔接,制定甩挂运输网络总体规划,打造各区域运输中心与各节点运输中心之间的甩挂运输网络。重点培育适合组织甩挂运输,能够满足两种以上运输方式有效衔接的多式联运区域甩挂运输中心建设,充分发挥其作为交通枢纽的物流集聚效应。

(2)促进甩挂运输网络连接。建立干线运输网络、区域运输网络、运输节点、运输站场之间的主干线、次干线与支线的连接,以及公路与铁路、水运甚至航空之间不同运输方式之间的互联互通。

(3)其他措施。重点引进和培养高级物流管理人才,不断探索甩挂运输管理的新方法新思路,运用科学的组织管理方法,不断提升甩挂运输管理水平,加强智能化信息技术网络系统的开发和应用,充分发挥互联网快捷、方便的远程沟通能力,促进以甩挂运输站场为节点的全国甩挂运输网络和货运网络的形成。

第三节　一体化是多式联运发展的方向

一、多式联运一体化的含义

一体化是指多个原来相互独立的主权实体通过某种方式逐步在同一体系下彼此包容,相互合作。多式联运一体化,以实现货物整体运输的最优化效益为目标,以集装箱为运输单元,将不同的运输方式有机地组合在一起,构成连续的、综合性的一体化货物运输。通过一次托运,一次计费,一份单据,一次保险,将货物的全程运输作为一个完整的单一运输过程,由各运输区段的承运人共同完成。

二、多式联运一体化发展现状

伴随着改革开放的深化和国际贸易的不断发展,我国的集装箱运输发展呈现出日新月异的态势。交通运输业是国民经济的基础性、先导性和服务性行业。改革开放30多年来,高速铁路、高速公路、港口、机场等基础设施建设实现了跨越式发展,创造了多项世界第一。然而,改革发展过程中的新问题也不断凸显,如在港口方面,运输量主要在沿海的港口城市,内陆集疏运运量所占份额小,港口物流规模偏小,狭窄的辐射范围,被人为割裂了运输部门的联系及不同运输方式间的统一与联系;铁路方面,铁水联运并未真正发挥其应有的作用,港口与铁路间的集疏运线路衔接比较缺乏,内陆的多数港口没有设置铁路的专用线,或者铁路没有接入港区内部;在市场方面,当前市场充斥着众多非法货代,正常经营秩序被扰乱。再加上市场的管理不严,使得运输市场中恶性的价格竞争等无序的状态普遍存在着,对集装箱运输产生极大的负面影响。此外,内陆集装箱的枢纽站场等环节存在着连接不畅、效率比较低等问题,都影响着集装箱多式联运的一体化进程。

三、一体化是多式联运发展的必然

一体化的集装箱多式联运是建立在运输专业化分工基础上的不同运输方式之间的联合运输。这种联运体系的建立,是对整个交通运输体系的各种运输资源优化配置、有效衔接、协调发展的结果。目前,我国的物流企业与供应商正在努力打造公路、铁路、航空、海运等无缝对接的多式联运一体化物流体系,包括通关一体化、一体化服务等。同时,国家与政府部门对于我国交通运输业,尤其是多式联运的一体化提供了政策支持。例如,交通运输部印发的《关于全面深化交通运输改革的意见》中提到,要制定完善多式联运系统、综合交通枢纽等建设、服务标准,实现各种运输方式标准的有效衔接;要推进货运"一单制"、客运"一票制"、信息服务"一站式",实现综合运输一体化服务。推动集装箱多式联运一体化发展,需在以下重点领域取得新的突破。

1. 合理规划建设综合物流基地,加强各种运输方式的无缝衔接

一体化的多式联运首先要有一体化的基础设施。要实现铁路、港口、机场、公路等运输方式无缝衔接,关键在于整合现有物流基础设施,合理规划建设综合物流基地。我国铁路已加快推进了包括集装箱物流中心在内的货运站场规划布局研究,并取得了阶段性成果。在这个过程中,铁路部门立足于服务地方经济发展,注重与地方规划和其他运输方式相衔接,努力扩大铁路网辐射范围,通过货源集中和物流功能、要素聚集,实现规模化铁路货运和个性化物流服务的有机衔接。在今后的规划实施过程中,铁路部门应继续争取各地方政府和企业的大力支持。铁路规划建设的物流中心,欢迎地方企业进驻。地方的物流中心,铁路也将主动靠拢,把线路延伸进去,共同打造一体化的多式联运通道。

2. 大力发展海铁联运,打造集装箱多式联运的大能力通道

一体化的多式联运需要有大能力通道为支撑。海运和铁路具有运量大、成本低的共同特点。一个是远洋运输最重要的运输方式,另一个是内陆货运的主要工具,两者相辅相成,相得益彰。欧洲许多国家通过实行海铁无缝连接,将大型集装箱船与集装箱班列结合起来,形成了大能力的集疏运通道,承担了15%的港口集装箱运量,并朝着35%的预期目标攀升。我国海铁联运的比例远远低于这个水平。为此,铁路部门需要加强与港口、船公司的合作,充分发挥铁路贯通港口的优势,围绕全国十大港口开行海铁联运精品班列,扩大班列开行范围和数量,形成覆盖全国主要港口和内陆腹地城市的集装箱海铁联运便捷通道。同时,对海铁联运集装箱运输采取灵活的价格措施,把港口箱量真正变成铁路运输增量最直接、最主要、最现实的增长点。

3. 积极拓宽投融资渠道,强化各经营主体的战略联盟

一体化的多式联运需要通过资产纽带进行强化。发展多式联运,能够充分发挥各运输方式的比较优势,符合各参与方的利益诉求。加快多式联运发展,实现一体化运作,必须充分调动各参与方的积极性,把这种共同利益转化为现实的统一行动,而资产纽带无疑是实现这一目的的有效途径。发达国家的船公司上岸投资建设港口码头和铁路,铁路企业参股港口码头和公路运输企业,形成了你中有我、我中有你的稳固战略合作。随着我国铁路投融资体制改革不断深化,集装箱铁路运输先后引入多家战略投资者,多式联运业务正在快速发展。为进一步拓宽融资渠道,铁路部门还需做好两方面工作,一是通过构建更为开放的投融资平台,支持和吸引国内外物流企业按照有关法律法规进入我国铁路运输市场;二是探索与港口、船公司、公路运输企业建立资本合作关系的有效途径。

4. 加快公共物流信息平台建设,实现各环节的协同运作

一体化的多式联运离不开信息技术的支撑。港口、船公司、铁路、民航、公路都建立了各自独立的信息系统,要实现信息互联互通,必须依靠统一规范的公共物流信息平台。铁路与大连港等有关部门在这方面做出了有益尝试,通过在公共信息平台共享信息,实现了车船货无缝衔接,简化了货物办理手续,缩短了集装箱停留时间,提高了海铁联运效率。铁路部门将按照国家统一规划,进一步搞好与港口、航运、海关的电子数据交换,采用多种方式为合作伙伴和客户提供集装箱运输信息服务,不断提高协同运作效率和服务质量。

第四节　互联网将为甩挂运输提供统一平台

一、互联网的内涵

互联网是网络与网络之间所串联成的庞大网络,是以一组通用的协议相连,形成逻辑上的单一巨大国际网络。"互联网+"是互联网思维的进一步实践成果,它代表一种先进的生产力,推动经济形态不断地发生演变,从而带动社会经济实体的生命力,为改革、创新、发展提供广阔的网络平台。通俗来说,"互联网+"就是"互联网+各个传统行业",但这并不是简单的两者相加,而是利用信息通信技术以及互联网平台,让互联网与传统行业进行深度融合,创造新的发展生态。2015年,李克强总理在政府工作报告中提出"互联网+"行动计划,为我国交通运输业的转型发展指明了方向。

二、互联网与甩挂运输的结合

当前,信息化已上升为国家战略,是国家治理能力和治理体系现代化的重要手段,特别是近年来,以新一代信息技术为推动力的新一轮产业革命崭露头角,移动互联网、云计算和大数据等方面的突破,消除了自然的限制,消除了不同层级、不同主体间的信息不对称,从而使社会经济产生了革命性的变化与发展。新一代的信息技术很好地契合了交通运输技术点多、线长、面广、移动性强的突出特点。"互联网+交通"开始引领智能交通的发展,有力地支撑了我国规模庞大的交通基础设施的运行,更好地服务于公众的便捷出行和物流的畅通运输。比如,智能终端和移动互联网的发展,使出行信息服务越来越关注于用户的个性化需求与体验;电子支付与智能交通的结合,使得出行服务与消费体验更加紧密结合在一起;汽车全面融入信息网络中,成为信息网络中的传送单元,自动驾驶技术正在走向成熟。

然而,我国交通运输行业整体仍面临服务水平不高、协同效率偏低、治理能力较弱等问题。甩挂运输的发展也面临着车、货不匹配,车源、货源信息沟通不畅等问题。尤其是在未来甩挂运输网络化及联盟化发展的背景下,信息资源的共享成为首要条件。互联网是实现甩挂运输各种资源科学调度的关键要素。利用智能化甩挂运输信息网络平台,可以实现甩挂运输各种资源的智能调度与优化管理,快速满足市场需求;可以通过加快公共甩挂运输信息平台的建设与应用推广,保证甩挂运输联盟成员之间信息共享、资源共享和业务的协同运作。加快实施"互联网+甩挂运输",对实现甩挂运输的推广,道路运输行业向现代服务业的转型升级,带动综合交通、绿色交通、平安交通提质上档,以及交通运输行业有效改善管理水平、全面提升服务品质,都具有重要意义。

三、统一平台主要内容与架构

在现代信息技术和计算机技术的基础上,物流企业将利用全球卫星定位系统、地理信息系统、电子监控系统、行车记录装备系统、电子数据交换技术等先进的技术与设备,通过互联网中的货物运输管理信息网络、车辆调度运营信息及通信网络、票据服务信息网络、货运服务信息网络、车辆运行监控网络五个子网络的密切高效合作,为甩挂运输提供统一平台。

2014年,互联网引发中国物流各大平台陆续孵化出炉,如物流园区平台、公路港平台、零担物流专线平台、运力资源平台、融资租赁平台和物流打车模式平台等。然而,平台化的商业业态尚未成型。物流平台企业的商业模式在2015年进入升级和创新期。互联网是开放的、无边际的、无时空约束的,互联网的平台思维就是开放、共享、共赢的思维。2015年,国家交通运输物流公共信息平台携手传化物流共同推出"互联网+物流园区"产品——"园区通",成为"互联网+"在物流领域的一个典型实践。"园区通"产品包含园区规划设计及运营咨询、园区管理与物流业务管理系统以及物流园区云服务平台等三项服务内容。此外,"园区通"的云服务平台,还可通过物流园区间业务信息的互联和共享,实现园区间业务协同作业。目前"园区通"产品已经率先在传化物流的各个园区开展应用,它集成了传化"公路港"模式的丰富经验,规范了园区管理,促进了园区及园区间的信息互联互通和开放共享,并且起到了提高运作效率的效果。

附　录

附录 1：关于促进甩挂运输发展的通知

关于促进甩挂运输发展的通知
交运发〔2009〕808 号

为贯彻落实国务院《关于进一步加强节油节电工作的通知》（国发〔2008〕23 号）和《物流业调整和振兴规划》（国发〔2009〕8 号），促进甩挂运输发展，现就有关事项通知如下：

一、充分认识发展道路货物甩挂运输的重要意义

甩挂运输是指牵引车按照预定的运行计划，在货物装卸作业点甩下所拖的挂车，换上其他挂车继续运行的运输组织方式。牵引车与挂车的组合不受地区、企业、号牌不同的限制，但牵引车的准牵引总质量应与挂车的总质量相匹配。

与传统运输方式相比，甩挂运输具有明显优势：一是减少装卸等待时间，加速牵引车周转，提高运输效率和劳动生产率；二是减少车辆空驶和无效运输，降低能耗和废气排放；三是节省货物仓储设施，方便货主，减少物流成本；四是便于组织水路滚装运输、铁路驮背运输等多式联运，促进综合运输的发展。甩挂运输在国际上得到了广泛的推广应用，已经成为非常普遍的先进运输组织方式。目前，我国甩挂运输发展滞后，牵引车和挂车数量少，拖挂比低，道路货物运输仍然以普通单体货车为主，与节能减排和发展现代物流的要求不相适应。

发展甩挂运输，对于降低物流成本，推动现代物流和综合运输发展，促进节能减排，提升经济运行整体质量，具有重要意义。各地区、各有关部门应进一步提高认识，加强组织领导，采取切实措施，有效引导和推动甩挂运输的发展。

二、完善政策和管理制度，为甩挂运输营造良好的发展环境

（1）减少挂车检验次数。挂车应按照《道路交通安全法》及其实施条例进行定期安全技术检验，确保符合国家规定的安全运行条件及相关技术标准。道路运输管理部门不再要求对挂车进行二级维护、强制保养和综合性能检测。

（2）调整挂车保险。由于挂车不具备动力，具有"可移动的集装箱"的属性，在车辆保险方面，应研究调整挂车交强险，科学设定征收对象。

（3）完善甩挂车辆海关监管制度。境内承运海关监管货物的甩挂运输车辆（集装箱拖头车）应当依照相关规定办理注册登记手续，在甩挂车辆办结海关监管手续后，经海关同意，牵引车与挂车可以分离，提高牵引车周转效率。海关依照有关规定实施监管。

（4）调整通行费征收办法。道路通行费实行"年票制"征收的地区，对道路运输经营者所拥有的汽车列车应按照一车一挂的标准征费，对超出牵引车数量的其余挂车不再征费。

（5）推进甩挂运输车辆装备标准化。车辆装备技术的标准化是发展甩挂运输的必备条件，要组织制订和推广应用牵引车、挂车连接的相关技术标准，引导制造企业严格执行国家统一标准生产牵引车和挂车，为发展甩挂运输提供技术保障。

（6）完善挂车证件管理。按照既简便适用又有利于监管的原则，完善挂车证件携带、保管与交接管理。挂车道路运输证和机动车行驶证应随车流转。

（7）鼓励运输企业拓展运输网络。各地应消除地方保护和制约运输一体化发展的相关制度和政策障碍，鼓励和支持符合条件的道路运输企业异地设置经营网点（分支机构），逐步形成区域性或全国性的甩挂运输网络。

（8）鼓励企业加强协作。鼓励运输企业之间，运输企业与大型制造企业、商贸企业、专业商品市场、货运站之间，通过联营、参股、合作等方式加强协作，整合运力和货源资源，提高集约化、规模化、网络化、组织化程度，提高甩挂运输的运行质量和整体效益。

三、加大资金投入，完善枢纽站场设施

（1）改造传统货运站场，适应甩挂运输需要。站场设施（包括甩挂运输运行中心）是发展甩挂运输的重要基础条件，具有一定的公益性。应通过政策引导，进一步加大对站场建设的投资力度，按照甩挂运输作业和技术特点，借鉴国外经验，对传统货运站场进行升级改造，逐步构建层次清晰、功能完善、衔接顺畅的站场节点体系，支撑甩挂运输的发展。

（2）加快综合交通枢纽建设，促进公铁、公水等多种运输方式间的有效衔接和一体化运输。鼓励利用公路甩挂运输发展水路滚装运输、铁路驮背运输和集装箱多式联运，实现公铁、公水间的快速中转和无缝衔接，推进综合交通运输体系建设。

四、开展试点工程，发挥示范效应

各地交通运输部门要联合当地发展改革委等有关部门根据实际情况，选择有条件的地区和企业，组织开展甩挂运输试点，探索和总结经验，发挥示范引导作用。

各有关部门要对列入甩挂运输试点的地区和企业，加强组织领导，落实配套政策，协调解决试点过程中存在的实际问题，为甩挂运输发展创造良好的外部环境。在试点的基础上，及时进行总结，制订、完善相关技术标准和服务规范，促进甩挂运输持续健康发展。

中华人民共和国交通运输部（章）

中华人民共和国国家发展改革委（章）

中华人民共和国公安部（章）

中华人民共和国海关总署（章）

中华人民共和国保监会（章）

二〇〇九年十二月三十一日

附录 2：关于印发《甩挂运输试点工作实施方案》的通知

关于印发《甩挂运输试点工作实施方案》的通知

交运发〔2010〕562 号

各省、自治区、直辖市、新疆生产建设兵团交通运输厅(局、委),发改委(局):

按照国家发改委、交通运输部等五部委联合印发的《关于促进甩挂运输发展的通知》(交运发〔2009〕808 号),国家发改委和交通运输部共同制订了《甩挂运输试点工作实施方案》,现印发给你们,请按照方案要求,结合本地实际,认真组织实施。

中华人民共和国交通运输部(章)
中华人民共和国国家发展和改革委员会(章)
二〇一〇年十月十八日

附件:

甩挂运输试点工作实施方案

为贯彻落实国务院《关于进一步加强节油节电工作的通知》(国发〔2008〕23 号)、《物流业调整和振兴规划》(国发〔2009〕8 号)和《国务院关于进一步加大工作力度确保实现"十一五"节能减排目标的通知》(国发〔2010〕12 号)精神,根据交通运输部、国家发展和改革委员会、公安部、海关总署、保监会等五部委《关于促进甩挂运输发展的通知》(交运发〔2009〕808 号),决定开展甩挂运输试点工作。特制订本方案。

一、指导思想和工作目标

以科学发展观为指导,以发展现代交通运输业、转变道路运输业发展方式、促进节能减排为宗旨,加强政府引导和政策扶持,充分发挥道路运输和物流企业的主体作用,通过试点推动、引领示范,大力发展甩挂运输,逐步扩大甩挂运输的范围和规模,力争"十二五"期间甩挂运输生产力显著提高,甩挂运输周转量在道路货运中的比例明显增加,带动道路运输业节能减排取得明显成效,为发展现代物流业、实现国家节能减排目标做出积极贡献。

通过试点,甩挂运输推进工作取得以下几方面成果:

——培育骨干企业。培育一批具有示范效应的规模化、集约化、网络化运输企业,引领甩挂运输市场的规范运作和健康发展。

——提高设施和装备水平。建设一批能够满足甩挂运输作业要求、装备先进的货运站场,大力推广应用现代信息技术,积极发展适应甩挂运输要求的大吨位牵引车和厢式半挂车,为甩挂运输的高效运作创造条件。

——探索运营管理模式。引导企业积极创新营运组织管理方式,探索形成适合不同区域、不同货类的若干种甩挂运输典型模式,为甩挂运输全面推广积累经验。

——完善政策标准。根据甩挂运输发展的实际需要,在充分学习借鉴国际先进经验的基础上,紧密结合我国实际,抓紧建立健全政策法规和标准规范体系。

二、试点工作原则

（一）政府引导,企业主导。

加强政府引导,完善相关法规标准和配套扶持政策,着力构建有利于甩挂运输发展的市场环境。支持试点企业加快提高甩挂运输组织能力,充分发挥市场和企业主导作用,创新营运管理与运输组织模式。

（二）多方联动,形成合力。

地方各级交通运输和发展改革部门要加强与公安、海关、保险等部门的沟通与协调,积极争取相关部门的大力支持,切实解决试点企业甩挂运输发展中遇到的实际问题。

（三）分类指导,稳步推进。

针对各类试点项目的不同情况,有针对性地采取措施,加强对试点项目的指导与支持,确保试点工作稳步推进,并发挥良好的引导与示范效应。

三、试点项目(单位)条件及试点范围

各地择优推荐具有较大资产规模,管理规范,社会信誉好,有稳定的甩挂运输业务需求、一定的站场设施和信息化基础条件,拥有牵引车 50 辆、挂车 100 辆以上,能够取得良好经济效益和节能减排效果的项目(单位)作为试点。对于两个以上单位联合开展甩挂运输的,只要符合试点条件也可按试点项目(单位)推荐。

结合我国现阶段甩挂运输发展实际,拟选定浙江、江苏、上海、山东、广东、福建、天津、内蒙古、河北、河南 10 省(自治区、市)以及中外运长航集团、中国邮政集团等作为首批试点省份(单位)。每个省(自治区、市)可以推荐 1~3 家试点项目(单位)。

四、试点扶持政策

（一）对甩挂运输站场设施改造及车辆更新给予投资补助。主要包括:适合挂车作业的货物装卸平台;满足汽车列车摘挂和回转要求、可供甩挂车辆中转需要的作业场地及场区道路;必要的装卸设备、标准化托盘和辅助设施;甩挂运输管理信息系统和信息技术装备;符合国家和行业节能减排技术标准、列入交通运输部推荐车型的牵引车和半挂车更新购置等。根据试点需要,对纳入国家公路运输枢纽规划的公路货运站场的甩挂作业功能设施进行技术改造的,可以申请车购税补助,其申请、使用、管理按照财政部、交通运输部有关车辆购置税交通专项资金管理办法执行;申请中央预算内资金投资补助的,按照国家有关规定执行。

凡享受政府投资补助的货运站场及物流设施,应积极向社会提供甩挂作业服务,并接受行业主管部门的监督管理。

（二）落实有关通行费优惠政策。按照《交通部、国家计委关于鼓励对国际标准集装箱运输车辆通行费实行优惠促进公路集装箱运输业发展的意见》(交公路发〔2001〕601 号)、交通部与国家发展改革委《关于降低车辆通行费收费标准的意见》(交公路发〔2004〕622 号)等文件要求,各地要切实落实对集装箱车辆、大吨位厢式货车的通行费优惠政策。同时,对试点项目(单位)定期定线运行的甩挂运输车辆通行费推广月票或年票制,实行"大客户"优惠。

（三）地方交通运输和发展改革部门应根据实际情况对试点项目(单位)甩挂运输车辆更新、站场及信息系统建设等相关技术改造给予支持。

五、试点时间安排

（一）工作准备阶段（2010 年 10 月～11 月）。主要是确定试点项目（单位），制订试点方案，编制站场设施技术改造的工程可行性研究报告。

（二）组织实施阶段（2010 年 11 月～2012 年 10 月）。按照批准的试点方案和站场改造工程可行性研究报告，认真组织实施。

（三）总结评估阶段（2012 年 10 月～12 月）。试点省（自治区、市）交通运输和发展改革部门及试点单位对试点工作成效及取得的经验进行总结。交通运输部和国家发改委对试点工作进行系统评估总结，进一步完善促进甩挂运输全面发展的政策措施和标准规范。

六、工作要求

（一）提高思想认识，加强对试点工作的重视与支持。大力发展甩挂运输是加快转变道路运输发展方式、推进行业节能减排和产业升级、提高运输效率、降低物流成本的重要举措。各试点地区省级交通运输和发展改革部门要充分认识试点工作的重要意义，对试点工作予以高度重视与大力支持。要建立甩挂运输试点工作协调机制，健全相关工作制度，加强对本地区试点工作的组织协调和监督指导。要在车辆装备购置、站场设施改造、信息系统建设及相关技改项目等方面给予试点项目（单位）必要的资金和政策扶持。要建立与试点企业的联系机制，及时掌握试点工作进展情况，积极协调解决试点过程中遇到的问题。遇重大问题，及时向地方政府有关部门反映，争取政策支持。

（二）严格按照标准和要求选定试点项目（单位）。各省级交通运输和发展改革部门要按照本方案要求，在企业自愿申请的基础上，认真组织推荐试点项目（单位），并填写推荐表（见附件 1），分别报交通运输部和国家发改委。试点项目（单位）筛选要从实际出发，认真分析基础条件，做到合理可行。

（三）科学制订试点方案，规范工作程序。试点企业要在分析论证基础上，详细拟订试点方案，内容包括：拟纳入试点的甩挂项目概况、现有设施设备条件、试点内容与预期目标、运输组织、资金投入、管理措施、预期效益、节能减排效果等（见附件 2）。同时规范编制甩挂运输站场改造工程可行性研究报告（具体编制要求见附件 3）。

试点方案由各省交通运输、发展改革部门审查后，报交通运输部、国家发改委审定，并以此作为监督管理的依据。甩挂运输站场改造资金管理工作程序参照国家有关规定办理。

交通运输部道路运输司要加强对建设项目的监督检查，确保项目建成后站场功能符合技术要求。

（四）做好推荐车型评定和公布工作。按照甩挂运输推荐车型技术要求（见附件四），由车辆生产企业申报，经审定后由交通运输部分批发布推荐车型目录。具体管理办法按照《推荐车型管理办法》（交公路发〔2005〕170 号）执行。

（五）引导企业积极探索运输组织与运营管理新模式。试点企业要按照批准的试点方案，认真组织实施。要加强货源组织，优化网络布局，积极探索运输组织与运营管理的新模式。要加大投入，提高运输车辆和装卸机械技术水平，完善站场设施功能，加快信息系统建设。要针对试点中出现的新问题，及时调整优化运营模式，不断完善组织措施。要定期上报试点工作进展情况和运行分析报告。

（六）加强国家补助资金的监督管理。试点省（自治区、市）交通运输和发展改革部门要加强补助资金的使用监管,严格执行各项管理制度。

（七）及时总结试点经验,不断完善有关政策。行业主管部门、试点企业和技术支持单位要密切关注试点过程中出现的新情况、新问题,积极研究解决方法。各有关部门要切实加强对试点工作的跟踪、指导,及时总结经验,完善配套政策,确保试点工作稳步推进。

七、其他

（一）交通运输部和国家发改委将根据首批试点工作进展情况,适时研究部署后续试点或示范、推广工作,加快形成促进甩挂运输发展的长期稳定政策和常态工作机制。

（二）各省（自治区、市）交通运输和发展改革部门可参照本方案,结合本地实际情况,组织开展地方甩挂运输试点工作。

附件 1:甩挂运输试点项目推荐表

表 1　道路甩挂运输试点企业(项目)推荐表

试点企业或项目名称[1]:				
试点项目各参与企业名称(注明牵头企业):				
试点企业基本情况	企业工商登记号[2]		企业(单位)法人代码	
	法人代表		注册资本(万元)	
	道路运输经营许可证号[3]		公司性质[4]	
	经营范围			
	办公地址(邮编)			
	资产总额(万元)		年营业收入(万元)	
	货运车辆总数(辆)		其中自有货车数量(辆)	
	年货运量(万吨)		企业自有运输站场总面积(万㎡)	
	企业信誉等级(请附证明材料)2008、2009两年		地市级以上获奖情况	
	联系人:	办公电话: 移动电话:	传真号码: E-mail:	
目前已经开展的甩挂运输情况[5]	包括:甩挂运输运营组织情况(货类、线路、辐射范围)、货运量和周转量、投入的牵引车和挂车数量、项目经济效益			
甩挂运输试点项目预期目标[6]	包括:至2012年,甩挂运输运营组织计划(货类、线路、辐射范围)、预计的货运量和周转量、拟新增的牵引车和挂车数量、预期的经济效益			
申报企业意见(企业自愿申请,并对项目申报的所有资料的真实性负责)[7]: 盖　章 年　月　日		试点省份省级道路运输管理机构审核意见: 盖　章 年　月　日		
试点省份省级交通运输主管部门意见: 盖　章 年　月　日		试点省份省级发展改革部门意见: 盖　章 年　月　日		

　　[1]　企业规模较大,具备较完善的站、运设施设备条件的,一般以单个企业推荐;站、运企业需要联合的,可以项目名义申报,项目名称如"×××港集装箱甩挂运输试点项目"等,并且每个企业均应单独填写"试点企业基本情况"栏的内容。
　　[2]　提供工商营业执照复印件。
　　[3]　提供道路运输经营许可证复印件。
　　[4]　按照工商登记的经济性质填写。
　　[5]　如果已由多个企业组合成甩挂运输项目并已开展作业的,由牵头企业按项目填报;如尚未组合成项目并未开展甩挂作业的,应由各参与企业单独填报。
　　[6]　如多个企业联合项目申报的,由牵头企业按整个项目规划填写。
　　[7]　如多个企业联合项目申报的,各参与企业均需盖章。

表 2-1　×××试点企业（项目）
甩挂试点投入设施设备基本情况

一、拟纳入试点的甩挂作业站场情况调查				
拟纳入试点甩挂作业站场个数（个）	其中：	纳入国家公路运输枢纽规划站场个数（个）		需要改造的甩挂作业站场个数（个）
		未纳入国家公路运输枢纽规划的站场个数（个）		需要改造的甩挂作业站场总投资（万元）
二、拟纳入试点的甩挂运输车辆情况调查				
	现有数量（辆）	新增购置（辆）		新增购置投入（万元）
拟纳入试点的牵引车数量				
拟纳入试点的挂车数量				
投入合计（万元）				
三、甩挂作业信息系统情况				
	是否具有该系统功能（是、否）	是否需要技术改造（是、否）		技术改造投入（万元）
甩挂运输站场视频监控系统				
甩挂运输牵引车 GPS 调度管理系统				
订单管理系统				
仓储管理系统				
装卸理货管理系统				
其他信息管理系统（请注明）				
投入合计（万元）				

表 2-2　×××试点企业（项目）
纳入试点范围的甩挂作业站场情况调查表

	站场名称[1]		是否纳入国家公路运输枢纽规划（是、否）		
站场设施设备现状	站场位置				
	站场建成时间（或拟建成时间）		投入使用时间		
	站场经营主体（单位名称）				
	投资总额（万元）				
	装卸月台面积	停车场面积	甩挂装卸作业区面积	仓库面积	堆场面积	其他设施（请注明）
	标准化托盘个数	专用装卸机械台数		其他设备（请注明）	
支撑甩挂试点作业的功能改造计划[2]			改造或新建规模[3]（万平方米、个、台套）	改造或新建预计投入（万元）	
	装卸月台面积				
	停车场面积				
	甩挂装卸作业区面积				
	仓库面积				
	堆场面积				
	其他设施（请注明）				
	标准化托盘				
	专用装卸机械台数				
	其他设备（请注明）				
	预计投入合计（万元）				

[1]　纳入试点的甩挂作业站场，每个站场应分别进行填写。

[2]　如本站场无须改造，则该栏内容不用填写。

[3]　站场设施原则上只限于现有设施基础上的改造，如有新建必须确保 2011 年底可以投入试点使用。

附件 2:试点项目实施方案(范本)

×××项目
试点实施方案[1]

编制单位:_____

编制日期:_____

---

[1] 注:多家企业联合的,请把公司名全部列出。

1. 试点企业与项目概述

简述企业基本情况以及试点项目基本情况。

1.1　试点企业概况

填写表 1（如多家企业联合，各企业应分别填写）：

表 1　试点企业基本情况

企业名称		工商登记号[1]	
企业（单位）法人代码		道路运输经营许可证号[2]	
法人代表		注册资本（万元）	
公司性质		登记注册类型	
联系人		联系电话	
经营范围			
注册地址			
邮政编码		资产总额（万元）	
牵引车数量（辆）[3]		挂车数量（辆）	
年货运量（万吨）		年营业收入（万元）	
年净利润（万元）		企业规模[4]	
企业信誉等级（附证明材料）		企业员工总数（人）	

1.2　甩挂运输试点项目概况

主要包括：试点项目的名称、主要货类、货主情况，试点项目的总体规模、投入车辆数量、站场及信息化建设。

2. 项目背景及必要性

2.1　项目背景

重点论述该运输项目的需求特点，以及采用甩挂运输作业的必要性。

2.2　项目必要性

将下文通过数据分析得出的项目预计产生的经济效益和社会效益进行简要归纳，以论述项目的必要性。

3. 项目运量预测

3.1　运量现状

对目前试点项目的总运量，所有车辆配备、站场设施、信息化运作等情况进行描述。

---

[1]　提供工商营业执照复印件。
[2]　提供道路运输经营许可证复印件。
[3]　填报 2009 年数据。
[4]　按照全国物流企业综合评估委员会评定的企业等级填报。

3.2 运量预测

对未来两年项目总运量进行预测,包括总量、货类;适宜甩挂货量,以及车辆配备的需求(表2)。

表 2　试点项目运量预测

相关指标	2009 年	2011 年	2012 年
试点项目总运量(万吨)			
适宜甩挂作业量(万吨)			
对运力发展的总需求(辆)			
其中:牵引车(辆)			
甩挂车(辆)			

4. 项目运营组织

对于甩挂运输试点项目的相关情况加以具体描述,侧重于三个方面:网点和线路的整体构建、运力和人员的配置、信息化水平等。

4.1 传统运输组织方案

对传统模式下(非甩挂运输组织模式),针对该项目的运输组织方案进行描述,包括运力投入、人员投入、网点建设等。

4.2 本项目(甩挂运输)具体组织方案

对试点项目所需的基本投入,以及具体运作模式进行详细描述(表3):

表 3　项目试点所需的基本配置

相关指标	单位	数量	型号及功能
牵引车数量	辆		
挂车数量	辆		
人员总数	人		
其中:驾驶员	人		
装卸人员	人		
管理人员	人		
甩挂作业站场改造	—		
其中:甩挂装卸平台改造	工程量		
作业场地和道路改造	面积		
中转停车场地	面积		
装卸设备	台		
托盘	台		
其他	—		
甩挂作业信息管理系统	个	[1]	

---

[1] 填报信息管理系统主要功能模块。

运输组织示意图:用示意图的方式对"一车多挂"的运输组织方案进行描述(根据项目需求,确定采取具体的拖挂比例)。

具体甩挂运输组织方案:对具体的甩挂运输组织,包括运输线路安排、车辆(牵引车、挂车)安排、装卸安排等进行描述。

5. 项目方案所需基础条件及资金投入

5.1 项目运作条件及资金投入

对支撑项目运作的固定设施、运输装备、信息平台以及相关人员的资金投入进行测算(表4):

表4　项目试点资金投入测算

相关指标	单位	数量	单位成本	资金投入(万元)
牵引车数量	辆			
挂车数量	辆			
人员总数	人			
其中:驾驶员	人			
装卸人员	人			
管理人员	人			
甩挂作业站场改造	—			
其中:甩挂装卸平台改造	工程量			
作业场地和道路改造	面积			
中转停车场地	面积			
装卸设备	台			
托盘	台			
其他	—			
甩挂作业信息管理系统	个			
合计				

5.2 项目资金筹措

除国家补助资金外,项目主要的资金筹措渠道(表5)。

表5　试点项目资金筹措

	金额(万元)
试点项目总资金需求	
国家补助资金	
试点省份补助资金	
企业投入资金	
银行贷款资金	
其他[1]	

---

〔1〕　请具体加以说明。

6. 项目经济效益与社会效益分析

6.1　项目经济效益分析

对采用传统运输模式和甩挂运输模式两种方案的成本效益、运输效率等进行对比分析,对比分析出本项目所产生的经济效益。

6.1.1　项目财务指标对比

以年度为单位,对企业针对该运输项目,采用传统运输模式和甩挂运输模式的效益加以对比分析,测算两种运输模式的平均利润率(表6)。

表 6　每年的企业效益对比分析

运输方式	完成总周转量 (吨千米)	单位运输成本 (元/吨千米)	年度运输 总收入	年度运输 总成本	税前利润率	利润率水平
传统模式						
甩挂模式						
对比分析						

6.1.2　项目运输成本及效率对比

通过对传统运输模式和甩挂运输模式的成本、效益等进行对比分析,得出本项目所产生的客观经济效益。

(1) 运输效率对比分析(表7)

主要通过以下指标,对传统运输模式下和甩挂运输模式下的运输效率加以对比:

表 7　运输效率对比分析(每年)

运输方式	车辆吨位	单车平均周 转次数(次)	单车平均载重 行驶里程(千米)	单车完成周 转量(吨千米)	完成单位周转量 所需时间(小时)
传统模式					
甩挂模式					
对比分析					

(注:以上表格中单车均为牵引车)

(2) 平均运输成本对比分析

对企业完成相同周转量下的单位运输成本进行对比分析(表8),包括总的成本和各项成本结构(燃油、车辆折旧、保险等)对比。

表 8　完成相同周转量下的单位运输成本对比

运输方式	投入车 辆数	单位运输成本 (元/吨千米)	其中 燃油费	车辆 折旧	通行费	人工 (人数×工资)	各项 规费	车辆维 护费用	管理 费用	其他 费用
传统模式										
甩挂模式										
成本节约										

6.2 社会效益分析

6.2.1 能源消耗对比分析

对于完成试点运输项目,企业采用传统运输模式和甩挂运输所产生的能源消耗加以对比,对项目采用甩挂运输模式所产生燃油节约进行系统测算,并换算成标准煤量(表9)。

表9 年度燃油及排放的对比分析表

运输方式	月运输车次	年运输里程	年运输量	年总耗油量	百车千米油耗(年均)	百吨千米油耗(年均)	年耗油量		年污染物排放量
	(车次/月)	(千米/年)	(吨千米/年)	(升/年)	(升/百千米)	(升/百吨千米)	(升)	(吨标准煤)	
传统模式									
甩挂模式									
增减量									
增减率									

(注:车辆数在甩挂模式下指牵引车数量)

6.2.2 尾气排放对比分析

对完成该运输项目所产生的尾气排放总量进行对比,对采用甩挂运输模式所减少的尾气排放量进行测算。

7. 结论及建议

根据前面各节的研究分析结果,对项目在技术上、经济上及社会效益上进行全面的评价,对项目方案进行总结,提出结论性意见,并针对项目运作所需的政策环境提出相关建议。

附件 3：甩挂运输站场改扩建工程可行性研究报告

甩挂运输站场改扩建投资项目工程可行性研究报告编制内容要求

根据《公路运输站场投资项目可行性研究报告编制办法（试行）》（交规划发[2007]681号）的要求，结合甩挂运输试点项目对运输站场的实际需求，确定甩挂运输试点站场改扩建投资项目工程可行性研究报告编制的主要内容要求如下：

一、概述

（一）项目背景

说明试点企业（项目）的基本情况，简述项目研究的工作过程、可行性研究报告编制的依据。

（二）研究的主要结论

（1）说明项目建设条件，包括项目位置、工程和水文地质、市政工程配套设施等。

（2）概述项目的市场定位、主要功能、设计年限及其生产能力、建设规模等主要技术经济指标。

（3）说明项目开工建设、投入运营的时间，以及项目的总投资、融资方案、主要财务评价指标及经济社会影响等。

二、市场分析与需求预测

（一）市场需求分析

调查分析项目影响区域内甩挂运输发展现状，从布局、功能、规模、能力、运营等方面评价现有站场开展甩挂运输适应状况以及存在的主要问题；结合甩挂运输市场需求特点及发展趋势，分析市场需求。

（二）项目建设的必要性

从经济社会发展、市场需求等方面阐述项目改扩建的必要性。

（三）目标市场分析及项目功能研究

研究试点项目的目标市场，包括甩挂运输的组织形式、服务对象、市场份额等，确定改扩建站场所应具备的服务功能。

（四）甩挂运输作业量预测

预测站场甩挂运输货物的吞吐量、仓储量、堆存量等站场作业量。

三、规模需求分析

（一）设计生产能力

根据试点企业（项目）甩挂运输市场需求分析和预测结果，确定设计生产能力。

（二）建设规模需求

参照相关标准或参考国内外类似站场的建设经验，确定站场装卸平台、仓库、停车场、堆场等改建的主要内容。根据预测的站场吞吐量确定开展甩挂运输所需的车辆数量，进而测算甩挂作业场地和装卸平台的建设规模；根据仓储量和堆存量的预测结果，测算仓库、堆场等主要改建设施的规模需求。

四、站场位置及建设条件

（一）站场位置

根据有关规划，明确甩挂运输站场的位置、占地规模、交通条件等。

（二）建设条件

说明站场所在地地形地貌、水文地质、气候条件、相关市政配套设施条件（如供电、给排水、电信）等。

五、总平面布置及配套工程

（一）生产业务流程

根据甩挂运输站场的主要功能，拟定站场生产业务流程。

（二）主要设施、设备配备

根据改建站场甩挂运输业务流程，参照有关标准、规范，或参考国内外类似项目的建设经验，分析并提出满足甩挂运输功能、符合作业要求的主要设施、设备的配置、配备方案。

（三）总平面布置

根据试点站场甩挂运输的类型、主要功能和生产作业流程，确定总平面布置方案。

（四）土建和配套工程

根据站场的总平面布置方案、生产作业要求以及建设规模需求测算结果，参照有关建筑标准、规范，提出装卸平台、停车场、仓库、堆场等主要改扩建的建筑物、构筑物结构型式及规模，以及站场各项配套工程和附属工程的配置方案。

（五）信息系统功能要求

根据站场甩挂运输的生产作业要求，研究提出甩挂运输信息系统的主要功能，以及满足甩挂运输站场运输组织、管理和信息服务等要求的软硬件配置方案。

六、环境影响、劳动安全与消防

（一）环境影响与保护

分析站场在施工和运营过程中对环境的影响，提出相应的环境保护措施。

（二）劳动安全

分析项目建设和运营过程中影响劳动者身体健康和生产安全的因素以及影响程度，研究提出相应的安全措施和方案。

（三）消防

根据可能存在的火灾隐患和重点消防部位，按照消防安全的有关要求，提出消防报警系统和消防设施、设备配置方案。

七、实施方案

（一）建设工期及计划安排

提出合理的建设工期及计划安排。

（二）人员配置

根据甩挂运输站场的服务功能、作业量、生产作业工艺等要求，研究确定所需的人员配置方案。

八、投资估算及资金筹措

（一）投资估算

按照有关定额，估算改扩建项目的投资。

（二）资金筹措

分析研究资金筹措方案。

九、财务评价

测算计算期内站场甩挂运输运营收入,估算运营成本费用。按照国家对投资项目财务评价的有关要求,编制财务评价报表,计算财务评价指标,并进行盈利能力、偿债能力以及敏感性分析。

十、风险分析

（一）风险评估

识别和分析项目在建设和运营过程中潜在的风险因素,对风险程度进行分析和评估。

（二）风险防范对策

针对不同的风险因素和风险程度,提出相应的风险规避和防范措施。

十一、问题与建议

针对项目建设有关事宜,提出问题与建议。

附件 4:推荐车型基本要求（见附录 8）

附录 3：车辆购置税用于交通运输重点项目专项资金管理暂行办法

关于印发《车辆购置税用于交通运输重点项目专项资金管理暂行办法》的通知

财政部 交通运输部 财建[2011]93 号

各省、自治区、直辖市、计划单列市财政厅(局)、交通运输厅(局)，天津市市政公路管理局、上海市城乡建设和交通委员会：

为了加强车辆购置税用于交通运输重点项目专项资金的使用管理，进一步促进交通运输事业顺利发展，根据《中华人民共和国预算法》、《交通和车辆税费改革实施方案》(国发〔2000〕34 号)等有关规定，特制定《车辆购置税用于交通运输重点项目专项资金管理暂行办法》。现印发给你们，请遵照执行。

各省(自治区、市)财政、交通运输主管部门可结合工作实际，共同制定具体的实施细则，并报财政部、交通运输部备案。

财政部 交通运输部
二〇一一年三月二十八日

附件：

车辆购置税用于交通运输重点项目专项资金管理暂行办法

第一章　总　则

第一条　为了加强车辆购置税(以下简称：车购税)用于交通运输重点项目专项资金的使用管理，进一步促进交通运输事业顺利发展，根据《中华人民共和国预算法》、《交通和车辆税费改革实施方案》(国发〔2000〕34 号)等有关规定，制定本办法。

第二条　车购税用于交通运输重点项目专项资金(以下简称：专项资金)是指中央财政从车购税收入中安排的，用于地方交通运输重点项目支出的专项资金。

第二章　使用范围和预算管理方式

第三条　专项资金的使用范围包括：纳入交通运输行业规划范围的公路(含桥梁、隧道)建设、公路客货运枢纽(含物流园区)建设、内河水运建设以及国务院和财政部批准的其他支出。

第四条　专项资金按项目管理，实行财政专项转移支付，不得用于平衡一般财政预算。

第五条　专项资金的项目管理以交通运输主管部门为主，资金管理以财政主管部门为主。

第三章　项目库管理

第六条　交通运输部会同财政部，按照交通运输建设规划及交通运输事业发展的需求，定期联合向各省、自治区、直辖市、计划单列市[以下简称：各省(市)]交通运输、财政主管部门布置项目申报工作，明确项目申报有关要求。

第七条　各省(市)交通运输主管部门按照项目申报的有关要求组织项目申报工作，在与省级财政主管部门协商后，将符合条件并履行完毕基本建设审批程序的项目上报交通运输部。

第八条　交通运输部建立项目库并与财政部共享。交通运输部对地方上报的项目进行审核,将符合条件的项目纳入项目库,并会同财政部通知有关省(市)交通运输、财政主管部门,项目库实行滚动管理。对"十一五"期间已安排过资金的续建项目,可由交通运输部商财政部直接导入项目库。

各省(市)交通运输主管部门要结合实际情况逐步建立专项资金的省级支出项目库,并实现支出项目的滚动管理,项目库与同级财政主管部门共享。

第九条　专项资金的补助标准原则上五年确定一次。由交通运输部会同财政部确定补助标准的基本原则,具体各类型项目的补助标准由交通运输部制订,报财政部核备。因特殊情况确需调整补助标准的项目,由交通运输部商财政部结合实际情况另行确定。

第四章　资金下达

第十条　交通运输部根据财政部下达的车购税收支规模,提出年度各类型项目资金规模建议报财政部审定。

第十一条　交通运输部按照确定的各类型专项资金支出规模,结合交通运输基础设施建设任务及项目前期工作准备情况,从项目库中遴选项目,提出年度支出预算安排建议,报财政部审核。

第十二条　财政部对年度支出预算审核后,根据车购税入库和支出情况,结合各地施工的季节性要求,将专项资金分批下达有关省(市)财政主管部门,同时抄送交通运输部。

第十三条　项目预算一经批准,各有关单位要严格按照下达的项目名称和预算金额执行。在预算执行中,如因项目停(缓)建等情况需要对项目预算进行调整,应由省级交通运输主管部门联合财政主管部门向交通运输部、财政部提出申请,由交通运输部汇总审核后报财政部审批。

第十四条　各省(市)财政、交通运输主管部门要切实采取有效措施,保证专项资金得到科学、合理、安全、有效使用。具体资金支付按照财政国库管理制度有关规定执行。

第五章　决算管理

第十五条　专项资金的使用部门应当按照预算安排级次和决算管理的相关规定编制专项资金年度决算,纳入部门决算报同级财政主管部门审批。

各省(市)交通运输主管部门应当按照交通运输部的要求定期向交通运输部报送专项资金预算执行情况,并按要求编报资金使用情况统计表。

第十六条　专项资金项目支出预算如当年未执行完毕,可结转下年度继续使用。专项资金结余的具体使用办法,由各省(市)财政主管部门商交通运输主管部门制定。

第十七条　专项资金用于基本建设项目的竣工决算报批程序,由各省(市)财政主管部门确定。

第六章　监督检查

第十八条　各级财政、交通运输主管部门,财政部驻各省(市)财政监察专员办事处要加强对专项资金管理和财务监督,确保专项资金专款专用。

第十九条　对部门、单位和个人违反国家方针政策、法律、行政法规和有关规定,截留、挪用等行为,财政、交通运输等主管部门应及时制止和纠正,并严格按照《中华人民共和国预算法》、《财政违法行为处罚处分条例》(国务院令第427号)及其他有关法规予以处理。

第七章　附　则

第二十条　本办法由财政部商交通运输部负责解释。

第二十一条　本办法自发布之日起执行。此前有关规定与本办法不一致的,以此办法为准。

附录 4:关于修改《机动车交通事故责任强制保险条例》的决定

中华人民共和国国务院令
第 630 号

现公布《国务院关于修改〈机动车交通事故责任强制保险条例〉的决定》,自 2013 年 3 月 1 日起施行。

总理　温家宝
2012 年 12 月 17 日

国务院关于修改《机动车交通事故责任强制保险条例》的决定

国务院决定对《机动车交通事故责任强制保险条例》作如下修改:

增加一条,作为第四十三条:"挂车不投保机动车交通事故责任强制保险。发生道路交通事故造成人身伤亡、财产损失的,由牵引车投保的保险公司在机动车交通事故责任强制保险责任限额范围内予以赔偿;不足的部分,由牵引车方和挂车方依照法律规定承担赔偿责任。"

本决定自 2013 年 3 月 1 日起施行。

《机动车交通事故责任强制保险条例》根据本决定作相应的修改并对条文顺序作相应调整,重新公布。

机动车交通事故责任强制保险条例

(2006 年 3 月 21 日中华人民共和国国务院令第 462 号公布　根据 2012 年 3 月 30 日《国务院关于修改〈机动车交通事故责任强制保险条例〉的决定》第一次修订　根据 2012 年 12 月 17 日《国务院关于修改〈机动车交通事故责任强制保险条例〉的决定》第二次修订)

第一章　总　则

第一条　为了保障机动车道路交通事故受害人依法得到赔偿,促进道路交通安全,根据《中华人民共和国道路交通安全法》、《中华人民共和国保险法》,制定本条例。

第二条　在中华人民共和国境内道路上行驶的机动车的所有人或者管理人,应当依照《中华人民共和国道路交通安全法》的规定投保机动车交通事故责任强制保险。

机动车交通事故责任强制保险的投保、赔偿和监督管理,适用本条例。

第三条　本条例所称机动车交通事故责任强制保险,是指由保险公司对被保险机动车发生道路交通事故造成本车人员、被保险人以外的受害人的人身伤亡、财产损失,在责任限额内予以赔偿的强制性责任保险。

第四条　国务院保险监督管理机构(以下称保监会)依法对保险公司的机动车交通事故责任强制保险业务实施监督管理。

公安机关交通管理部门、农业(农业机械)主管部门(以下统称机动车管理部门)应当依法对机动车参加机动车交通事故责任强制保险的情况实施监督检查。对未参加机动车交通事故责任强制保险的机动车,机动车管理部门不得予以登记,机动车安全技术检验机构不得予以检验。

公安机关交通管理部门及其交通警察在调查处理道路交通安全违法行为和道路交通事故时,应当依法检查机动车交通事故责任强制保险的保险标志。

第二章　投　保

第五条　保险公司经保监会批准,可以从事机动车交通事故责任强制保险业务。

为了保证机动车交通事故责任强制保险制度的实行,保监会有权要求保险公司从事机动车交通事故责任强制保险业务。

未经保监会批准,任何单位或者个人不得从事机动车交通事故责任强制保险业务。

第六条　机动车交通事故责任强制保险实行统一的保险条款和基础保险费率。保监会按照机动车交通事故责任强制保险业务总体上不盈利不亏损的原则审批保险费率。

保监会在审批保险费率时,可以聘请有关专业机构进行评估,可以举行听证会听取公众意见。

第七条　保险公司的机动车交通事故责任强制保险业务,应当与其他保险业务分开管理,单独核算。

保监会应当每年对保险公司的机动车交通事故责任强制保险业务情况进行核查,并向社会公布;根据保险公司机动车交通事故责任强制保险业务的总体盈利或者亏损情况,可以要求或者允许保险公司相应调整保险费率。

调整保险费率的幅度较大的,保监会应当进行听证。

第八条　被保险机动车没有发生道路交通安全违法行为和道路交通事故的,保险公司应当在下一年度降低其保险费率。在此后的年度内,被保险机动车仍然没有发生道路交通安全违法行为和道路交通事故的,保险公司应当继续降低其保险费率,直至最低标准。被保险机动车发生道路交通安全违法行为或者道路交通事故的,保险公司应当在下一年度提高其保险费率。多次发生道路交通安全违法行为、道路交通事故,或者发生重大道路交通事故的,保险公司应当加大提高其保险费率的幅度。在道路交通事故中被保险人没有过错的,不提高其保险费率。降低或者提高保险费率的标准,由保监会会同国务院公安部门制订。

第九条　保监会、国务院公安部门、国务院农业主管部门以及其他有关部门应当逐步建立有关机动车交通事故责任强制保险、道路交通安全违法行为和道路交通事故的信息共享机制。

第十条　投保人在投保时应当选择具备从事机动车交通事故责任强制保险业务资格的保险公司,被选择的保险公司不得拒绝或者拖延承保。

保监会应当将具备从事机动车交通事故责任强制保险业务资格的保险公司向社会公示。

第十一条　投保人投保时,应当向保险公司如实告知重要事项。

重要事项包括机动车的种类、厂牌型号、识别代码、牌照号码、使用性质和机动车所有人或者管理人的姓名(名称)、性别、年龄、住所、身份证或者驾驶证号码(组织机构代码)、续保前该机动车发生事故的情况以及保监会规定的其他事项。

第十二条　签订机动车交通事故责任强制保险合同时,投保人应当一次支付全部保险费;保险公司应当向投保人签发保险单、保险标志。保险单、保险标志应当注明保险单号码、车牌号码、保险期限、保险公司的名称、地址和理赔电话号码。

被保险人应当在被保险机动车上放置保险标志。

保险标志式样全国统一。保险单、保险标志由保监会监制。任何单位或者个人不得伪造、变造或者使用伪造、变造的保险单、保险标志。

第十三条 签订机动车交通事故责任强制保险合同时,投保人不得在保险条款和保险费率之外,向保险公司提出附加其他条件的要求。

签订机动车交通事故责任强制保险合同时,保险公司不得强制投保人订立商业保险合同以及提出附加其他条件的要求。

第十四条 保险公司不得解除机动车交通事故责任强制保险合同;但是,投保人对重要事项未履行如实告知义务的除外。

投保人对重要事项未履行如实告知义务的,保险公司解除合同前,应当书面通知投保人,投保人应当自收到通知之日起 5 日内履行如实告知义务;投保人在上述期限内履行如实告知义务的,保险公司不得解除合同。

第十五条 保险公司解除机动车交通事故责任强制保险合同的,应当收回保险单和保险标志,并书面通知机动车管理部门。

第十六条 投保人不得解除机动车交通事故责任强制保险合同,但有下列情形之一的除外:

(一)被保险机动车被依法注销登记的;

(二)被保险机动车办理停驶的;

(三)被保险机动车经公安机关证实丢失的。

第十七条 机动车交通事故责任强制保险合同解除前,保险公司应当按照合同承担保险责任。

合同解除时,保险公司可以收取自保险责任开始之日起至合同解除之日止的保险费,剩余部分的保险费退还投保人。

第十八条 被保险机动车所有权转移的,应当办理机动车交通事故责任强制保险合同变更手续。

第十九条 机动车交通事故责任强制保险合同期满,投保人应当及时续保,并提供上一年度的保险单。

第二十条 机动车交通事故责任强制保险的保险期间为 1 年,但有下列情形之一的,投保人可以投保短期机动车交通事故责任强制保险:

(一)境外机动车临时入境的;

(二)机动车临时上道路行驶的;

(三)机动车距规定的报废期限不足 1 年的;

(四)保监会规定的其他情形。

第三章　赔　偿

第二十一条 被保险机动车发生道路交通事故造成本车人员、被保险人以外的受害人人身伤亡、财产损失的,由保险公司依法在机动车交通事故责任强制保险责任限额范围内予以赔偿。

道路交通事故的损失是由受害人故意造成的,保险公司不予赔偿。

第二十二条 有下列情形之一的,保险公司在机动车交通事故责任强制保险责任限额范围内垫付抢救费用,并有权向致害人追偿:

（一）驾驶人未取得驾驶资格或者醉酒的；

（二）被保险机动车被盗抢期间肇事的；

（三）被保险人故意制造道路交通事故的。

有前款所列情形之一，发生道路交通事故的，造成受害人的财产损失，保险公司不承担赔偿责任。

第二十三条 机动车交通事故责任强制保险在全国范围内实行统一的责任限额。责任限额分为死亡伤残赔偿限额、医疗费用赔偿限额、财产损失赔偿限额以及被保险人在道路交通事故中无责任的赔偿限额。

机动车交通事故责任强制保险责任限额由保监会会同国务院公安部门、国务院卫生主管部门、国务院农业主管部门规定。

第二十四条 国家设立道路交通事故社会救助基金（以下简称救助基金）。有下列情形之一时，道路交通事故中受害人人身伤亡的丧葬费用、部分或者全部抢救费用，由救助基金先行垫付，救助基金管理机构有权向道路交通事故责任人追偿：

（一）抢救费用超过机动车交通事故责任强制保险责任限额的；

（二）肇事机动车未参加机动车交通事故责任强制保险的；

（三）机动车肇事后逃逸的。

第二十五条 救助基金的来源包括：

（一）按照机动车交通事故责任强制保险的保险费的一定比例提取的资金；

（二）对未按照规定投保机动车交通事故责任强制保险的机动车的所有人、管理人的罚款；

（三）救助基金管理机构依法向道路交通事故责任人追偿的资金；

（四）救助基金孳息；

（五）其他资金。

第二十六条 救助基金的具体管理办法，由国务院财政部门会同保监会、国务院公安部门、国务院卫生主管部门、国务院农业主管部门制订试行。

第二十七条 被保险机动车发生道路交通事故，被保险人或者受害人通知保险公司的，保险公司应当立即给予答复，告知被保险人或者受害人具体的赔偿程序等有关事项。

第二十八条 被保险机动车发生道路交通事故的，由被保险人向保险公司申请赔偿保险金。保险公司应当自收到赔偿申请之日起1日内，书面告知被保险人需要向保险公司提供的与赔偿有关的证明和资料。

第二十九条 保险公司应当自收到被保险人提供的证明和资料之日起5日内，对是否属于保险责任做出核定，并将结果通知被保险人；对不属于保险责任的，应当书面说明理由；对属于保险责任的，在与被保险人达成赔偿保险金的协议后10日内，赔偿保险金。

第三十条 被保险人与保险公司对赔偿有争议的，可以依法申请仲裁或者向人民法院提起诉讼。

第三十一条 保险公司可以向被保险人赔偿保险金，也可以直接向受害人赔偿保险金。但是，因抢救受伤人员需要保险公司支付或者垫付抢救费用的，保险公司在接到公安机关交通管理部门通知后，经核对应当及时向医疗机构支付或者垫付抢救费用。

因抢救受伤人员需要救助基金管理机构垫付抢救费用的，救助基金管理机构在接到公安机关交通管理部门通知后,经核对应当及时向医疗机构垫付抢救费用。

第三十二条　医疗机构应当参照国务院卫生主管部门组织制定的有关临床诊疗指南,抢救、治疗道路交通事故中的受伤人员。

第三十三条　保险公司赔偿保险金或者垫付抢救费用,救助基金管理机构垫付抢救费用,需要向有关部门、医疗机构核实有关情况的,有关部门、医疗机构应当予以配合。

第三十四条　保险公司、救助基金管理机构的工作人员对当事人的个人隐私应当保密。

第三十五条　道路交通事故损害赔偿项目和标准依照有关法律的规定执行。

第四章　罚　则

第三十六条　未经保监会批准,非法从事机动车交通事故责任强制保险业务的,由保监会予以取缔;构成犯罪的,依法追究刑事责任;尚不构成犯罪的,由保监会没收违法所得,违法所得 20 万元以上的,并处违法所得 1 倍以上 5 倍以下罚款;没有违法所得或者违法所得不足 20 万元的,处 20 万元以上 100 万元以下罚款。

第三十七条　保险公司未经保监会批准从事机动车交通事故责任强制保险业务的,由保监会责令改正,责令退还收取的保险费,没收违法所得,违法所得 10 万元以上的,并处违法所得 1 倍以上 5 倍以下罚款;没有违法所得或者违法所得不足 10 万元的,处 10 万元以上 50 万元以下罚款;逾期不改正或者造成严重后果的,责令停业整顿或者吊销经营保险业务许可证。

第三十八条　保险公司违反本条例规定,有下列行为之一的,由保监会责令改正,处 5 万元以上 30 万元以下罚款;情节严重的,可以限制业务范围、责令停止接受新业务或者吊销经营保险业务许可证:

(一)拒绝或者拖延承保机动车交通事故责任强制保险的;

(二)未按照统一的保险条款和基础保险费率从事机动车交通事故责任强制保险业务的;

(三)未将机动车交通事故责任强制保险业务和其他保险业务分开管理,单独核算的;

(四)强制投保人订立商业保险合同的;

(五)违反规定解除机动车交通事故责任强制保险合同的;

(六)拒不履行约定的赔偿保险金义务的;

(七)未按照规定及时支付或者垫付抢救费用的。

第三十九条　机动车所有人、管理人未按照规定投保机动车交通事故责任强制保险的,由公安机关交通管理部门扣留机动车,通知机动车所有人、管理人依照规定投保,处依照规定投保最低责任限额应缴纳的保险费的 2 倍罚款。

机动车所有人、管理人依照规定补办机动车交通事故责任强制保险的,应当及时退还机动车。

第四十条　上道路行驶的机动车未放置保险标志的,公安机关交通管理部门应当扣留机动车,通知当事人提供保险标志或者补办相应手续,可以处警告或者 20 元以上 200 元以下罚款。

当事人提供保险标志或者补办相应手续的,应当及时退还机动车。

第四十一条　伪造、变造或者使用伪造、变造的保险标志,或者使用其他机动车的保险标志,由公安机关交通管理部门予以收缴,扣留该机动车,处 200 元以上 2000 元以下罚款;构成犯罪的,依法追究刑事责任。

当事人提供相应的合法证明或者补办相应手续的,应当及时退还机动车。

第五章　附　则

第四十二条　本条例下列用语的含义：

（一）投保人，是指与保险公司订立机动车交通事故责任强制保险合同，并按照合同负有支付保险费义务的机动车的所有人、管理人。

（二）被保险人，是指投保人及其允许的合法驾驶人。

（三）抢救费用，是指机动车发生道路交通事故导致人员受伤时，医疗机构参照国务院卫生主管部门组织制订的有关临床诊疗指南，对生命体征不平稳和虽然生命体征平稳但如果不采取处理措施会产生生命危险，或者导致残疾、器官功能障碍，或者导致病程明显延长的受伤人员，采取必要的处理措施所发生的医疗费用。

第四十三条　挂车不投保机动车交通事故责任强制保险。发生道路交通事故造成人身伤亡、财产损失的，由牵引车投保的保险公司在机动车交通事故责任强制保险责任限额范围内予以赔偿；不足的部分，由牵引车方和挂车方依照法律规定承担赔偿责任。

第四十四条　机动车在道路以外的地方通行时发生事故，造成人身伤亡、财产损失的赔偿，比照适用本条例。

第四十五条　中国人民解放军和中国人民武装警察部队在编机动车参加机动车交通事故责任强制保险的办法，由中国人民解放军和中国人民武装警察部队另行规定。

第四十六条　机动车所有人、管理人自本条例施行之日起3个月内投保机动车交通事故责任强制保险；本条例施行前已经投保商业性机动车第三者责任保险的，保险期满，应当投保机动车交通事故责任强制保险。

第四十七条　本条例自2006年7月1日起施行。

附录 5：关于发布第 1 批公路甩挂运输推荐车型的通知

关于发布第 1 批公路甩挂运输推荐车型的通知

交运发〔2012〕27 号

各省、自治区、直辖市、新疆生产建设兵团交通运输厅（局、委），天津市、上海市交通运输和港口管理局：

　　为推进公路甩挂运输发展，提升道路货物运输效率，促进道路运输行业节能减排，根据《甩挂运输试点工作实施方案》（交运发〔2010〕562 号）以及《货运汽车及汽车列车推荐车型工作规则》（交公路发〔2005〕170 号）的有关要求，部组织评审并公示了第 1 批甩挂运输推荐车型。现将经审查符合相关要求的推荐车型予以公布。

　　附件：公路甩挂运输推荐车型（第 1 批）

二〇一二年一月十八日

附件（略）

附录 6：关于发布第 2 批公路甩挂运输推荐车型的通知

交通运输部关于发布第 2 批公路甩挂运输推荐车型的通知

交运发〔2013〕52 号

各省、自治区、直辖市、新疆生产建设兵团交通运输厅（局、委），天津市、上海市交通运输和港口管理局：

为推进公路甩挂运输发展，提升道路货物运输效率，促进道路运输节能减排，根据《甩挂运输试点工作实施方案》（交运发〔2010〕562 号）的有关要求，部组织遴选了第 2 批甩挂运输推荐车型。现将经审查符合相关要求的推荐车型予以公布，请认真贯彻执行。

附件：公路甩挂运输推荐车型（第 2 批）

交通运输部

2013 年 1 月 14 日

附件（略）

附录 7：关于印发国家公路甩挂运输试点项目验收与专项资金申请工作指南的通知

交通运输部办公厅
关于印发国家公路甩挂运输试点项目验收与
专项资金申请工作指南的通知
厅运字〔2013〕144 号

各省、自治区、直辖市、新疆生产建设兵团交通运输厅(局、委)，天津、上海市交通运输和港口管理局：

为进一步规范国家公路甩挂运输试点项目验收与专项资金申请工作，确保试点工作顺利推进并取得实效，部制订了《国家公路甩挂运输试点项目验收与专项资金申请工作指南》，现印发给你们，请遵照执行。

交通运输部办公厅

2013 年 6 月 5 日

抄送：财政部经济建设司、国家发改委资源节约和环境保护司，各省、自治区、直辖市交通运输厅(局、委)道路运输管理局(处)。

国家公路甩挂运输试点项目验收与专项资金申请工作指南

第一条 为规范国家公路甩挂运输试点项目验收与专项资金申请工作，根据《甩挂运输试点工作实施方案》(交运发〔2010〕562 号)和《公路甩挂运输试点专项资金管理暂行办法》(财建〔2012〕137 号)及有关试点工作要求制订本指南。

第二条 试点项目申请验收的基本条件：

(一)试点项目甩挂运输作业站场建设(改造)完成交工验收，并投入运营；

(二)试点线路投入车辆总数达到审定的《企业甩挂运输试点项目实施方案》(以下简称《实施方案》)中设定的投入车辆总数的 80％以上；

(三)开通甩挂运输试点线路达到审定的《实施方案》中设定总线路的 80％以上；

(四)信息系统建设基本满足开展甩挂运输业务需求，实现甩挂运输车辆运营调度及信息化管理，并按照公路甩挂运输试点项目运行信息报送制度的要求按时报送试点项目运行情况相关信息；

(五)试点项目已实现的节能减排指标不低于审定的《实施方案》中设定目标的 80％。

已获得国家发改委资源节约和环境保护中央预算内投资补助的试点项目，需遵照《中央预算内投资补助和贴息项目管理暂行办法》(中华人民共和国国家发展和改革委员会令第 31 号)的规定，按照国家发改委下达的年度中央预算内投资计划中规定的建设规模要求，完成全部建设任务后，方可申请项目验收。

第三条 试点项目的验收程序：

(一)提出申请：试点项目承担单位(两家企业联合组成的试点项目由试点项目牵头企业负责)向所在地省级道路运输管理机构提出验收的申请；

（二）项目核查：省级道路运输管理机构对申请验收的试点项目进行核查，对不具备验收基本条件的试点项目不予组织验收；通过项目核查后，省级道路运输管理机构向省级交通运输主管部门提出甩挂运输试点项目验收申请；

（三）项目验收：省级交通运输主管部门组织有关专家对照审定的《实施方案》和《甩挂运输站场建设（改造）工程可行性研究报告》（以下简称《站场工可》）对试点项目进行审查验收，出具验收意见，并将验收意见及审核盖章后的《甩挂运输试点项目验收申请书》报交通运输部备案；

（四）部级抽查：交通运输部将视情组织有关专家对试点项目实际运行情况、实施效果进行抽查和评估。

试点项目实施过程中，项目建设内容与审定的《实施方案》及《站场工可》有较大变动和调整的，试点项目承担单位应在审查验收前3个月将"企业甩挂运输试点实施方案变更申请"报省级交通运输主管部门批准，省级交通运输主管部门应及时将批复意见报交通运输部备案。

已获得国家发改委资源节约和环境保护中央预算内投资补助的试点项目，由省级交通运输主管部门联合省级发展改革部门共同组织验收，并将验收材料报交通运输部、国家发展改革委备案。试点项目实施过程中，项目建设内容与国家发展改革委下达的年度中央预算内投资计划中规定的建设规模要求有较大变动和调整的，项目承担单位需同时报省级交通运输主管部门和省级发展改革部门批准，并将批复意见报交通运输部和报国家发改委备案。

第四条　企业申请试点项目验收，应提交以下材料：

（一）《甩挂运输试点项目验收申请书》（见附件1）；

（二）试点项目完成情况总结报告。重点对照审定的《实施方案》及《站场工可》，对试点项目站场建设、车辆购置、信息系统改造、甩挂业务开展及运行效率情况进行总结；

（三）甩挂运输作业站场建设（改造）工程交工（或竣工）验收报告；

（四）试点线路上投入的甩挂运输车辆情况汇总表，并附车辆行驶证、道路运输证复印件，其中新购置车辆还需提供车辆购置发票复印件。

第五条　试点项目验收审查的主要工作内容：

（一）核查申报材料是否真实可靠；

（二）检查甩挂作业站场及信息系统建设（改造）的执行情况、甩挂运输车辆更新购置、试点线路开通等，是否与审定的《实施方案》及《站场工可》相符，以及相关变更的合理性；

（三）检查试点项目甩挂运输业务开展情况，结合实施方案目标，对试点项目的运输成本、效率、节能减排等情况进行综合评价。

第六条　试点项目专项资金申请分两种情况进行：

（一）符合第二条规定的甩挂运输试点项目，在通过审查验收并取得验收意见后，项目承担单位可按照规定程序申请全部甩挂运输专项资金；

（二）试点任务尚未全部完成，但甩挂运输站场建设（改造）完成交工验收并投入运营，且试点线路开通达到审定的《实施方案》设定数量50％的，项目承担单位可按照规定程序申请部分甩挂运输专项资金，下达资金不超过应补助资金的80％。试点项目在通过审查验收并取得验收意见后，可申请中央财政应补助的剩余资金。

第七条　项目承担单位申请试点项目专项资金，应提交以下申报材料：

（一）甩挂运输试点专项资金申请书，具体要求见《交通运输部办公厅、财政部办公厅关于印发公路甩挂运输第二批试点工作方案的通知》(厅运字〔2012〕106号)的附件4；

（二）甩挂运输站场建设（改造）工程交工（或竣工）验收报告；

（三）具有相应资质的第三方机构出具的甩挂运输试点项目专项审计报告，专项审计报告包括《公路甩挂运输试点项目财务审核报告》(格式详见附件2)、《公路甩挂运输试点项目站场工程造价咨询报告书》(格式详见附件3)；

（四）相关发票或证明材料，包括甩挂运输作业站场、信息系统建设（改造）的相关发票（发票抬头应当与试点项目承担单位名称一致）；牵引车、挂车购置发票，并附车辆行驶证、道路运输证复印件（发票抬头以及车辆行驶证所有人名称、道路运输证业户名称应当为试点项目承担单位）；

（五）试点项目验收意见；

（六）其他证明材料。

符合第六条第（一）款所述情况，应当提供本条（三）、（四）、（五）款所要求的材料；符合第六条第（二）款所述情况，项目承担单位在首次申请甩挂运输专项资金时，应当提供本条除第（五）款以外的全部材料，在第二次申请资金时，应当提供本条第（三）、（四）款所要求的《公路甩挂运输试点项目财务审核报告》及相应的发票或证明材料，同时还需提交试点项目验收意见。

第八条 试点项目专项资金的申请与审核程序：

（一）提出申请：试点项目承担单位（两家企业联合组成的试点项目由试点项目牵头企业负责）向所在地省级道路运输管理机构提出申请并提交符合本指南第七条规定的相关材料；

（二）材料审查：收到申请的省级道路运输管理机构对申请材料进行符合性审查，对不具备资金申请资格企业的材料予以退回，对不符合要求的材料限期重新报送；通过材料审查后，省级道路运输管理机构向省级交通运输主管部门提出甩挂运输试点项目专项资金初审申请；

（三）省级初审：由省级交通运输主管部门会同省级财政主管部门组织有关专家对申报材料进行初审，视情赴现场组织核查；对于通过初审的项目，由省级交通运输主管部门与省级财政主管部门联合行文，将本指南第七条规定的相关材料报送交通运输部、财政部；申报材料一式4份（1份原件、3份复印件）；

（四）部级审查：交通运输部会同财政部组织有关专家对申请材料进行复核审查，并视情赴现场核查。

第九条 试点项目专项资金审查的主要工作内容：

（一）核查申报材料是否真实可靠；

（二）核查甩挂作业站场及信息系统建设（改造）的执行情况、甩挂运输车辆更新购置等，是否与申报材料及相关证明材料相符；

（三）检查甩挂作业站场及信息系统建设（改造）的执行情况、甩挂运输车辆更新购置等，是否与审定的《实施方案》及《站场工可》相符，以及相关变更的合理性；

（四）核查企业申报的甩挂运输站场建设（改造）及设备购置、甩挂运输车辆购置、甩挂运输信息建设（改造）的内容是否用于甩挂运输试点项目，是否属于专项资金补助范围；

（五）核查相关发票或证明材料的开具时间是否在项目试点期间内。

符合第六条第（一）款所述情况，以及第六条第（二）款中项目承担单位第二次申请资金的，仅审查本条第（一）、（四）、（五）款所要求的内容。

第十条 专项资金申请通过部级审查后，由交通运输部提出专项资金分配方案建议，财政部对专项资金分配方案进行审核并在网上公示 10 天无异议后,将专项资金下达有关省(自治区、市)财政主管部门。

第十一条　试点项目验收及专项资金申请审查的专家成员应当从交通运输行业公路甩挂运输专家库中抽取,人数原则上不少于 7 人,其中项目验收审查时甩挂运输企业专家不少于 2 人,项目专项资金申请审查时财务专家不少于 2 人。

第十二条　专项资金的拨付、监督管理按照《公路甩挂运输试点专项资金管理暂行办法》的有关规定执行。

第十三条　试点项目验收过程中,出现下列情形之一的,将被取消试点资格:

(一)试点期结束,项目承担单位拒不申请和接受验收的;

(二)专项资金申报材料不合格,经限期整改后仍不符合要求的;

(三)试点项目验收和专项资金申请过程中,弄虚作假,情结严重的;

(四)有站场建设(改造)的试点项目,未完成交工验收且缺乏合理理由的;

(五)试点期结束,没有通过验收,经整改后仍达不到验收要求的。

第十四条　本指南由交通运输部道路运输司负责解释。

附件 1. 甩挂运输试点项目验收申请书
附件 2. ×××公路甩挂运输试点项目财务审核报告
附件 3. ×××公路甩挂运输试点项目×××站场工程造价咨询报告书

附件1

甩挂运输试点项目验收
申请书

项目名称：_____

申请单位：_____

组织单位：省（自治区、直辖市）交通运输主管部门_____

申请日期：_____年_____月_____日

一、基本情况			
试点项目名称：			
试点项目参与单位名称(注明牵头单位)：			
企业工商登记号		企业(单位)法人代码	
法人代表		注册资本(万元)	
道路运输经营许可证号		公司性质	
经营范围			
办公地址(邮编)			
资产总额(万元)		年营业收入(万元)	
开户银行		账号	
货运车辆总数(辆)		其中自有货车数量(辆)	
年货运量(万吨)		企业自有运输站场总面积(万平方米)	
联系人		办公电话 移动电话 传真号码 E-mail	
项目总投资(万元)		建筑安装费(万元)	
		设备购置费(万元)	
甩挂站场改造投资(万元)		甩挂信息系统改造(万元)	
甩挂车辆更新购置	牵引车：　　辆，　　　　万元		
	半挂车：　　辆，　　　　万元		
二、项目背景和意义			
(一)项目概况及单位概况			
(二)项目对于提升运输效率、促进节能减排的意义			

三、项目实施情况及取得效果

(一)项目实施内容

站场及信息系统建设(改造)、车辆购置更新。

(二)采用技术方案

甩挂运输运营组织方案,包括组织模式、服务货主货类、具体线路、车辆安排及中转衔接等。

(三)项目运行情况及效果

项目完成货运量和周转量,经济效益、节能减排效果等。

四、项目已获得中央和地方财政资金支持的情况

五、申请单位项目真实性声明[1]:

（公 章）

年　　月　　日

六、所在省(自治区、市)道路运输管理机构意见

（公 章）

年　　月　　日

七、所在省(自治区、市)交通运输主管部门意见

（公 章）

年　　月　　日

---

[1] 如多个单位联合项目申报的,各参与单位均需盖章。

附件 2

×××公路甩挂运输试点项目
财务审核报告

委托单位：   **试点企业名称（盖章）**

审核单位：   **会计师事务所名称（盖章）**

×××公路甩挂运输试点项目财务审核报告

×××（会计师事务所文件编号）〔201×〕第××号〔2013〕52号

×××（公司名称）：

（引言段）我们接受委托，对×××公司申报的公路甩挂运输作业站场建设费、车辆购置费、管理信息系统建设改造费进行了审核。（委托方责任）×××公司的责任是负责提供真实、合法、完整的申报材料、会计及其他相关资料，（会计师事务所责任）我们的责任是对×××公司申报的公路甩挂运输站场建设费及设备购置费、甩挂车辆购置费、管理信息系统建设改造费进行审核并发表审核意见。审核依据为《中国注册会计师审计准则》、《公路甩挂运输试点专项资金管理暂行办法》（财建〔2012〕137号）及相关文件。审核中，结合×××公司实际情况，我们对公路甩挂运输站场建设及设备购置发票、甩挂车辆购置发票、车辆行驶证及道路运输证、甩挂管理信息系统建设改造发票等实施了必要的审核程序。

一、×××公司及公路甩挂运输试点项目基本情况

简要介绍甩挂运输试点企业基本情况，包括法人代表、注册资本、地址、经营范围，以及公司子公司或分公司基本情况。

简要介绍公路甩挂运输试点项目总体情况，包括甩挂运输站场建设及设备购置、甩挂车辆购置、管理信息系统建设改造等情况。

二、公路甩挂运输相关费用申报及审核意见

（一）甩挂运输作业站场建设改造费用

（重点审核纳入补助范围的工程量及费用，主要包括：货运站场内适合挂车作业的装卸平台、甩挂作业仓储设施；满足汽车列车摘挂和回转要求、可供甩挂车辆中转需要的作业场地及场区道路、其他相关辅助设施等费用，审核工程量及各项费用发票等。）

例：×××公司申报公路甩挂运输项目站场建设改造资金××元。经审核，×××公司申报站场建设改造资金中有××元建设发票与公路甩挂运输项目无关。审核后，甩挂运输站场建设改造费用××元，详见附表2-1及相关证明材料。

（二）甩挂运输作业站场设备购置相关费用

（审核甩挂作业必要的装卸设备、标准化托盘和辅助设施等的费用，主要审核装卸设备购置合同、单位、时间、发票等。对于站场建设项目设计变更、材料差价较大的项目，需要补充相关审计内容，并出具审计意见。）

例：×××公司申报公路甩挂运输项目站场设备为叉车××辆、手动液压设备××台等，购置费分别为××元、××元。经审核，在201×年×月至201×年×月，×××公司申报站场设备购置费用中××辆叉车无发票（或购置单位非×××公司），其余站场设备均为×××公司购置，购置金额与发票金额相符。审核后，甩挂运输项目站场设备购置费用为××元，详见附件2-2及相关证明材料。

（三）甩挂运输车辆购置费用

（主要审核以下三个方面：一是核实在规定时间内，××公司购置的牵引车和挂车的数量、型号。主要依据为车辆购置发票。二是核实车辆注册信息，车辆牌号、车辆行驶证号、道路运输证号应当统一并符合车辆购置发票的相关信息。三是核实购置的牵引车和挂车型号是否属

于交通运输部甩挂运输推荐车型范围。

甩挂运输车辆更新购置审核需附甩挂运输车辆购置详表,包括车辆购置时间、发票号码、牵引车和挂车型号、车辆牌号、车辆行驶证号、道路运输证号等。)

例:×××公司申报公路甩挂运输项目资金的牵引车和挂车分别为××辆、××辆,购置费分别为××元、××元。经审核,在201×年×月至201×年×月,×××公司申报车辆购置费用中××辆牵引车和××辆挂车无发票(或购车单位非×××公司),其余车辆均为×××公司购置,车辆购置金额与发票金额相符,机动车行驶证、道路运输证所有人均为×××公司。审核后,甩挂运输牵引车××辆、挂车××辆,购置费分别为××元、××元,详见附件 2-3 及相关证明材料。

(四) 甩挂运输管理信息系统建设改造费用

(审核在规定时间内用于甩挂运输作业信息系统建设改造的主要内容、软硬件购置品名、价格、费用、发票以及购置合同,以及费用列支单位、发票金额与支出费用情况等,需附建设内容费用审核明细表。)

例:×××公司申报公路甩挂运输项目管理信息系统建设改造资金××元,费用列支单位为×××公司。经审核,在201×年×月至201×年×月,×××公司申报甩挂运输信息系统建设改造费用中××项无发票(或列支单位非×××公司),其余项目费用资金与发票金额相符。审核后,×××公司申报公路甩挂运输管理信息系统建设改造费用为×××元,详见附件 2-4 及相关证明材料。

附:

附件 2-1:甩挂运输站场建设改造费用审核明细表;

附件 2-2:甩挂运输站场设备购置费用审核明细表;

附件 2-3:甩挂运输牵引车及挂车购置费用审核明细表;

附件 2-4:甩挂运输管理信息系统建设改造费用审核明细表;

附件 2-5:会计师事务所法人营业执照(含年度检验情况)(略)。

(会计师事务所名称)　中国注册会计师(签名及印章)

(盖章)

(地址)　　　　　中国注册会计师(签名及印章)

二〇一　年　月　日

附件 2-1

表 1　甩挂运输站场建设（改造）费用审核明细表

序号	建设改造内容	工程量（平方米）	收款单位	金额（元）	费用列支单位
1	甩挂仓储设施				
2	甩挂装卸平台				
3	作业场地				
4	停车场地				
5	场区道路				
6	甩挂运输信息调度中心				
7	其他				

表 2　甩挂运输站场建设（改造）发票明细表

序号	发票号码	工程项目名称	开票时间	开票金额（元）	收款单位	费用列支单位	相关说明
1							
2							
3							
4							
5							
6							
7							
8							
合计							

审核单位：（会计师事务所名称）（盖章）

附件 2-2

甩挂运输站设施设备购置费用审核明细表

序号	设备名称	收款单位	发票日期	发票号码	金额（元）	费用列支单位
1						
2						
3						
4						

审核单位:（会计师事务所名称）（盖章）

附件 2-3

甩挂运输牵引车及挂车购置费用审核明细表

序号	车辆牌号	行驶证号	道路运输证号	生产厂家	车辆类型	厂牌型号	开票日期	发票号码	购货单位	购车金额（元）	是否属于交通运输部推荐车型范围
1											
2											
3											
4											
—	—	—	—	—	牵引车合计				—		
—	—	—	—	—	审核数				—		
—	—	—	—	—	挂车合计				—		
—	—	—	—	—	审核数				—		

审核单位:（会计师事务所名称）（盖章）

相关证明材料：

（1）牵引车购置发票、车辆行驶证、道路运输证复印件；

（2）挂车购置发票、车辆行驶证、道路运输证复印件；

注：发票购货单位以及车辆行驶证所有人名称、道路运输证户名称应当为试点项目承担单位；所有复印件必须加盖试点项目承担单位公章。

附件 2-4

甩挂运输管理信息系统建设改造费用审核明细表

序号	建设改造内容	收款单位	内容摘要	发票日期	发票号码	金额（元）	费用列支单位
1							
2							
3							
4							
申报合计		—	—		—		—
审核数		—	—		—		—

审核单位：（会计师事务所名称）（盖章）

相关证明材料：

相关发票复印件，并加盖试点项目承担单位公章。

附件 3

×××公路甩挂运输试点项目×××站场工程
造价咨询报告书

委托单位：_____试点企业名称(盖章)_____

审核单位：_____工程造价咨询企业名称(盖章)_____

咨询报告书编号：

咨询项目委托方：

咨询企业执业印章：

咨询企业法定住所：

邮编：　　　　　　　　联系电话：

咨询作业期：

法定代表人：　　　　技术负责人：

项目负责人：　　　　执业资格：　　　　从事专业：

×××公路甩挂运输试点项目×××站场建设（改造）工程结算审核报告

×××（工程造价师事务所文件编号）〔201×〕第××号

×××（公司名称）：

（引言段）我们接受委托，对×××公司申报的×××公路甩挂运输作业站场建设（改造）工程计算资料进行了审核。根据《工程造价咨询单位执业行为准则》和《造价工程师执业道德行为准则》及《工程咨询业务操作指导规程》的规定，同时参照《公路甩挂运输试点专项资金管理暂行办法》（财建〔2012〕137号）及相关文件的要求，经过审核结算资料、汇总计算并征询了各方面的相关意见，目前对该工程结算造价审核工作已经完成。现将审核结论及审核依据报告如下：

一、工程概况

本项目为（项目名称）_____，由×××（工程施工方）施工。本工程位于_____。具体项目包括_____等。

工程合同日期：　　　　　　　完成交工验收日期：

二、审核范围

重点审核纳入中央资金补助范围的工程量及费用，主要包括：货运站场内适合挂车作业的装卸平台、甩挂作业仓储设施；甩挂运输信息调度中心；满足汽车列车摘挂和回转要求、可供甩挂车辆中转需要的作业场地及场区道路、其他相关辅助设施等费用，审核工程量及造价等。

三、造价审核结论

该工程结算送审金额为人民币大写：_____，审定金额为人民币大写：_____，核减金额为人民币大写：_____。（详见工程结算审定单）

例：×××公司申报公路甩挂运输项目站场建设改造资金××元。经审核，×××公司申报站场建设改造资金中有××元建设发票与公路甩挂运输项目无关。审核后，甩挂运输站场建设改造费用××元，详见附表3-1及相关证明材料。

四、造价审核依据

1. 施工合同；

2. 报审结算资料；

3. 各地工程计价依据（如计价表、工程计价办法等）。

五、相关说明事项

附：

附件 3-1:工程结算审定单

附件 3-2:工程结算书

附件 3-3:甩挂运输站场建设(改造)费用审核明细表

附件 3-4:工程造价咨询企业法人营业执照(略)

（工程造价咨询企业名称）（盖章）

项目负责人:注册造价工程师（签名及印章）

报告日期:　　年　　月　　日

附件 3-1

工程结算审定单

建设单位						咨询类别	
施工单位						专业	
工程名称							
序号	单位工程名称	合同价（元）	送审价（元）	审定价（元）	核增额（元）	核减额（元）	核增核减率（%）
合计							
审定总价金额							

建设单位（章）：　　　　　　　　　　　　咨询企业（章）：

　　　　　　　　　　　　　　　　　　　　　　　项目负责人（签字盖章）：

代表人：　　　　　　　　　　　　　　　　签发人：

日期：　　　年　　月　　日　　　　　　　日期：　　　年　　月　　日

附件 3-2

工程结算书

工程名称：

建设单位：

设计单位：

工程结构：

建筑面积：

层数：

总造价：

单位造价：

审核人：　　　　　　　　　　编制人：

编制日期：

单项工程结算价汇总表

工程名称：

序号	单位工程名称	金额(元)	其中		
			暂估价(元)	安全文明施工费(元)	规费(元)
合计					

单位工程费汇总表

工程名称：

序号	项目名称	单位	计算参数	费率(%)	金额(元)	
					单价	合计
合计						

附件 3-3

甩挂运输站场建设（改造）费用审核明细表

序号	建设改造内容	单位工程名称	工程量（计量单位）	造价金额（元）
1	甩挂仓储设施			
2	甩挂装卸平台			
3	作业场地			
4	停车场地			
5	场区道路			
6	甩挂信息调度中心			
7	其他			
	合计			

附录 8：甩挂运输推荐车型基本要求（2014 版）

甩挂运输推荐车型基本要求（2014 版）

表 1　4×2 半挂牵引车及列车基本要求

项目		要求
驱动型式		4×2
发动机性能要求	发动机净功率(kW)	≥231
	*发动机最低比油耗(g/kW·h)	≤193
	发动机最大扭矩(N·m)	≥1500
牵引座及安装要求	牵引座承载面离地高度(无拖挂状态,mm)	1290～1320
	牵引座前倾角/后倾角(装车测量,°)	≥6/7
	牵引座最大允许承载质量(kg)	≥11000
	准拖挂车总质量(kg)	35000
操控配置与环境要求	动力转向	有
	驾驶室空调	有
	驾驶室平顺性指标(无拖挂状态,等效均值 dB)	≤120
	离合器助力装置	有
行车安全装置要求	ABS 制动系统	符合 GB/T 13594 的规定
	制动器规格及性能	符合企业产品设计要求及 QC/T 239 的规定
	带有行驶记录功能的卫星定位终端(与北斗系统兼容)	有
	制动间隙自动调整装置	有
	符合 GB 12676 和 GB/T 5922 规定的测试接头(连接器)	有
	符合 GB 7258 规定的辅助制动装置	有;**液力或电涡流缓速控制装置
	车轮动平衡	是
整车配置附加要求	导流装置	有
	**后空气悬架	是
	轮胎	子午线轮胎;**无内胎子午线轮胎
	**驾驶室卧铺	有
	工作台板及登梯	有;工作台板板面应具有防滑功能,安装位置、尺寸和强度均应满足企业要求
与半挂车匹配的互换性要求	半挂牵引车后回转半径(mm)	≤2200
	牵引座型号	50 号
	***牵引座前回转半径(mm)	≥2120
	牵引座中心至半挂牵引车最前端的距离(mm)	≤4500
	电器连接装置	位置灯、示廓灯、牌照灯接 2 号线,后雾灯接 6 号线,倒车灯接 7 号线,其余接线应符合 GB/T 5053.1 的规定
	气制动连接装置	符合 GB/T 13881 的规定,应在工作状态下进行 2500 次摘挂试验后,密封性能应良好
	ABS 系统型式及接口	匹配挂车 4S/4M 和 4S/2M 的 ABS 系统接口,符合 GB/T 20716.1 的规定;各接口安装位置参照 ISO 4009—2000 的规定,按气控、电连接、ABS 和供气的顺序自左至右依次排列
汽车列车		
最大允许总质量(kg)		42000
*综合燃料消耗量(L/100km)(按 JT 719—2008 测试)		≤35.0
最高车速(km/h)		≥100
汽车列车通道圆尺寸(m)	内圆直径 D_1	10.60
	外圆直径 D_2	25.00
	外摆值	≤0.80
30 km/h 制动距离(满载)(m)		≤10.0
制动滞后时间(s)		≤0.2
行驶轨迹摆幅(mm)		≤110
热制动效能(满载)		按照 GB 12676 规定的行车制动系I型试验制动性能要求测试,制动距离不超过 30 km/h 制动距离的 125%

注：*LNG 半挂牵引车申报时,发动机最低比油耗、综合燃料消耗量两项指标暂不要求。**优先推荐。***牵引座前回转半径:半挂牵引车牵引座销孔中心至半挂牵引车驾驶室后部刚性部件末端在水平面上投影点的距离。

表 2　6×4 半挂牵引车及列车基本要求

项目		要求
	驱动型式	6×4
发动机性能要求	发动机净功率(kW)	≥270
	* 发动机最低比油耗(g/kW·h)	≤193
	发动机最大扭矩(N·m)	≥1700
牵引座及安装要求	牵引座承载面离地高度(无拖挂状态,mm)	1290~1320
	牵引座前倾角/后倾角(装车测量,°)	≥6/7
	牵引座最大允许承载质量(kg)	≥16000
	准拖挂车总质量(kg)	40000
操控配置与环境要求	动力转向	有
	驾驶室空调	有
	驾驶室平顺性指标(无拖挂状态,等效均值 dB)	≤120
	离合器助力装置	有
行车安全装置要求	ABS制动系统	符合 GB/T 13594 的规定
	制动器规格及性能	符合企业产品设计要求及 QC/T 239 的规定
	带有行驶记录功能的卫星定位终端(与北斗系统兼容)	有
	制动间隙自动调整装置	有
	符合 GB 12676 和 GB/T 5922 规定的测试接头(连接器)	有
	符合 GB 7258 规定的辅助制动装置	有;* * 液力或电涡流缓速控制装置
	车轮动平衡	是
整车配置附加要求	导流装置	有
	* * 后空气悬架	是
	轮胎	子午线轮胎;* * 无内胎子午线轮胎
	* * 驾驶室卧铺	是
	工作台板及登梯	有;工作台板板面应具有防滑功能,安装位置、尺寸和强度均应满足企业要求
与半挂车匹配的互换性要求	半挂牵引车后回转半径(mm)	≤2200
	牵引座型号	50 号
	* * * 牵引座前回转半径(mm)	≥2120
	牵引座中心至半挂牵引车最前端的距离(mm)	≤5100
	电器连接装置	位置灯、示廓灯、牌照灯接 2 号线,后雾灯接 6 号线,倒车灯接 7 号线,其余接线应符合 GB/T 5053.1 的规定
	气制动连接装置	符合 GB/T 13881 的规定,应在工作状态下进行 2500 次摘挂试验后,密封性能应良好
	ABS 系统型式及接口	匹配挂车 4S/4M 或 4S/2M 的 ABS 系统接口,符合 GB/T 20716.1 的规定;各接口安装位置参照 ISO 4009—2000 的规定,按气控、电连接、ABS 和供气的顺序自左至右依次排列
汽车列车		
	最大允许总质量(kg)	49000
	* 综合燃料消耗量(L/100 km)(按 JT 719—2008 测试)	≤36.0
	最高车速(km/h)	≥100
汽车列车通道圆尺寸(m)	内圆直径 D_1	10.60
	外圆直径 D_2	25.00
	外摆值	≤0.80
	30 km/h制动距离(满载)(m)	≤10.0
	制动滞后时间(s)	≤0.2
	行驶轨迹摆幅(mm)	≤110
	热制动效能	按照 GB 12676 规定的行车制动系I型试验制动性能要求测试,制动距离不超过 30 km/h 制动距离的 125%

注:* LNG 半挂牵引车申报时,发动机最低比油耗、综合燃料消耗量两项指标暂不要求。* * 优先推荐。* * * 牵引座前回转半径:半挂牵引车牵引座销孔中心至半挂牵引车驾驶室后部刚性部件末端在水平面上投影点的距离。

表 3 6×2 集装箱半挂牵引车及列车基本要求

项目		要求
	驱动型式	6×2(单转向轴)
发动机性能要求	发动机净功率(kW)	≥253
	* 发动机最低比油耗(g/kW·h)	≤193
	发动机最大扭矩(N·m)	≥1700
牵引座及安装要求	牵引座承载面离地高度(无拖挂状态,mm)	1290~1320/1080~1110(适于集装箱高箱运输)
	牵引座前倾角/后倾角(装车测量,°)	≥6/7
	牵引座最大允许承载质量(kg)	≥13000
	准拖挂车总质量(kg)	≥37000
操控配置与环境要求	动力转向	有
	驾驶室空调	有
	驾驶室平顺性指标(无拖挂状态,等效均值 dB)	≤120
	离合器助力装置	有
行车安全装置要求	ABS 制动系统	符合 GB/T 13594 的规定
	制动器规格及性能	符合企业产品设计要求及 QC/T 239 的规定
	带有行驶记录功能的卫星定位终端(与北斗系统兼容)	有
	制动间隙自动调整装置	有
	符合 GB 12676 和 GB/T 5922 规定的测试接头(连接器)	有
	符合 GB 7258 规定的辅助制动装置	有;** 液力或电涡流缓速控制装置
	车轮动平衡	是
整车配置附加要求	导流装置	有
	后空气悬架	是
	轮胎	子午线轮胎;** 无内胎子午线轮胎
	** 驾驶室卧铺	有
	工作台板及登梯	有;工作台板板面应具有防滑功能,安装位置、尺寸和强度均应满足企业要求
与半挂车匹配的互换性要求	半挂牵引车后回转半径(mm)	≤2200
	牵引座型号	50 号
	*** 牵引座前回转半径(mm)	≥1900
	牵引座中心至半挂牵引车最前端的距离(mm)	≤5100
	电器连接装置	位置灯、示廓灯、牌照灯接 2 号线,后雾灯接 6 号线,倒车灯接 7 号线,其余接线应符合 GB/T 5053.1 的规定
	气制动连接装置	符合 GB/T 13881 的规定,应在工作状态下进行 2500 次摘挂试验后,密封性能应良好
	ABS 系统型式及接口	匹配挂车 4S/4M 或 4S/2M 的 ABS 系统接口,符合 GB/T 20716.1 的规定;各接口安装位置参照 ISO 4009—2000 的规定,按气控、电连接、ABS 和供气的顺序自左至右依次排列
汽车列车		
	最大允许总质量(kg)	46000
	* 综合燃料消耗量(L/100 km)(按 JT 719—2008 测试)	≤35.5
	最高车速(km/h)	≥100
汽车列车通道圆尺寸(m)	内圆直径 D_1	10.60
	外圆直径 D_2	25.00
	外摆值	≤0.80
	30 km/h 制动距离(满载)(m)	≤10.0
	制动滞后时间(s)	≤0.2
	行驶轨迹摆幅(mm)	≤110
	热制动效能	按照 GB 12676 规定的行车制动系I型试验制动性能要求测试,制动距离不超过 30 km/h 制动距离的 125%

注:* LNG 半挂牵引车申报时,发动机最低比油耗、综合燃料消耗量两项指标暂不要求。** 优先推荐。*** 牵引座前回转半径:半挂牵引车牵引座销孔中心至半挂牵引车驾驶室后部刚性部件末端在水平面上投影点的距离。

表 4　6×4 集装箱半挂牵引车及列车基本要求

项目		要求
	驱动型式	6×4
发动机性能要求	发动机净功率(kW)	≥253
	*发动机最低比油耗(g/kW·h)	≤193
	发动机最大扭矩(N·m)	≥1700
牵引座及安装要求	牵引座承载面离地高度(无拖挂状态,mm)	1290～1320/1080～1110(适于集装箱高箱运输)
	牵引座前倾角/后倾角(装车测量,°)	≥6/7
	牵引座最大允许承载质量(kg)	≥16000
	准拖挂车总质量(kg)	≥37000
操控配置与环境要求	动力转向	有
	驾驶室空调	有
	驾驶室平顺性指标(无拖挂状态,等效均值 dB)	≤120
	离合器助力装置	有
行车安全装置要求	ABS制动系统	符合 GB/T 13594 的规定
	制动器规格及性能	符合企业产品设计要求及 QC/T 239 的规定
	带有行驶记录功能的卫星定位终端(与北斗系统兼容)	有
	制动间隙自动调整装置	有
	符合 GB 12676 和 GB/T 5922 规定的测试接头(连接器)	有
	符合 GB 7258 规定的辅助制动装置	有;**液力或电涡流缓速控制装置
	车轮动平衡	是
整车配置附加要求	导流装置	有
	后空气悬架	是
	轮胎	子午线轮胎;**无内胎子午线轮胎
	**驾驶室卧铺	有
	工作台板及登梯	有;工作台板板面应具有防滑功能,安装位置、尺寸和强度均应满足企业要求
与半挂车匹配的互换性要求	半挂牵引车后回转半径(mm)	≤2200
	牵引座型号	50 号
	***牵引座前回转半径(mm)	≥1900
	牵引座中心至半挂牵引车最前端的距离(mm)	≤5100
	电器连接装置	位置灯、示廓灯、牌照灯接 2 号线,后雾灯接 6 号线,倒车灯接 7 号线,其余接线应符合 GB/T 5053.1 的规定
	气制动连接装置	符合 GB/T 13881 的规定,应在工作状态下进行 2500 次摘挂试验后,密封性能应良好
	ABS 系统型式及接口	匹配挂车 4S/4M 或 4S/2M 的 ABS 系统接口,符合 GB/T 20716.1 的规定;各接口安装位置参照 ISO 4009—2000 的规定,按气控、电连接、ABS 和供气的顺序自左至右依次排列
汽车列车		
	最大允许总质量(kg)	46000
	*综合燃料消耗量(L/100km)(按 JT 719—2008 测试)	≤35.5
	最高车速(km/h)	≥100
汽车列车通道圆尺寸(m)	内圆直径 D_1	10.60
	外圆直径 D_2	25.00
	外摆值	≤0.80
	30 km/h 制动距离(满载)(m)	≤10.0
	制动滞后时间(s)	≤0.2
	行驶轨迹摆幅(mm)	≤110
	热制动效能	按照 GB 12676 规定的行车制动系I型试验制动性能要求测试,制动距离不超过 30 km/h 制动距离的 125%

注:*LNG 半挂牵引车申报时,发动机最低比油耗、综合燃料消耗量两项指标暂不要求。**优先推荐。***牵引座前回转半径:半挂牵引车牵引座销孔中心至半挂牵引车驾驶室后部刚性部件末端在水平面上投影点的距离。

表 5　两轴厢式半挂车基本要求

项　目		要　求
质量与尺寸要求	最大允许总质量(kg)	35000
	*整备质量(kg)	≤7100
	宽度(mm)	≤2550
	长度(mm)	≤13000
	车厢内部长度(mm)	≥12300
	**车厢内部宽度(mm)	≥2440
	车厢内部高度(mm)	≥2200
	车厢装货容积(m³)	≥72
	牵引销与第一轴左右轮的距离差(mm)	≤3
	车轴间左右轮中心距差(mm)	≤1.5
	满载质心位置与载荷布置规划图或相应的技术文件	有
行车安全装置要求	ABS制动系统	符合 GB/T 13594 的规定
	制动器规格及性能	符合企业产品设计要求及 QC/T 239 的规定
	制动间隙自动调整装置	有
	符合 GB 12676 和 GB/T 5922 规定的测试接头(连接器)	有
	车轮动平衡	是
主要配置要求	车轴规格及数量	10t 级/2
	轮胎	子午线轮胎或宽断面单胎(名义断面宽度≥400 mm);***无内胎子午线轮胎
	***空气悬架	是
	挂车车轴	符合 JT/T 475—2002 的规定
	挂车支承装置	符合 GB/T 26777—2011 的规定,双联动
	货运挂车气压制动系统	符合 GB 12676 的规定
与牵引车匹配互换性要求	半挂车前回转半径(mm)	≤2040
	牵引销型号	50 号
	牵引销座板离地高度(空载,mm)	1230~1250
	半挂车间隙半径(mm)	≥2300
	牵引销中心至半挂车最后端的距离(mm)	≤12000
	电器连接装置	位置灯、示廓灯、牌照灯接2号线,后雾灯接6号线,倒车灯接7号线,其余接线应符合 GB/T 5053.1 的规定
	气制动连接装置	符合 GB/T 13881 的规定,应在工作状态下进行2500 次摘挂试验后,密封性能应良好
	ABS系统型式及接口	装配 4S/4M 或 4S/2M 的 ABS 系统,接口符合 GB/T 20716.1 的规定;各接口安装位置参照 ISO 4009—2000 的规定,按气控、电连接、ABS 和供气的顺序自左至右依次排列

注:*两轴翼开启厢式半挂车和两轴冷藏车可放宽至≤7600 kg。**两轴翼开启厢式半挂车和两轴冷藏车可放宽至≥2410mm。***优先推荐。

表 6　两轴 40 英尺集装箱运输半挂车基本要求

项目		要求	
		普通集装箱运输半挂车	高箱集装箱运输半挂车
质量要求	最大允许总质量(kg)	≤35000	
	整备质量(kg)	≤4300	
	牵引销与第一轴左右轮的距离差(mm)	≤3	
	车轴间左右轮中心距差(mm)	≤1.5	
行车安全装置要求	ABS 制动系统	符合 GB/T 13594 的规定	
	制动器规格及性能	符合企业产品设计要求及 QC/T 239 的规定	
	制动间隙自动调整装置	有	
	符合 GB 12676 和 GB/T 5922 规定的测试接头(连接器)	有	
	车轮动平衡	是	
主要配置要求	车轴规格及数量	10t 级/2	
	车架结构	平直梁骨架式/鹅颈骨架式	
	轮胎	子午线轮胎或宽断面单胎(名义断面宽度≥400 mm);* 无内胎子午线轮胎	
	* 空气悬架	是	
	挂车车轴	符合 JT/T 475—2002 的规定	
	挂车支承装置	符合 GB/T 26777—2011 的规定,双联动	
	货运挂车气压制动系统	符合 GB 12676 的规定	
与牵引车匹配互换性要求	半挂车前回转半径(mm)	≤1820	
	牵引销型号	50 号	
	牵引销座板离地高度(空载,mm)	1230~1250	1020~1040
	半挂车间隙半径(mm)	≥2300	
	承载面高度(空载,mm)	≤1410	1080~1100
	牵引销中心至半挂车最后端的距离(mm)	≤12000	
	电器连接装置	位置灯、示廓灯、牌照灯接 2 号线,后雾灯接 6 号线,倒车灯接 7 号线,其余接线应符合 GB/T 5053.1 的规定	
	气制动连接装置	符合 GB/T 13881 的规定,应在工作状态下进行 2500 次摘挂试验后,密封性能应良好	
	ABS 系统型式及接口	装配 4S/4M 或 4S/2M 的 ABS 系统,接口符合 GB/T 20716.1 的规定;各接口安装位置参照 ISO 4009—2000 的规定,按气控、电连接、ABS 和供气的顺序自左至右依次排列	

注：* 优先推荐。

表 7　三轴厢式半挂车基本要求

项目		要求
质量与尺寸要求	最大允许总质量(kg)	40000
	* 整备质量(kg)	≤8100
	宽度(mm)	≤2550
	长度(mm)	≤14600
	车厢内部长度(mm)	≥13500
	** 车厢内部宽度(mm)	≥2440
	车厢内部高度(mm)	≥2200
	车厢装货容积(m³)	≥80
	牵引销与第一轴左右轮的距离差(mm)	≤3
	车轴间左右轮中心距差(mm)	≤1.5
	满载质心位置与载荷布置规划图或相应的技术文件	有
行车安全装置要求	ABS 制动系统	符合 GB/T 13594 的规定
	制动器规格及性能	符合企业产品设计要求及 QC/T 239 的规定
	制动间隙自动调整装置	有
	符合 GB 12676 和 GB/T 5922 规定的测试接头(连接器)	有
	车轮动平衡	是
主要配置要求	车轴规格及数量	10t 级/3,最后轴应采用随动转向
	轮胎	子午线轮胎或宽断面单胎(名义断面宽度≥400mm);*** 无内胎子午线轮胎
	*** 空气悬架	是
	挂车车轴	符合 JT/T 475—2002 的规定
	挂车支承装置	符合 GB/T 26777—2011 的规定,双联动
	货运挂车气压制动系统	符合 GB 12676 的规定
与牵引车匹配互换性要求	半挂车前回转半径(mm)	≤2040
	牵引销型号	50 号
	牵引销座板离地高度(空载,mm)	1230~1250
	半挂车间隙半径(mm)	≥2300
	牵引销中心至半挂车最后端的距离(mm)	≤13000
	电器连接装置	位置灯、示廓灯、牌照灯接 2 号线,后雾灯接 6 号线,倒车灯接 7 号线,其余接线应符合 GB/T 5053.1 的规定
	气制动连接装置	符合 GB/T 13881 的规定,应在工作状态下进行 2500 次摘挂试验后,密封性能应良好
	ABS 系统型式及接口	装配 4S/4M 或 4S/2M 的 ABS 系统,接口符合 GB/T 20716.1 的规定;各接口安装位置参照 ISO 4009—2000 的规定,按气控、电连接、ABS 和供气的顺序自左至右依次排列

注:* 三轴翼开启厢式半挂车和三轴冷藏车可放宽至≤8700 kg;** 三轴翼开启厢式半挂车和三轴冷藏车可放宽至≥2410mm;*** 优先推荐。

表 8　三轴 40 英尺集装箱运输半挂车基本要求

项目		要求	
		普通集装箱运输半挂车	高箱集装箱运输半挂车
质量与尺寸要求	最大允许总质量(kg)	≤37000	
	整备质量(kg)	≤6000	
	牵引销与第一轴左右轮的距离差(mm)	≤3	
	车轴间左右轮中心距差(mm)	≤1.5	
行车安全装置要求	ABS 制动系统	符合 GB/T 13594 的规定	
	制动器规格及性能	符合企业产品设计要求及 QC/T 239 的规定	
	制动间隙自动调整装置	有	
	符合 GB 12676 和 GB/T 5922 规定的测试接头(连接器)	有	
	车轮动平衡	是	
主要配置要求	车轴规格及数量	10t 级/3	
	车架结构	平直梁骨架式/鹅颈骨架式	
	轮胎	子午线轮胎或宽断面单胎(名义断面宽度≥400 mm);* 无内胎子午线轮胎	
	* 空气悬架	是	
	挂车车轴	符合 JT/T 475—2002 的规定	
	挂车支承装置	符合 GB/T 26777—2011 的规定,双联动	
	货运挂车气压制动系统	符合 GB 12676 的规定	
与牵引车匹配互换性要求	半挂车前回转半径(mm)	≤1820	
	牵引销型号	50 号	
	牵引销座板离地高度(空载,mm)	1230～1250	1020～1040
	半挂车间隙半径(mm)	≥2300	
	承载面高度(空载,mm)	≤1410	1080～1100
	牵引销中心至半挂车最后端的距离(mm)	≤12000	
	电器连接装置	位置灯、示廓灯、牌照灯接 2 号线,后雾灯接 6 号线,倒车灯接 7 号线,其余接线应符合 GB/T 5053.1 的规定	
	气制动连接装置	符合 GB/T 13881 的规定,应在工作状态下进行 2500 次摘挂试验后,密封性能应良好	
	ABS 系统型式及接口	装配 4S/4M 或 4S/2M 的 ABS 系统,接口符合 GB/T 20716.1 的规定;各接口安装位置参照 ISO 4009—2000 的规定,按气控、电连接、ABS 和供气的顺序自左至右依次排列	

注:* 优先推荐。

附录9:关于印发《车辆购置税收入补助地方资金管理暂行办法》的通知

财政部 交通运输部 商务部
关于印发《车辆购置税收入补助地方资金管理暂行办法》的通知
财建[2014]654号

各省、自治区、直辖市、计划单列市财政厅(局)、交通运输厅(局、委)、商务主管部门,新疆生产建设兵团财务局、交通局、商务局、天津市市政公路管理局、上海市城乡建设和交通委员会:

为促进交通运输事业健康发展,根据《国务院批转财政部、国家计委等部门〈交通和车辆税费改革实施方案〉的通知》(国发〔2000〕34号)等有关规定,中央财政设立了车辆购置税专项转移支付资金。为加强资金管理,提高资金使用效益,我们将车辆购置税相关转移支付资金整合为车辆购置税收入补助地方资金,并制订了《车辆购置税收入补助地方资金管理暂行办法》。现印发给你们,请遵照执行。

财政部 交通运输部 商务部
2014年11月6日

附件:

车辆购置税收入补助地方资金管理暂行办法

第一章　总则

第一条　为了加强对车辆购置税收入补助地方资金的使用管理,提高资金使用效益,促进交通运输事业健康发展,根据《国务院批转财政部、国家计委等部门〈交通和车辆税费改革实施方案〉的通知》(国发〔2000〕34号)等规定,制订本办法。

第二条　本办法所称车辆购置税收入补助地方资金(以下简称车购税资金),是指中央财政从车辆购置税收入中安排地方用于交通运输行业发展的资金。

第三条　车购税资金实行财政专项转移支付,不得用于平衡公共财政预算。

第四条　车购税资金的项目管理以交通运输主管部门为主(其中用于老旧汽车报废更新的项目管理以商务主管部门为主),资金管理以财政部门为主。

第二章　支出范围和补助标准

第五条　车购税资金的支出范围包括以下内容:

(一)交通运输重点项目;

(二)一般公路建设项目;

(三)普通国省道灾毁恢复重建项目;

(四)公路灾损抢修保通项目;

(五)农村老旧渡船报废更新项目;

(六)交通运输节能减排项目;

(七)公路甩挂运输试点项目;

(八)内河航道应急抢通项目;

（九）老旧汽车报废更新项目；

（十）国务院批准用于交通运输的其他支出。

第六条　交通运输重点项目支出，是指用于纳入交通运输行业规划范围的地方交通运输重点项目的支出，主要包括公路（含桥梁、隧道）建设、公路客货运枢纽（含物流园区）建设、内河水运建设以及国务院批准的其他支出。

该项支出分配采用项目法，具体各类型项目的投资补助标准按照交通运输发展规划执行。

第七条　一般公路建设项目支出，是指用于国家重点公路建设项目之外的一般公路建设项目的支出，主要包括支持农村公路（含桥梁）建设、农村公路渡口改造、农村客运站建设和普通公路危桥改造、安保工程、灾害防治工程等支出。

该项支出分配采用因素法，切块下达地方。

第八条　普通国省道灾毁恢复重建项目支出，是指补助地方因自然灾害及次生灾害导致普通国道、省道严重损毁而实施恢复重建的支出。支出范围包括：普通国道、省道因暴雨、台风、强震和雨雪冰冻等自然灾害及洪涝、滑坡、泥石流等次生灾害导致公路路基、路面、桥涵及其他交通设施严重受损，以恢复原用功能为主的重建性工程项目。

财政部、交通运输部根据灾损情况，共同商定普通国道、省道灾毁恢复重建资金年度支出的规模。资金年度总规模原则上不超过 100 亿元。该项支出分配采用项目法，具体项目补助标准按一般不超过重建项目工程造价的 50％控制。

第九条　公路灾损抢修保通项目支出，是指补助国省干线公路（不含在建公路和收费公路）及其附属设施，因台风、暴雨、暴风雪、洪水、冰雹、内涝、地壳震动、山体滑坡、泥石流等自然灾害所发生的抢修保通支出。抢修保通工程按应急项目组织实施。

该项支出分配采取项目法，通过事后补助的方式，按每次公路灾损灾情类别分批次给予补助。一类灾情（灾情特别严重）不超过 1000 万元；二类灾情（灾情严重）不超过 800 万元；三类灾情（灾情较重）不超过 600 万元；四类灾情（灾情一般）不超过 400 万元。对已使用中央财政其他补助资金的项目，原则上不再安排。

公路灾损灾情类别，由交通运输部根据省级交通运输主管部门抢通资金申请报告，结合国家减灾委、国家防总、民政部、国家气象局、中国地震局、交通运输部路网中心等部门（单位）提供的灾情信息综合研究确定。必要时，交通运输部可采取抽样核查等办法对公路灾损情况进行核实。

第十条　农村老旧渡船报废更新项目支出，是指鼓励船龄达到或超过 15 年且仍在运营的农村渡口旅客渡运船舶（不包括客滚船和车客渡船）更新给予的奖励支出。奖励对象为 2012 年 1 月 1 日至 2015 年 12 月 31 日完成农村老旧渡船拆解并更新的船舶所有人。

该项支出分配采取据实结算的方式，具体补助标准：东部地区、中部地区、西部地区（西藏除外）分别为新造农村渡船造价的 50％、60％、70％，单船奖励资金原则上不超过 15 万元。对西藏自治区给予新造农村渡船全额补助。

第十一条　交通运输节能减排项目支出，是指按国务院规定用于加快推进绿色循环低碳交通运输发展，推广应用节能减排产品和技术，提升行业节能减排监管和服务能力，促进实现国家和行业确定的公路水路节能减排目标等发生的支出。

该项支出分配通过"以奖代补"方式，由交通运输部根据项目性质、节能减排投资额、年节能减排量以及产生的社会效益等综合测算确定奖励额度。节能减排量和节能减排投资额应经第三方机构审核。对节能减排量可以量化的项目，奖励资金原则上与节能减排量挂钩，根据年节能量按每吨标准煤不超过 600 元或根据年替代燃料量按被替代燃料每吨标准油不超过 2000 元给予奖励；对于节能减排量难以量化的项目，按节能减排投资额的一定比例核定奖励额度，奖励比例原则上不超过设备购置费或建筑安装费的 20%。

　　第十二条　公路甩挂运输试点项目支出，是指支持甩挂运输试点的运输企业和站场经营企业（以下简称试点企业）实施方案中甩挂作业站场建设或改造、甩挂运输车辆更新购置、甩挂运输管理信息系统建设或改造等支出。

　　该项支出分配采取项目法，通过"以奖代补"方式，根据项目的不同类别和实际情况，采用定额补助或比例补助。每个项目补助总额原则上不高于 1000 万元。

　　项目总投资额超过 1 亿元（含 1 亿元）的，采用定额补助。其中甩挂作业站场按照 500 万元/个的标准进行补助；管理信息系统按照 50 万元/套的标准进行补助；牵引车和挂车分别按照 4 万元/台和 1.5 万元/台的标准进行补助。

　　项目总投资额小于 1 亿元的，采用比例补助。甩挂作业站场建设或改造、牵引车购置更新、管理信息系统建设或改造按照投资总额的 10% 给予补助，挂车购置更新按照投资总额的 20% 给予补助。

　　第十三条　内河航道应急抢通项目支出，是指补助《全国内河航道与港口布局规划》中的内河高等级航道（不含长江干线）、国境国际河流航道和其他重要航道，因暴雨、台风、地震、雨雪冰冻等自然灾害所发生的应急抢修保通支出，以及国境国际河流航道因国防、外交或特殊航行需要所发生的应急抢修保通支出。

　　该项支出分配采取项目法，通过事后补助的方式，按照原则上不超过内河航道应急抢通工作发生的各项合理支出的 50% 给予补助。

　　第十四条　老旧汽车报废更新项目支出，是指鼓励按有关规定提前报废老旧汽车，或同时要求换购新车给予的补贴支出。

　　该项支出分配采取先预拨后清算方式，按照财政部、交通运输部和商务部联合发布的资金申请指南所公布的补贴标准，每年与各地进行清算，同时会同商务部参考各地汽车保有量、上一年度资金发放情况等因素，向省级财政部门预拨资金。

第三章　资金申请和审核

　　第十五条　交通运输部会同财政部，按照交通运输建设规划及交通运输事业发展的需求，联合向各省、自治区、直辖市、计划单列市（以下简称省级）交通运输主管部门、财政部门布置相关项目申报工作，明确申报要求。

　　第十六条　交通运输重点项目，由省级交通运输主管部门按照项目申报的有关要求组织项目申报工作，在与同级财政部门协商同意后，将符合条件并履行完基本建设审批程序的项目上报交通运输部，并附同级财政部门同意意见。省级财政部门将意见抄报财政部。交通运输部建立交通运输重点项目库，对地方上报的交通运输重点项目进行审核，将符合条件的项目纳入项目库，项目库实行滚动管理。

　　省级交通运输主管部门要结合实际情况逐步建立专项资金的省级项目库，并对项目库滚动管理，项目库与同级财政部门及财政部驻当地财政监察专员办事处共享。

　　第十七条　一般公路建设项目，由交通运输部根据规划建设任务量、补助标准等因素提出资金安排建议，适当向中西部地区、老少边穷地区以及农村公路通畅工程、普通公路危桥改造和安保工程倾斜。

第十八条　普通国道、省道灾毁恢复重建项目,由省级交通运输主管部门按交通运输部要求开展项目甄别,规范审批程序,在与同级财政部门协商同意后,上报交通运输部审核,并附同级财政部门同意意见。省级财政部门将意见抄报财政部。

已纳入规划拟进行改扩建的普通国道、省道项目应结合规划实施纳入国省道改扩建计划,不得申请灾毁恢复重建资金。

第十九条　公路灾损抢修保通项目,由省级交通运输主管部门会同同级财政部门向交通运输部提出应急补助资金申请,抄报财政部,申请材料应包括:灾害类型、影响时间、范围、程度;公路交通基础设施受损情况、公路交通阻断情况、公路抢修保通情况;公路灾损和申请抢通资金额度,以及《公路灾损和抢通情况统计表》(格式详见附表1)。公路灾损按现值计算,不计修复时提高标准和便桥、便道费用。

交通运输部收到省级交通运输主管部门抢通资金申请报告后,对公路灾损灾情类别进行审核,提出抢通资金补助方案建议。

第二十条　农村老旧渡船报废更新项目,按照地方政府和渡船所有人自愿的原则申请,由地方政府组织实施。市(含省直管县)级交通运输主管部门和财政部门根据上年度本地区农村老旧渡船更新完成情况,填写申请表并在政府公开媒体和主要农村渡口将申请表(申请表式样由交通运输部制定公布)向社会公示10天无异议后,上报省级交通运输主管部门和财政部门。省级交通运输主管部门会同同级财政部门在审核汇总后于当年3月底前向交通运输部、财政部报送奖励资金申请文件和申请表。

第二十一条　财政部会同交通运输部、商务部,印发年度资金申请指南,对车购税资金用于交通运输节能减排、公路甩挂运输试点及老旧汽车报废更新三项支出相关内容予以明确。具体包括下一年度交通运输节能减排专项资金的支持领域、申请条件、申请与审核程序等;下一批公路甩挂运输试点支持范围、申报条件、申报与审核程序等;下一年度全国老旧汽车报废更新补贴车辆范围、补贴标准和申请程序等。

第二十二条　交通运输节能减排项目,由省级交通运输主管部门根据年度资金申请指南要求,会同财政部门,对申请单位编制的符合条件的项目申请材料进行初审后,联合上报交通运输部、财政部。

第二十三条　公路甩挂运输试点项目,由省级交通运输主管部门根据年度资金申请指南要求,会同财政部门,对申请单位编制的符合条件的项目申请材料进行初审后,报交通运输部、财政部。

第二十四条　内河航道应急抢通项目,由省级交通运输主管部门、财政部门联合向交通运输部、财政部提出应急补助资金申请,申请材料应包括:上一年度应急抢通工作总结及资金使用情况;本年度应急抢通工作情况及相应的文字、图像资料。交通运输部根据各省申报的材料,整理、汇总全国内河航道应急抢通完成情况,组织专家进行审查,并提出本年度应急补助资金分配方案建议。

第二十五条　老旧汽车报废更新补贴项目由商务部会同财政部指导省级商务主管部门、财政部门组织实施。市级商务主管部门应当会同财政部门设立老旧汽车报废更新联合服务窗口(以下简称联合服务窗口),受理、审核补贴资金申请。有条件的县可设立联合服务窗口。商务主管部门应当及时向社会公布联合服务窗口的设置地点、办公时间、负责人、联系方式等信息。

商务主管部门负责审核申请车辆是否属于申领补贴范围,相关申领手续是否真实、齐全、有效等,核对信息管理系统中回收的报废车辆有关信息,录入申请、补贴信息,综合协调、汇总数据等工作。财政部门负责对商务主管部门审核通过的补贴信息进行核对,对符合要求的车主拨付补贴资金。

省级财政部门应当会同商务主管部门于每年 3 月 31 日前将上一年度老旧汽车报废更新补贴工作总结和资金清算表(格式见附表 2)报送财政部、商务部,逾期不予受理。

第四章　资金下达

第二十六条　交通运输部根据财政部下达的车购税资金规模,提出年度各类型项目支出规模建议报财政部审定(老旧汽车报废更新补贴资金按照国务院有关规定每年安排 3 亿元,当年结余结转下年度继续使用)。

第二十七条　交通运输部按照确定的相关项目资金支出规模,结合交通运输建设任务及项目前期工作准备或实施情况,提出各类型年度支出安排建议,于每年 4 月 30 日前报财政部审核,公路灾损抢修保通和内河航道应急抢通根据实际发生情况适时报送安排建议(商务部负责汇总全国老旧汽车报废更新补贴项目资金发放和清算情况,于每年 4 月 30 日前报送财政部并提出当年预拨项目资金建议方案)。

第二十八条　财政部对年度支出预算审核后,根据车辆购置税入库和支出情况,将车购税资金用于各类项目支出下达有关省级财政部门,同时抄送交通运输部(预拨及下达老旧汽车报废更新补贴资金抄送商务部)。

第二十九条　交通运输重点项目、普通国省道灾毁恢复重建项目资金一经下达,各有关单位要严格按照下达项目名称、金额和支出范围执行。在执行中,如确实需要对具体项目进行调整,应由省级交通运输主管部门联合财政部门向交通运输部、财政部提出申请,由交通运输部汇总审核后报财政部审批。

第三十条　车购税资金具体支付按照财政国库管理制度有关规定执行。

第三十一条　交通运输重点项目、一般公路建设项目和普通国省道灾毁恢复重建项目支出,如当年未执行完毕,可结转下年度继续使用。资金结余的具体使用办法,由省级财政部门商交通运输主管部门制订。

第五章　监督管理

第三十二条　各级财政部门、交通运输主管部门要切实加强对车购税资金的监督管理,建立健全相关资金绩效评价制度,保证车购税资金得到科学、合理、安全、有效的使用。交通运输部要加强对公路、水路国家重点基本建设项目的绩效监督和管理。

各级财政部门、商务主管部门应在各自职责范围内加强对老旧汽车报废更新补贴实施、资金发放、资料存档、信息统计上报等情况的跟踪检查和监督管理,确保资金安全和及时发放。财政部、商务部指导省级财政部门、商务主管部门对老旧汽车报废更新补贴实施监督管理。

第三十三条　交通运输重点项目资金的使用部门应当按照预算安排级次和决算管理的相关规定编制专项资金年度决算,纳入部门决算报同级财政部门审批。省级交通运输主管部门应当按照交通运输部的要求定期向交通运输部报送交通运输专项资金预算执行情况,并按要求编报资金使用情况统计表。

第三十四条　一般公路建设项目资金切块下达省级财政部门后,由省级交通运输主管部门会同同级财政部门,结合当地公路交通发展规划和本级财政资金安排情况,根据规定的范围和标准,将资金安排到具体项目,并由省级交通运输主管部门于每年 1 月 10 日前将上年具体项目安排情况报交通运输部备案。

第三十五条　对于农村老旧渡船报废更新项目支出,具体负责农村老旧渡船更新工作的单位或部门,应当指派专人到现场监督旧船拆解,拍摄照片,并收回全部报废船舶资料和证件建档留存。新建渡船应达到各地按原交通部、国家安全生产监督管理总局《关于印发渡口渡船安全管理整治实施方案的通知》(交海发〔2005〕412 号)制定的渡船标准。各地交通运输主管部门应组织研究确定适于本地区内河不同水域的农村渡船标准化船型,并推广应用。

第三十六条　财政部门会同交通运输主管部门对车购税资金的安排和使用情况组织不定期重点抽查(老旧汽车报废更新补贴由财政部门会同商务主管部门组织不定期重点抽查)。

对申报情况不真实的地区和单位,中央财政将相应扣减或收回车购税资金。对违反本办法规定,截留、挪用、骗取车购税资金的,依照《财政违法行为处罚处分条例》以及相关法律法规规定处理。

第六章　附则

第三十七条　本办法由财政部会同交通运输部负责解释(老旧汽车报废更新补贴由财政部会同商务部负责解释)。

第三十八条　本办法自发布之日起施行。

第三十九条　《财政部 交通运输部关于印发〈车辆购置税用于交通运输重点项目专项资金管理暂行办法〉的通知》(财建〔2011〕93 号)、《财政部 交通运输部关于印发〈车辆购置税用于一般公路建设项目交通专项资金管理办法〉的通知》(财建〔2009〕230 号)、《财政部 交通运输部关于印发〈车辆购置税用于普通国省道灾毁恢复重建专项资金管理暂行办法〉的通知》(财建〔2013〕55 号)、《财政部 交通运输部关于印发〈公路甩挂运输试点专项资金管理暂行办法〉的通知》(财建〔2012〕137 号)、《交通运输部关于印发〈车辆购置税用于公路灾损抢修保通专项补助资金管理暂行办法〉的通知》(交财发〔2013〕142 号)、《财政部 交通运输部关于印发〈农村老旧渡船报废更新中央专项奖励资金管理办法〉的通知》(财建〔2013〕121 号)、《财政部 交通运输部关于印发〈交通运输节能减排专项资金管理暂行办法〉的通知》(财建〔2011〕374 号)、《财政部 商务部关于印发〈老旧汽车报废更新补贴资金管理办法〉的通知》(财建〔2013〕183 号)同时废止。

《财政部 交通部关于印发〈车辆购置税交通专项资金管理暂行办法〉的通知》(财建〔2000〕994 号)与此文不符处,以此文为准。

第四十条　除车购税资金外,中央公共财政预算中如有安排用于交通运输节能减排项目的参照本办法办理。

附表1:公路灾毁损失和抢通情况统计表

填报单位:　　　　　　　　　　　　　　　　　　201　年

项　目			计量单位	序号	灾毁数量		其中:水毁数量		涉及金额(万元)		其中:水毁涉及金额(万元)	
					合计	其中:国省干线	合计	其中:国省干线	合计	其中:国省干线	合计	其中:国省干线
甲	乙		丙	丁	01	02	03	04	05	06	07	08	09	10	11	12
损失情况		路基	立方米/千米	01								
	路面	沥青路面	平方米/千米	02								
		水泥路面	平方米/千米	03								
		砂石路面	平方米/千米	04								
	桥梁	全毁	延米/座	05								
		局部毁	延米/座	06								
	隧道		延米/道	07								
	涵洞		道	08	—		—		—		—	
	防护工程	护坡	立方米/处	09								
		驳岸、挡墙	立方米/处	10								
		坍塌方	立方米/处	11								
	公路中断		处/条	12					—	—	—	—
	其他灾毁损失		万元	13	—	—	—	—				
	损失合计		万元	14								
抢通情况	已抢通公路		处/条	15					—	—	—	—
	已投入机械		台班	16					—	—	—	—
	已投入资金		万元	17								

单位负责人:　　　　　统计负责人:　　　　　填表人:　　　　　联系电话:　　　　　报出日期:201　年　月　日

填表说明:1.本表填报本行政区域内所有国、省、县、乡、村道及专用公路灾毁损失及公路抢通情况统计数据。

　　　　　2.表中所称灾毁情况包含因水毁、气象、地震、地质等各类灾害造成的公路损毁情况。

　　　　　3.灾毁损失数量及水毁损失数量等是指当年发生的累计数量。

　　　　　4.表内逻辑关系:03列≤01列;04列≤02列;05列≤01列;06列≤02列;07列≤03列;07列≤05列;08列≤04列;08列≤06列;10列≤09列;11列≤09列;12列≤10列;12列≤11列;

　　　　　　对于09列—12列,14行=01行+02行+03行+04行+05行+06行+07行+08行+09行+10行+11行+13行。

填表单位：

附表 2:20 ____年车辆购置税用于旧汽车报废更新补贴资金清算表

地区	上年结余资金（万元）	预拨金额（万元）	本年资金发放情况								资金缺口（万元）	结余资金（万元）	备注
			补贴车辆数（辆）				发放补贴资金（万元）						
			合计	×××车型	×××车型	……	合计	×××车型	×××车型	……			
合计													
1. ××地区（市/州）													
2. ××地区（市/州）													
……													

注：1. 本表要求分市（州）填写并汇总。
　　2. 本表需加盖填报单位公章。

附录 10：关于公布第 3 批公路甩挂运输推荐车型的通知

交通运输部关于公布第 3 批公路甩挂运输推荐车型的通知
交运发〔2015〕14 号

各省、自治区、直辖市、新疆生产建设兵团交通运输厅（局、委）：

　　为进一步推进公路甩挂运输发展，加快道路货运车型结构调整和技术进步，提升道路货物运输效率，促进道路运输节能减排，根据《甩挂运输试点工作实施方案》（交运发〔2010〕562 号）的有关要求，交通运输部组织遴选了第 3 批公路甩挂运输推荐车型。现将经审查符合相关要求的推荐车型予以公布，请认真贯彻执行。

　　附件：公路甩挂运输推荐车型（第 3 批）

交通运输部

2015 年 1 月 28 日

附件（略）

附录 11：关于印发 2015 年度车辆购置税收入补助地方资金用于交通运输节能减排、公路甩挂运输试点、老旧汽车报废更新项目申请指南的通知

财政部办公厅 交通运输部办公厅 商务部办公厅
关于印发 2015 年度车辆购置税收入补助地方资金用于交通运输节能减排、公路甩挂运输试点、老旧汽车报废更新项目申请指南的通知

财办建〔2015〕13 号

各省、自治区、直辖市、计划单列市财政厅（局）、交通运输厅（局、委）、商务主管部门，新疆生产建设兵团财务局、交通局、商务局：

为做好 2015 年度车辆购置税收入补助地方资金用于交通运输节能减排、公路甩挂运输试点、老旧汽车报废更新项目申请工作，确保专项资金申请与审核工作的实效性，结合工作实际，根据《财政部交通运输部商务部关于印发〈车辆购置税收入补助地方资金管理暂行办法〉的通知》（财建〔2014〕654 号），现将有关事项通知如下，请各有关单位按照本通知精神，组织做好本地区 2015 年度相关项目申请、初审、汇总上报及各项前期准备工作。

一、基本原则

一是扶优扶强。优先选取主题特色鲜明、基础条件好、示范作用强以及已出台相关支持政策、前几批试点效果明显的项目。

二是突出重点。重点支持符合国家"一带一路"、京津冀协同发展、长江经济带等国家经济发展战略的节能减排和甩挂运输跨区域试点项目以及对安全、环境、能源等影响较大的项目。

三是竞争择优。交通运输节能减排、公路甩挂运输试点项目采用专家评审方式确定。

四是公开、公平、公正。交通运输节能减排、公路甩挂运输试点项目在交通运输部网上公示 7 天无异议后，报财政部审核下达资金。

二、申报范围

（一）交通运输节能减排：主要包括绿色交通省、绿色交通城市、绿色交通装备（天然气车船）、绿色公路、绿色港口项目和节能减排能力建设项目。

（二）公路甩挂运输试点：主要包括多式联运甩挂、企业联盟甩挂、网络型甩挂、干线运输和城市配送衔接甩挂等符合甩挂运输发展方向的试点项目，以及其他符合各省发展实际并能有效促进道路货运高效绿色发展的自选主题性试点项目。

（三）老旧汽车报废更新：

（1）2015 年 1 月 1 日至 12 月 31 日期间交售给报废汽车回收拆解企业的，使用 10 年以上（含 10 年）且未达到规定的使用年限的半挂牵引车、总质量大于 12000 千克（含 12000 千克）的重型载货车（含普通货车、厢式货车、仓栅式货车、封闭货车、罐式货车、平板货车、集装箱车、自卸货车、特殊结构货车等车型，下同），以及总质量大于 10000 千克（含 10000 千克）且小于 12000 千克的中型载货车；

（2）2015 年 1 月 1 日至 12 月 31 日期间交售给报废汽车回收拆解企业的，使用 8 年以上

（含 8 年）且不到 10 年的危险品运输（机动车登记证书或机动车行驶证上使用性质登记为危险品运输或危化品运输，下同）半挂牵引车、总质量大于 12000 千克（含 12000 千克）的危险品运输重型载货车（含厢式货车、封闭货车、罐式货车、集装箱车、特殊结构货车等车型，下同），以及总质量大于 10000 千克（含 10000 千克）且小于 12000 千克的危险品运输中型载货车。

无动力装置的全挂车、半挂车不属于上述半挂牵引车、载货车范围。

补贴标准：半挂牵引车、重型载货车每辆车补贴 18000 元人民币，中型载货车每辆车补贴 13000 元人民币。

三、申报条件

（一）交通运输节能减排项目

由省级交通运输部门提出申请，其中：绿色公路、港口、交通装备项目由省级公路、港航、道路运输管理部门提出申请，绿色交通省（城市）项目由省级（城市）交通运输主管部门提出申请。申请交通运输节能减排项目需成立相关工作领导小组；省（城市）人民政府或交通运输主管部门有明确的支持政策，能够自筹资金支持本项目；根据交通运输节能减排项目考核评价指标体系对发展水平测评，处于行业领先地位；发布了相关发展专项规划；节能减排目标符合相关条件。

（二）公路甩挂运输试点项目

由省级道路运输管理部门提出申请，主题性试点项目应具备牵引车 50 辆、挂车 100 辆，以及开展甩挂作业所需的设施设备和信息化运作条件等。

（三）老旧汽车报废更新项目

由老旧汽车车主通过所在地老旧汽车报废更新补贴联合服务窗口向商务主管部门提出申请。

四、申报材料

（一）交通运输节能减排项目：绿色交通项目申请书（见附件 1、2、3）、绿色交通项目实施方案。申请绿色交通省（城市、港口）项目的，还应提供绿色交通（节能减排）发展专项规划；申请绿色交通省（城市）项目的，还应提供省（城市）人民政府创建承诺书等；申请绿色交通城市的，还应提供交通运输部公交都市创建实施方案批复文件；申请绿色交通装备项目的，还应提供交通运输部公交都市创建实施方案批复文件、2014 年底天然气营运车船统计数据等相关材料。

（二）公路甩挂运输试点项目：申请书（见附件 4），实施方案、合同协议和土地证明材料（见附件 5），各甩挂运输项目具体实施方案，由甲级资质咨询单位编制的甩挂运输站场建设（改造）项目可行性研究报告，甩挂运输站场建设（改造）投资项目或备案的批准文件等。具体详见《交通运输部办公厅财政部办公厅〈关于印发公路甩挂运输第二批试点工作方案的通知〉》（厅运字〔2012〕106 号）。

（三）老旧汽车报废更新项目：《2015 年老旧汽车报废更新补贴资金申请表》（附件 6，从所在地老旧汽车报废更新补贴联合服务窗口领取，或从商务部网站下载），《报废汽车回收证明》（三联）原件，《机动车注销证明》原件及复印件，报废车辆的机动车行驶证或机动车登记证书复印件，车主有效身份证明原件及复印件，车主的个人银行账户存折或单位账户开户证明复印件等凭证。

五、申报程序

（一）交通运输节能减排和公路甩挂运输试点项目

1. 项目申请及审核。符合条件的申请单位按要求编制申报材料,经省级交通运输主管部门和财政部门初审后,报交通运输部、财政部。交通运输节能减排项目由交通运输部委托交通运输节能减排项目管理中心(以下简称项目管理中心)组织项目评审,公路甩挂运输试点项目由交通运输部组织专家对项目进行评审,项目评审结果由交通运输部报财政部审核。

2. 项目验收。项目实施期结束,完成考核目标和任务后,经实施单位申请,由省级交通运输主管部门考核验收并出具验收意见,报交通运输部、财政部。交通运输节能减排项目由交通运输部委托项目管理中心组织考核验收。

（二）老旧汽车报废更新项目

1. 项目申请。符合申请条件的老旧汽车车主,应当于 2015 年 9 月 1 日至 2016 年 1 月 31 日期间,到报废车辆车籍所在地市(州)或县老旧汽车报废更新联合服务窗口向所在地商务主管部门申请补贴资金并提交申请材料。车主逾期申请补贴资金的,所在地商务主管部门不予受理。

2. 项目审核。所在地商务主管部门负责审核申请车辆是否属于申领补贴范围,相关申领手续是否齐全、真实、有效等,核对信息管理系统中回收的报废车辆有关信息,录入申请、补贴信息,综合协调、汇总数据等工作。对符合条件的申请,转交所在地财政部门;对不符合条件的,退回申请人并说明理由。所在地财政部门负责对商务主管部门审核通过的补贴信息进行核对。

六、其他要求

（一）交通运输节能减排项目新增支持绿色交通省项目不超过 3 个,绿色交通城市项目不超过 10 个,绿色公路项目不超过 8 个,绿色港口项目不超过 3 个;每个绿色交通省项目中,资金支持的子项目合计不超过 12 个。对于绿色交通城市、绿色公路(港口)三类项目,各省报送每类项目数量不超过 1 个;已经获批建设绿色循环低碳区域性项目的省或城市不再申请其他绿色交通项目。

第四批公路甩挂运输试点项目支持各省主题性项目不超过 2 个,各主题性项目中包含的甩挂运输项目合计不超过 4 个。

跨省域联合开展的公路甩挂运输主题性试点项目,由牵头省申请单位统一汇总申报材料后,报本省交通运输主管部门和财政主管部门初审,各参与省份配合完成本区域内试点项目申报材料并审核盖章。

（二）项目申报材料截止时间:

绿色交通省项目:2015 年 3 月 31 日;绿色交通城市、绿色公路(港口)、绿色交通装备项目:2015 年 3 月 16 日。

第四批公路甩挂运输试点项目:2015 年 4 月 30 日。

交通运输节能减排申请验收项目:2015 年 3 月 16 日。

老旧汽车报废更新项目:省级财政部门应当会同商务主管部门于 2016 年 3 月 31 日前将 2015 年度老旧汽车报废更新补贴工作总结和资金清算表报送财政部、商务部。

（三）有关文件及附件请登录交通运输部及项目管理中心、商务部网站下载。

附件 1. 绿色交通省（城市、公路、港口）项目申请书

附件 2. 绿色交通装备（天然气车船）项目申请书

附件 3. 绿色交通项目考核验收申请书

附件 4. 公路甩挂运输主题性试点项目申请书

附件 5. 公路甩挂运输主题性试点项目实施方案编制要点

附件 6. 2015 年车辆购置税收入补助地方资金用于老旧汽车报废更新申请表

财政部办公厅 交通运输部办公厅 商务部办公厅

2015 年 3 月 4 日

附件 1～3：（略）

附件 4

公路甩挂运输主题性试点项目
申请书

项目名称：

申请单位：(公章)

申请日期：　　年　　月　　日

项目基本信息表

项目名称			
申请单位			
地址及邮编			
联系人		职务职称	
联系电话		手机	
传真		Email	
主题说明	主题内容、特点、优势		
试点参与建设主体及分工			
预期目标	包括：项目新增牵引车数量、新增挂车数量、新建/改扩建站场数量，项目投资总额；试点车辆车吨日产量（吨千米）、车辆平均里程利用率、试点项目拖挂比、百吨千米油耗（升）；区域内车辆拖挂比、区域内甩挂运输完成的周转量占区域内货物周转量的比重		
承诺	本单位及本人郑重承诺，本单位所提交的全部申请材料均真实、有效，如有虚假情况，愿意承担相应处罚和相关法律责任。获得批准后，严格按照有关财经规定执行中央补助资金，积极落实项目各项任务 　　　　　　　　　　　　单位主要负责人（签字）： 　　　　　　　　　　　　　　申请单位（公章） 　　　　　　　　　　　　　　　年　月　日		
牵头省份省级交通运输主管部门意见： 　　　　　　　　盖　章 　　　　　　　年　月　日		牵头省份省级财政主管部门意见： 　　　　　　　　盖　章 　　　　　　　年　月　日	
参与省份省级交通运输主管部门意见： 　　　　　　　　盖　章 　　　　　　　年　月　日		参与省份省级财政主管部门意见： 　　　　　　　　盖　章 　　　　　　　年　月　日	

项目建设企业（单位）信息表

建设企业（单位）名称：					
建设单位基本情况	企业工商登记号[1]		企业（单位）法人代码		
	法人代表		注册资本（万元）		
	道路运输经营许可证号[2]		公司性质[3]		
	经营范围				
	办公地址（邮编）				
	资产总额（万元）		年营业收入（万元）		
	货运车辆总数（辆）		其中自有货车数量（辆），牵引车（辆）、半挂车（辆）		
	年货运量（万吨）		企业自有运输站场总面积（万平方米）		
	企业信誉等级（请附证明材料）		地市级以上获奖情况		
	联系人：	办公电话：移动电话：		传真号码：Email：	
已经开展的甩挂运输情况	包括：甩挂运输运营组织情况（货类、线路、辐射范围）、货运量和周转量、投入的牵引车和挂车数量				
申报单位意见（单位自愿申请，并对项目申报的所有资料的真实性负责）： 盖 章 年 月 日					

---

[1] 提供工商营业执照复印件。

[2] 提供道路运输经营许可证复印件。

[3] 按照工商登记的经济性质填写。

附件 5

公路甩挂运输主题性试点项目实施方案编制要点

1. 申报项目的总体情况

重点说明申报项目是否符合部甩挂运输发展的支持方向和要求,包括项目名称、类型、项目运作模式与特点;项目中各参与单位的基本情况、规模和实力,以及分工协作机制;项目建设内容、投资总额、计划进度、预期效果(考核目标)。

2. 申报项目的示范性和优势

重点论述申报项目的可行性、先进性。包括本区域公路甩挂运输发展的现状及存在的突出问题;针对所申报的主题性试点内容,本区域的物流基础设施、运输组织、货源、区位等基础条件和优势;申报项目对行业发展的引领示范效应及推广应用前景;申报项目的前期工作基础,包括申报单位所开展的相关工作及探索实践、出台的支持政策及执行情况。

3. 申报项目的总体思路及组织方案

重点论述项目开展的总体思路、运营组织及工作计划,包括申报项目的甩挂作业流程,转运、衔接等关键环节的运输组织方案;项目在站场、车辆、信息化等方面的投资估算;项目各建设单位的具体分工及协作机制;项目实施的组织机构、技术支撑、运行监管、资金筹措、管理制度等方面的安排;项目的实施进度计划。

4. 项目预期效益分析

重点分析申报项目预期的经济效益和社会效益,确定试点期结束后项目所能达到的考核指标,包括项目的建设投入指标:新增牵引车数量、新增挂车数量、新建/改扩建站场数量,项目投资总额;项目的总体产出指标:试点车辆车吨日产量(吨千米)、车辆平均里程利用率、试点项目车辆拖挂比、百吨千米油耗(升);主题性项目个性化指标[1];项目对行业的示范带动指标:区域内营运货车拖挂比、区域内甩挂运输完成周转量占区域内货物周转量的比重、区域内 4A 级物流企业数量。

5. 配套政策与措施

重点论述为推进项目实施本省拟出台的配套支持政策情况,包括项目实施中,能够享受的支持政策和地方补贴资金的规模;拟出台的与本主题相关的配套政策与措施。

6. 项目实施期限

公路甩挂运输试点项目(第四批)实施期限为 2015～2017 年。

公路甩挂运输主题性试点项目合同协议及土地证明材料要点

1. 合同协议

公路甩挂运输主题性试点项目需提供各建设主体(企业或单位)合作或联盟的合同、协议等。

2. 土地证明材料

公路甩挂运输主题性试点项目需新增土地开展站场建设的项目,承担单位需提供土地批复证明材料(包括土地证、用地预审意见、土地出让合同、相关会议纪要等其中一项的复印件);租赁土地开展站场建设的,需提供租赁期限为 10 年以上的土地租赁合同;对于无须新增土地开展站场建设的项目,需提供土地证复印件以及不新增用地的说明。

---

〔1〕 主题性试点个性化考核指标为各省根据主题的实际、灵活确定最多 2 个考核指标,指标设定应当突出申报项目的鲜明特色,且能够量化、便于考核。

附件 6

2015 年车辆购置税收入补助地方资金用于老旧汽车报废更新申请表

报废车辆信息	车辆类型		车辆型号		车辆识别代码/车架号		商务主管部门审核意见（专用章）：该报废车辆符合补贴范围，申请材料齐全，补贴金额符合有关规定
	使用性质		货车（含载重）总质量（千克）		燃油种类		
	注册登记日期		交售日期		注销日期		
	回收证明号		注销证明号				经办人：　　　年　月　日
车主信息	车主		代办人		代办人身份证号		财政部门审核意见（专用章）：填报信息审核无误，同意按补贴金额拨付资金
	联系电话		身份证号（单位组织机构代码）				
	联系地址		邮政编码		车主或代办人签字（公章）：　　　年　月　日		
	车主开户银行						经办人：　　　年　月　日
	开户银行账号						
补贴金额	人民币：　　万　　仟元整　￥____元						

提供材料：《报废汽车回收证明》（三联）原件《机动车注销证明》原件、报废车辆的机动车登记证书或机动车行驶证复印件、车主身份证明原件及复印件、车主个人银行账户存折或单位账户开户证复印件。

本表一式三联，一联商务主管部门存查、二联财政主管部门存查、三联车主存查。

附录12：关于做好2016年度公路甩挂运输试点专项资金申报工作的通知

交通运输部办公厅
关于做好2016年度公路甩挂运输试点专项资金申报工作的通知
交办函运〔2015〕1057号

各省、自治区、直辖市、新疆生产建设兵团交通运输厅（局、委）：

按照财政部、交通运输部、商务部联合印发的《车辆购置税收入补助地方资金管理暂行办法》（财建〔2014〕654号）的要求，为做好2016年度公路甩挂运输试点专项资金申报工作，有序推进公路甩挂运输试点工作开展，现就有关事项通知如下：

一、申报专项资金的项目范围

申报2016年度甩挂运输专项资金的项目包括：《交通运输部办公厅财政部办公厅关于确定公路甩挂运输第二批试点项目的通知》（厅运字〔2012〕225号）、《交通运输部办公厅财政部办公厅关于确定公路甩挂运输第三批试点项目的通知》（厅运字〔2013〕199号）中确定的试点项目中，已通过省级交通运输主管部门验收审查的项目。

二、申报专项资金的项目验收审查要求

请各省（自治区、市）交通运输主管部门，积极协调省级财政主管部门，按照《交通运输部办公厅关于印发国家公路甩挂运输试点项目验收与专项资金申请工作指南的通知》（厅运字〔2013〕144号，以下简称《指南》）的要求，对第二批、第三批甩挂运输试点中已经完成项目建设内容、符合验收条件的试点项目，尽快组织专家进行验收审查。

为保证各批试点项目的有序滚动推进，第二批、第三批试点项目应于2016年3月底前完成验收审查工作，对于到期仍达不到验收条件、无法完成验收审查的项目，试点项目承担单位需向省级交通运输主管部门申请延期，并由省级交通运输主管部门将延期批复文件报送交通运输部备案；需终止试点的试点项目，由省级交通运输主管部门审查核实后向部申请终止试点。

三、申报专项资金的材料要求

1. 请各省（自治区、市）交通运输主管部门，按照《指南》的要求，组织区域内具备专项资金申报条件的试点项目承担单位，准备专项资金申报的相关材料，并联合省级财政主管部门，组织专家对申报材料进行省级初审后，报交通运输部和财政部。

2. 申报公路甩挂运输车辆补助的试点项目承担单位，除按照《指南》要求提供相关材料外，还需提供牵引车"道路运输车辆燃料消耗量达标车型（牵引车）车辆参数表"。对于未纳入公路甩挂运输推荐车型目录范围，拟申报专项资金的甩挂运输车辆，除按照《指南》要求提供相关材料外，另需补充提供的材料见附件（材料需加盖申报单位公章，以光盘形式提供材料电子版）。

交通运输部将组织专家对未纳入推荐车型目录范围的甩挂运输车辆申报材料进行审核，并视情进行现场核查。经审核符合《道路甩挂运输车辆技术要求》（JT/T 886—2014）的车辆，纳入专项资金补助范围。

四、时间要求

请各省(自治区、市)交通运输主管部门,按照要求做好试点项目的验收和专项资金申报工作,于 2016 年 3 月 31 日前将专项资金申报材料报送交通运输部和财政部。交通运输部将于 4 月上旬联合财政部,对资金申报材料进行部级审查。

交通运输部办公厅

2015 年 12 月 31 日

附件:申报甩挂运输车辆补助提交材料清单

申报甩挂运输车辆补助提交材料清单

(适用于未纳入公路甩挂运输推荐车型范围的车辆)

以下材料应按车型顺序排列,单独装订成册。

(1) 车辆合格证复印件;

(2) 车辆铭牌照片(牵引车应包括发动机铭牌照片);

(3) 车辆正面及左、右侧(正侧或侧 45°均可)照片各一张(彩色);

(4) 道路运输车辆燃料消耗量达标车型(牵引车)车辆参数表;

(5) 甩挂运输牵引车标准车型自查表;

企业名称(公章):

项目/参数	结果及说明		项目/参数	结果及说明
产品型号			驱动型式	
牵引座型号*			牵引座前倾角(装车测量≥6°)*	
牵引座后倾角(装车测量≥7°)*			牵引座前回转半径(mm)*	
牵引座后回转半径(mm)*			牵引座承载面离地高度(无拖挂状态,mm)*	
电器连接装置*	符合　不符合		气控、电连接、ABS 和供气的顺序*	
是否为 LNG 牵引车	是　否		车辆外廓尺寸(mm)(长×宽×高)	×　×
工作台板及登梯	有 无 左 右		LNG 气瓶数量/总容量(L)	/
动力转向装置	有　无		牵引座中心至最前端的距离(mm)	
整备质量(kg)			牵引座最大允许承载质量(kg)	
准拖挂车总质量(kg)			变速器型式	手动　自动
离合器助力装置	是　否		发动机最大净功率(kW)	
发动机型号			发动机最大扭矩(N·m)	
排放水平	国Ⅳ　国Ⅴ		车轴规格	10t　13t
前轴制动器型式	盘式　鼓式		后轴制动器型式	盘式　鼓式
前悬架型式	钢板/　片 空气　橡胶		后悬架型式	钢板/　片 空气　橡胶
气制动连接装置	握手/快插		驾驶室导流装置	有　无
ABS 系统型式及接口	4S/4M　4S/2M		行驶记录功能的卫星定位终端(与北斗系统兼容)	有　无
制动间隙自动调整装置	有　无		符合 GB 7258 要求的辅助制动装置/型式	有　无　型式:
联系人:		电话/传真:		Email:
备注:(1) 表中技术参数按《公告》、产品合格证或认证批准材料填报;				
(2) 每个半挂牵引车车型填表一张;				
(3) 表中带"*"项目必须满足《道路甩挂运输车辆技术要求》(JT/T 886—2014)的要求				

　　（6）甩挂运输半挂车标准车型自查表。

企业名称（公章）：

项目/参数	结果及说明	项目/参数	结果及说明
申报车型种类		半挂车型号	
牵引销型号*		电器连接装置*	号
半挂车前回转半径(mm)*		半挂车间隙半径(mm)*	
承载面高度(空载,mm)*		气控、电连接、ABS和供气的顺序*	
牵引销座板离地高度(mm)*		悬架型式	钢板弹簧 空气悬架
制动间隙自动调整装置	有　无	厢式半挂车容积(m³)	
货厢内部尺寸 (长×宽×高)(mm)	× ×	整备质量(kg)	
最大允许总质量(kg)		牵引销处最大允许承载质量(kg)	
车轴规格	10t　13t	车轴数量	/含随动轴
ABS系统型式	4S/4M　4S/2M	牵引销中心至半挂车最后端的距离(mm)	
气制动连接装置	握手/快插	挂车支承装置型号规格	
联系人：		电话/传真：	Email：

备注：（1）每个半挂车车型填表一张；

　　　（2）表中技术参数按《公告》、产品合格证或认证批准材料填报；

　　　（3）表中带"*"项目必须满足《道路甩挂运输车辆技术要求》(JT/T 886—2014)的要求

主要参考文献

[1] 魏娟.道路货物运输中间性组织模式与效益研究[D].北京:北京交通大学,2011.

[2] 董翰强.道路甩挂运输生产组织模式研究[D].西安:长安大学,2011.

[3] 顾敬岩.道路货运产业特征与市场结构研究[D].西安:长安大学,2014.

[4] 孙润娇.集装箱运输一体化研究[J].商,2013(18).

[5] 郎茂祥.预测理论与方法[M].北京:清华大学出版社,2011.

[6] 王遵义.重庆公路物流园区的适站量研究[D].重庆:重庆交通大学,2013.

[7] 雷胜强.国际工程风险管理与保险[M].北京:中国建筑工业出版社,1996.

[8] 任旭.工程风险管理[M].北京:清华大学出版社,2010.

[9] 蒋洋.多式联运服务网络优化建模方法研究[D].北京:北京交通大学,2014.

[10] 耿蕊.甩挂运输组织模式研究[J].交通世界(运输车辆),2014(12).

[11] 温旖旎.甩挂运输的运作模式设计及其车辆调度问题研究[D].广州:华南理工大学,2012.

[12] 李红启.甩挂运输试点工作进展分析[J].铁路物流,2012(2).

[13] 杨程程.甩挂运输系统建设障碍及对策[J].中小企业管理与科技,2012(9).

[14] 白璟,陈方建.甩挂运输——绿色高效的运输方式[J].物流技术(装备版),2011(2).

[15] 李晴.甩挂运输经济效益的定量计算[J].物流工程与管理,2011(8).

[16] 雷萍,成冬香.甩挂运输效益及运营模式分析[J].交通企业管理,2010(9).

[17] 董翰强.道路甩挂运输生产组织模式研究[D].西安:长安大学,2011.

[18] 高洪涛,李启红.道路甩挂运输组织理论与实践[M].北京:人民交通出版社,2012.

[19] 曲衍国.汽车甩挂运输的货源条件及组织模式[J].物流技术(装备版),2012(5).

[20] 杨志安.我国甩挂运输发展进入新阶段——浅谈甩挂运输新政实施给各方面带来的影响[J].政策与市场,2011(1).

[21] 何民爱,吕延昌,赵颖.我国公路快速货运甩挂运输模式与运营效果[J].物流技术与应用,2012(11).

[22] 刘大鹏.物流化背景下的货物运输联盟合作与博弈研究[D].长沙:中南大学,2010.

[23] 靳鸿.对道路甩挂运输若干问题的思考[J].物流技术,2012(9).

[24] 赵尊华.关于甩挂运输技术经济性与网络化发展的思考[J].现代经济信息,2015(1).

[25] 李永平.基于物联网技术的甩挂物流信息平台建设研究[D].西安:长安大学,2014.

[26] 肖久梅.甩挂运输是现代物流行业科学发展的一个创新[J].港口科技,2011(4).

[27] 陈昊.甩挂运输的发展现状、综合评价与保障措施[J].公路与汽运,2014(1).

[28] 翁心刚.区域性国际物流信息平台构建研究[J].中国流通经济,2011(12).

[29] 朱长征.我国物流信息化发展现状分析[J].西安邮电学院学报,2010(12).

[30] 冯余.货物运输市场需求与供给的机理研究[D].大连:大连海事大学,2006.

［31］孙军.物流经济学［M］.北京:清华大学出版社,2012:29-37.

［32］唐国玺.我国货运需求生成机理分析及模型研究［D］.西安:长安大学,2007.

［33］张丹.城市新区港口物流园区规划选址研究——以两江新区为例［D］.重庆:重庆交通大学,2014.

［34］周略略.基于铁路货运站的城市铁路物流园区选址规划研究［D］.北京:北京交通大学,2015.

［35］苏培.宁波铃与甩挂运输站场平面布局研究［D］.武汉:武汉理工大学,2012.

［36］高洪涛,李启红.道路甩挂运输组织技术及其应用实践［M］.北京:中国财富出版社,2011.

［37］李启红,高洪涛.道路甩挂运输操作技术与方法［M］.北京:中国财富出版社,2012.